Ensayo

Actualidad

Michael J. Sandel (Minneapolis, 1953) ocupa la Cátedra Anne T. y Robert M. Bass de Ciencias políticas en la Universidad de Harvard y es uno de los autores de referencia en el ámbito de la filosofía política, galardonado con el Premio Princesa de Asturias de Ciencias Sociales (2018). La clase sobre justicia que imparte en Harvard desde hace dos décadas es la más popular de la universidad. De sus numerosas obras se han publicado en castellano *El liberalismo y los límites de la justicia* (2000), *Contra la perfección* (2007), *Filosofía pública. Ensayos sobre moral en política* (2008), *Justicia* (2011), *¿Hacemos lo que debemos?* (2011), *Lo que el dinero no puede comprar* (2012) y *La tiranía del mérito* (2020). Vive en Brookline, Massachusetts.

Michael J. Sandel

La tiranía del mérito

¿Qué ha sido del bien común?

Traducción de
Albino Santos Mosquera

DEBOLS!LLO

Papel certificado por el Forest Stewardship Council®

MIXTO
Papel procedente de
fuentes responsables
FSC® C117695
www.fsc.org

Penguin
Random House
Grupo Editorial

Título original: *The Tiranny of Merit: What's Become of the Common Good?*
Primera edición en Debolsillo: abril de 2023
Primera reimpresión: mayo de 2023

© 2020, Michael J. Sandel
© 2020, 2023, Penguin Random House Grupo Editorial, S. A. U.
Travessera de Gràcia, 47-49. 08021 Barcelona
© 2020, Albino Santos Mosquera, por la traducción
Diseño de cubierta: Penguin Random House Grupo Editorial basado
en el diseño original de Penguin Random House UK
Imagen de cubierta: © Getty Images
Foto del autor: © Kiku Adatto

Printed in Spain – Impreso en España

ISBN: 978-84-663-6785-1
Depósito legal: B-2.865-2023

Compuesto en Pleca Digital, S.L.U.
Impreso en Novoprint
Sant Andreu de la Barca (Barcelona)

P 3 6 7 8 5 1

Para Kiku, con todo el cariño

Índice

Prólogo

Cuando la pandemia del coronavirus se desató en 2020, Estados Unidos, como otros muchos países, no estaba preparado. Pese a las advertencias realizadas el año anterior por varios expertos en salud pública sobre el riesgo de un contagio viral a escala mundial, e incluso pese a que China ya estaba enfrentándose al brote en enero, Estados Unidos no disponía de suficiente capacidad para llevar a cabo los test generalizados que podrían haber contenido la enfermedad. A medida que aumentaba el número de contagios, el país más rico del mundo se veía impotente para suministrar siquiera las mascarillas y otros elementos protectores que el personal sanitario y de atención personal necesitaba para tratar el alud de pacientes infectados. Los hospitales y los gobiernos de los estados se encontraron pujando unos contra los otros para conseguir test y respiradores para salvar vidas.

Esta falta de preparación tuvo múltiples causas. El presidente Donald Trump, ignorando los avisos de los asesores de salud pública, minimizó la importancia de la crisis durante varias (y cruciales) semanas. Todavía a finales de febrero, recalcaba que «lo tenemos todo muy bajo control [...]. Hemos hecho una labor increíble [...]. Esto va a desaparecer».[1] Los Centros para el Control y la Prevención de Enfermedades (CDC) distribuyeron en un primer momento unos kits de test defectuosos y tardaron tiempo en encontrar una solución. Además, décadas de deslocalización de la producción industrial de las empresas estadounidenses habían hecho que el país fuese dependiente casi por completo de China y de otros fabricantes extranjeros en cuanto al suministro de mascarillas quirúrgicas y equipos de protección médica.[2]

Sin embargo, más allá de la falta de preparación logística, el país tampoco estaba preparado moralmente para la pandemia. Los años previos a esta crisis habían sido una época de hondas divisiones en los planos económico, cultural y político. Décadas de desigualdad en aumento y de resentimiento culturales habían alimentado una airada reacción populista en 2016 que se había traducido en la elección de Trump como presidente, el cual, además, apenas unas semanas después de que el Congreso le incoara un proceso de *impeachment* finalmente frustrado, tuvo que vérselas con la crisis más grave a la que se había enfrentado el país desde los atentados terroristas del 11 de septiembre de 2001. La división partidista persistió mientras avanzaba la crisis. Muy pocos republicanos (solo el 7 por ciento) afirmaban fiarse de los medios informativos como proveedores de información fidedigna sobre el coronavirus, y muy pocos demócratas (el 4 por ciento) consideraban de fiar la información proporcionada por Trump.[3]

En este ambiente de rencor y desconfianza partidistas, irrumpió una plaga que requería de una solidaridad que muy pocas sociedades pueden recabar salvo en tiempos de guerra. En todo el mundo se extendieron los ruegos y, en muchos casos, las órdenes de que las personas mantuvieran una distancia social, dejaran de ir a sus trabajos y se quedaran en casa. Quienes no tenían la posibilidad de teletrabajar se vieron abocados a la perspectiva de perder su salario y ver desaparecer su empleo. El virus representaba una amenaza sobre todo para las personas de edad avanzada, pero también podía infectar a los jóvenes, y ni siquiera quienes estaban en mejores condiciones para soportarlo sin complicaciones podían estar tranquilos ante la suerte que podían correr sus padres o abuelos.

Desde un punto de vista moral, la pandemia vino a recordarnos nuestra vulnerabilidad, nuestra dependencia mutua. «Todos estamos juntos en esto.» Muchas autoridades y anunciantes echaron instintivamente mano de ese lema. Pero lo que ello evocaba era una solidaridad del temor, ese temor a contagiarse que exigía que se mantuviera la «distancia social». La salud pública requería que expresáramos nuestra solidaridad, nuestra vulnerabilidad compartida, manteniendo las distancias, cumpliendo con las restricciones del autoaislamiento.

La coincidencia de solidaridad y separación es un contrasentido aparente que deja de serlo en el contexto de una pandemia como esta. Aparte de los heroicos miembros del personal sanitario y de los servicios de emergencia, cuya ayuda a los afectados requería de su presencia física personal, y aparte del personal de los supermercados y de los trabajadores de reparto que arriesgaban la salud llevando alimentos y provisiones a quienes permanecían refugiados en sus domicilios, a la mayoría de nosotros se nos decía que el mejor modo de proteger a los demás era mantenernos a distancia de ellos.

No obstante, la paradoja moral de la solidaridad mediante la separación puso de relieve cierta vacuidad en esa afirmación de que «todos estamos juntos en esto». No describía una conciencia de comunidad encarnada en una práctica continuada de obligación mutua y sacrificio compartido. Todo lo contrario: aparecía en escena en un momento de una desigualdad y un rencor partidista casi sin precedentes. El mismo proyecto de globalización orientada al mercado que había dejado a Estados Unidos sin acceso a mascarillas quirúrgicas y medicamentos de fabricación nacional había privado de empleos bien remunerados y de estima social a un vasto número de trabajadores.

Mientras tanto, quienes habían recogido los frutos de la bonanza económica de los mercados, de las cadenas de suministro y de los flujos de capital globalizados cada vez dependían menos de sus conciudadanos, ya fuera como productores, ya fuera como consumidores. Sus perspectivas y su identidad económicas ya no estaban sujetas a una comunidad local o nacional. Los ganadores de la globalización se fueron apartando así de los perdedores y fueron poniendo en práctica su propia versión del distanciamiento social.

La división política más importante, según explicaban los ganadores, ya no era la de la izquierda contra la derecha, sino la de lo abierto contra lo cerrado. En un mundo abierto, decían, el éxito depende de la educación, de prepararse para competir y vencer en una economía global. Eso significa que los gobiernos nacionales deben procurar que todos tengan las mismas oportunidades de recibir la formación en la que se fundamenta el éxito, pero también supone que quienes acaban en la cúspide de la pirámide social terminan creyéndose que se merecen el éxito que han tenido. Y quiere decir asimismo que, si las oportunidades son en verdad las mismas para todos y todas, quienes quedan rezagados se merecen también la suerte que les ha tocado.

Este modo de concebir el éxito dificulta mucho creer que «todos estamos juntos en esto». Más bien invita a los ganadores a considerar que su éxito es obra suya, e induce a los perdedores a pensar que quienes están arriba los miran por encima del hombro, con desdén. Se entiende mejor así por qué aquellos y aquellas a quienes la globalización fue relegando a un segundo lugar acumularon ira y resentimiento, y por qué se sintieron atraídos por los populistas autoritarios que arremeten contra las élites y prometen una contundente reafirmación de las fronteras nacionales.

Ahora son figuras políticas de ese signo, recelosas de los expertos científicos y de la cooperación global, las que deben hacer frente a la pandemia. No va a ser fácil. Movilizarnos para enfrentarnos a la crisis de salud pública mundial que tenemos ante nosotros requiere no solo del conocimiento experto médico y científico, sino también de una renovación moral y política.

La tóxica mezcla de soberbia y resentimiento que aupó a Trump al poder no parece la fuente más adecuada de la que extraer la solidaridad que ahora precisamos. Toda esperanza de renovar nuestra vida moral y cívica pasa por que sepamos entender cómo, durante las pasadas cuatro décadas, pudieron deshacerse tanto nuestros lazos sociales y nuestro respeto mutuo. Este libro pretende explicar cómo ocurrió y analizar cómo podríamos hallar el camino de vuelta a una política del bien común.

Abril de 2020
Brookline, Massachusetts

Conseguir entrar

En marzo de 2019, mientras los estudiantes de último curso de secundaria aguardaban las respuestas a sus solicitudes de ingreso en las universidades, varios fiscales federales hicieron un sorprendente anuncio. Acusaron formalmente a treinta y tres padres y madres adinerados de haber participado en un sofisticado plan para conseguir la admisión de sus hijos en universidades de élite como Yale, Stanford, Georgetown o la del Sur de California (USC).[1]

La figura central de aquel fraude era un desaprensivo asesor llamado William Singer que dirigía un negocio que atendía las necesidades de padres ricos y preocupados por la educación de sus hijos. La empresa de Singer estaba especializada en jugar con el supercompetitivo sistema de acceso de nuevo alumnado a las universidades, un sistema que, en las últimas décadas, se había convertido en la principal puerta de acceso a la prosperidad y el prestigio. Para aquellos estudiantes que carecían de las excelentes credenciales académicas que los principales centros universitarios exigían para su admisión, Singer había diseñado unas irregulares soluciones alternativas, como pagar a supervisores de pruebas estandarizadas de acceso a la universidad (como el SAT y el ACT) para mejorar las puntuaciones de los estudiantes rectificando sus formularios de respuestas, o sobornar a entrenadores para que seleccionaran a ciertos solicitantes como deportistas para sus equipos o los programas de sus universidades (daba igual si el estudiante en cuestión practicaba ese deporte siquiera). Llegaba incluso al extremo de superponer con Photoshop los rostros de los solicitantes en imágenes de deportistas reales en acción para facilitar credenciales deportivas falsas.

Singer no proporcionaba ese servicio de admisiones ilícitas a cambio de nada. El presidente de un prestigioso bufete pagó 75.000 dólares para que su hija hiciera un examen de ingreso en la universidad en un centro supervisado por un examinador pagado por Singer que se aseguró de que la estudiante recibía la puntuación mínima que necesitaba. Una familia abonó a Singer 1,2 millones de dólares para que su hija fuera admitida en Yale como nueva incorporación al equipo de fútbol de la universidad, pese a que ella no jugaba a ese deporte. Singer usó 400.000 dólares de ese pago para sobornar al complaciente entrenador de fútbol de Yale, que también fue imputado por la fiscalía federal. Una actriz televisiva y su marido, un diseñador de moda, pagaron a Singer 500.000 dólares para que consiguiera que sus dos hijas entraran en la USC como falsas nuevas incorporaciones al equipo de remo. Otra famosa, la actriz Felicity Huffman, conocida por su papel en la serie *Mujeres desesperadas*, se benefició, no se sabe cómo, de una oferta especial; por solo 15.000 dólares, su hija pudo disfrutar de los servicios de Singer para amañar la puntuación del SAT.[2]

En total, Singer ingresó 25 millones de dólares a lo largo de los ocho años que duró su fraude en las admisiones universitarias.

El escándalo suscitó una indignación generalizada. En una época de gran polarización, en la que los estadounidenses apenas si podían ponerse de acuerdo en algo, concentró una enorme cobertura informativa y recibió una condena pública de todo el espectro político, tanto desde Fox News como desde MSNBC y tanto desde *The Wall Street Journal* como desde *The New York Times*. Todo el mundo coincidía en señalar que sobornar y hacer trampa para acceder a las universidades de élite era reprobable, pero aquella indignación expresaba algo más profundo que el mero enfado por que unos padres pudientes se valieran de medios ilícitos para ayudar a sus retoños a entrar en centros de prestigio. Por razones que a la gente le costaba concretar, aquel era un escándalo emblemático, un *affaire* que evocaba cuestiones más amplias referidas a quién tiene derecho a progresar y por qué.

Inevitablemente, aquellas expresiones de indignación tuvieron sus modulaciones particulares diferenciadas. Diversos sosias del presidente Trump se dedicaron a burlarse en Twitter y en Fox News de aquellos «liberales» izquierdosos de Hollywood que habían caído en la trampa de semejante fraude. «Mire quiénes son esas personas —declaró Lara Trump, nuera del presidente, en Fox—. La élite de Hollywood, la élite izquierdosa que siempre está hablando de la igualdad para todos y de que todo el mundo debería tener una oportunidad justa, y ahí la tenemos actuando con la mayor de las hipocresías, extendiendo cheques para hacer trampa y conseguir que sus hijos entren en esas universidades, cuando esas plazas deberían haber sido para chicos y chicas que de verdad se las merecían.»[3]

Por su parte, la izquierda liberal coincidía en opinar que aquel fraude privaba a jóvenes debidamente cualificados de las plazas que les correspondían por sus méritos. Con todo, veía en aquel escándalo un ejemplo manifiesto de una injusticia más extendida, la de la influencia que tienen la riqueza o una posición privilegiada a la hora de decidir quién ingresa y quién no en las universidades, aun cuando no haya ilegalidad alguna de por medio. Al anunciar la imputación, el fiscal federal explicitó el que creía que era el principio que estaba en juego: «No puede haber un sistema aparte de acceso a la universidad para los ricos».[4] Pero los editoriales y artículos de opinión no tardaron en señalar que el dinero desempeña sistemáticamente un papel fundamental en las admisiones de nuevos estudiantes, y que este se aprecia de forma más explícita en la consideración especial que muchas universidades estadounidenses dispensan a los hijos de exalumnos y de donantes generosos de fondos.

En respuesta a los intentos de los partidarios de Trump de culpar a la élite «liberal» de aquel escándalo en las admisiones, los medios de centroizquierda publicaron informaciones según las cuales Jared Kushner, yerno del presidente, había sido admitido en Harvard con un expediente académico mediocre después de que su padre, un rico promotor inmobiliario, hubiera donado 2,5 millones de dólares a dicha universidad. El propio Trump, al parecer, había dado 1,5 millones de dólares a la Escuela de Negocios Wharton, de la Universidad de Pennsylvania, más o menos por la misma época en que sus hijos, Donald Jr. e Ivanka, ingresaron como alumnos en dicho centro.[5]

La ética de la admisión

Singer, cerebro del escándalo de las admisiones, reconoció que una buena donación consigue a veces que solicitantes con expedientes situados en el margen de lo aceptable sean admitidos por la «puerta de atrás», pero él aportó a ese sistema su propia técnica, la de la «puerta lateral», según él la llamaba, que era una alternativa más eficiente. Singer les decía a sus clientes que el método convencional de la «puerta de atrás» les costaría «diez veces más» que su sistema tramposo, y era menos seguro. Efectuar una gran donación a una universidad no garantizaba el acceso de un estudiante, mientras que su «puerta lateral» de sobornos y puntuaciones falsificadas sí que lo hacía. «Mis familias quieren garantías», explicó.[6]

Aunque el dinero compra el acceso tanto por la vía «trasera» de admisiones como por la «lateral», ambas modalidades de ingreso no son idénticas desde el punto de vista moral. Para empezar, la puerta de atrás es legal, mientras que la lateral no lo es. El fiscal federal lo dejó muy claro: «No estamos hablando de donar un edificio para que una facultad esté más inclinada a aceptar a tu hijo o tu hija. Estamos hablando de engaño y fraude, de puntuaciones de test falsas, de acreditaciones deportivas falsas, de fotografías falsas, de personal de las universidades sobornado».[7]

Al encausar a Singer, a sus clientes y a los entrenadores que habían aceptado sobornos, los federales no estaban diciéndoles a las universidades que no podían vender plazas de primer curso en sus centros; simplemente se estaban limitando a castigar un ardid fraudulento. Pero, aun dejando la legalidad a un lado, la puerta de atrás y la lateral difieren en otro aspecto: cuando los padres compran la admisión de su hijo o hija por medio de una gran donación, el dinero va a parar al centro educativo en sí, que puede usarlo para mejorar la formación que ofrece a todos los estudiantes. Con el tramposo sistema de Singer, el dinero iba a parar a unos terceros, por lo que nada (o bien poco) contribuía a mejorar el centro en sí. (Al menos uno de los entrenadores a los que Singer sobornó, el del equipo de vela de Stanford, empleó al parecer el dinero para apoyar el programa de ese deporte en su universidad. Otros simplemente se lo embolsaron.)

Desde el punto de vista de la equidad, no obstante, cuesta bastante distinguir entre la «puerta de atrás» y la «puerta lateral». Ambas dan ventaja a hijos o hijas de padres ricos a los que se admite en los centros en sustitución de otros solicitantes mejor cualificados. Ambos sistemas permiten que el dinero valga más que el mérito.

La admisión basada en el mérito sería el elemento definitorio del ingreso por la «puerta principal». En palabras del propio Singer, la puerta principal «significa que entras por tu cuenta». Ese modo de acceso es el que la mayoría de las personas consideran justo; los solicitantes de plaza deben ser admitidos en función de sus propios méritos, y no del dinero de sus padres.

En la práctica, claro está, el asunto no es tan sencillo. El dinero planea tanto sobre la puerta principal como sobre la trasera. En los indicadores de mérito es muy difícil discernir el efecto de la ventaja socioeconómica. Con los test estandarizados como el SAT se pretende evaluar el mérito por sí mismo, de tal forma que los estudiantes de orígenes humildes puedan demostrar sus prometedoras posibilidades intelectuales. En la práctica, sin embargo, las puntuaciones del SAT se ajustan bastante a la renta familiar. Cuanto más rica sea la familia del estudiante, mayor será la puntuación que probablemente obtendrá.[8]

Hay que tener en cuenta que los padres adinerados no solo pueden permitirse matricular a sus hijos en cursillos de preparación del SAT, sino que también pueden contratarles asesores privados para pulir sus solicitudes de ingreso, pueden matricularlos en clases de danza y de música y pueden entrenarlos en la práctica de deportes de élite como la esgrima, el squash, el golf, el tenis, el remo, el lacrosse y la vela (lo que los ayuda a estar más cualificados de cara a la posibilidad de incorporarse a los equipos universitarios de esas especialidades). Esos son algunos de los medios a través de los que unos padres adinerados y afanosos preparan a su progenie para competir por esas codiciadas plazas.

Y luego está la cuestión del precio de la matrícula. En todas las universidades —a excepción de las pocas que disponen de recursos propios suficientes para admitir estudiantes con independencia de la capacidad de pago de estos—, es más probable que accedan quienes no precisan de ayudas económicas para estudiar allí que aquellos otros estudiantes que sí las necesitan.[9]

Dado todo lo anterior, no es de extrañar que más de dos tercios de los estudiantes de las universidades que conforman el prestigioso club de la Ivy League procedan de hogares situados en el 20 por ciento superior de la escala nacional de renta; en Princeton y en Yale, estudian más alumnos y alumnas procedentes del 1 por ciento de familias económicamente más favorecidas del país que del 60 por ciento más pobre.[10] Esta mareante desigualdad a la hora de acceder a ellas se debe en parte a las admisiones por preferencia de «tradición familiar» heredada o en agradecimiento por donaciones (la «puerta de atrás»), pero también es fruto en gran medida de todas las ventajas que llevan en volandas a los hijos de familias acomodadas hasta la «puerta principal».

Algunas voces críticas señalan esa desigualdad como una prueba de que la educación superior no es la meritocracia que dice ser. Desde ese punto de vista, el escándalo en las admisiones universitarias vendría a ser un ejemplo clamoroso de una inequidad más amplia, más generalizada, que impide que el sistema de la educación superior cumpla las expectativas del principio meritocrático que supuestamente profesa.

A pesar de sus discrepancias, quienes consideran que el escándalo de las trampas es una ofensiva desviación respecto a las prácticas convencionales de admisión de nuevos alumnos en los centros y quienes lo ven como un ejemplo extremo de unas tendencias prevalentes de antemano en el ámbito del acceso a la universidad comparten una premisa común: ambos piensan que los alumnos y las alumnas deberían ser aceptados en las universidades conforme a su capacidad y talento, y no en función de factores ajenos a su control. Coinciden, en definitiva, en que el acceso a la universidad debería basarse en el mérito. También están de acuerdo (implícitamente al menos) en que quienes entran por mérito se han ganado su ingreso y, por consiguiente, se «merecen» las ventajas y beneficios que de ello se deriven.

Si esta perspectiva, muy común, es correcta, entonces el problema de la meritocracia no estribaría en su principio de base, sino en que no estemos siendo capaces de estar a la altura de este. Las porfías políticas entre conservadores y progresistas así lo confirmarían. Nuestros debates públicos no tratan de la meritocracia en sí, sino de cómo materializarla. Los conservadores argumentan, por ejemplo, que las políticas de discriminación positiva que tienen en cuenta la raza y la etnia como factores para la admisión de alumnado equivalen a una traición a la idea del acceso por méritos; los progresistas defienden la discriminación positiva porque entienden que es una forma de corregir una inequidad persistente y sostienen que solo se podrá conseguir una verdadera meritocracia si se iguala el terreno de juego tanto para los privilegiados como para los desfavorecidos.

Ahora bien, ese debate pasa por alto la posibilidad de que el problema de la meritocracia sea más profundo.

Consideremos de nuevo el escándalo de las admisiones de alumnado de primer curso en las universidades. La mayor parte de la indignación que suscitó se centró en las trampas y en la injusticia que representaban, pero no deberían preocuparnos menos las actitudes que sirvieron de motivación para esas trampas. En el trasfondo del escándalo se encontraba el supuesto —tan familiar para todos hoy en día que apenas si nos percatamos de él— de que ingresar en una universidad de élite es un premio muy codiciado. El escándalo captó toda esa atención no solo porque involucraba a famosos y a magnates del capital inversión, sino también porque el acceso que trataban de comprar era algo deseado con afán por mucha gente.

¿Por qué lo es? ¿Por qué ser admitido en universidades de prestigio se ha convertido en algo tan intensamente ambicionado que los padres con posibles incurren en un fraude con tal de conseguir que sus hijos entren allí? O, si no lo hacen, cuando menos gastan decenas de miles de dólares en consultores privados sobre admisiones de alumnado y en cursillos de preparación para los test de acceso a fin de potenciar las posibilidades de sus hijos, hasta el punto de que convierten los años de instituto de estos en un estresante tormento de clases de nivel avanzado, potenciación del currículum y afanosa presión. ¿Por qué el ingreso en las universidades de élite ha llegado a adquirir tal importancia en nuestra sociedad que el FBI no tuvo inconveniente en dedicar una abultada cantidad de recursos policiales y jurídicos para desentrañar y sacar a la luz el fraude, y la noticia del escándalo copó titulares y la atención pública durante meses, desde el momento de la imputación de los sospechosos hasta el de la condena de los culpables?

La obsesión por las admisiones tiene su origen en la creciente desigualdad vivida en las décadas recientes. Pone de relieve que ahora hay más en juego en lo relativo a quiénes entran en esos sitios y en cuáles lo hacen. Al aumentar la distancia entre el 10 por ciento más rico y el resto de la sociedad, se incrementó también el valor de estudiar en una institución universitaria de prestigio. Cincuenta años atrás, solicitar el ingreso en la universidad era un paso menos cargado de tensión. Menos de uno de cada cinco estadounidenses habían estudiado una carrera completa de cuatro cursos como mínimo, y quienes sí la habían cursado lo habían hecho mayoritariamente en centros próximos a su lugar de origen. Los rankings de universidades importaban menos que hoy en día.[11]

Sin embargo, al aumentar la desigualdad y al ensancharse la brecha de renta entre los titulados universitarios y los no titulados, la universidad se volvió más importante, y también se hizo más importante la elección del centro universitario. Actualmente, los estudiantes suelen aspirar a entrar en el más selectivo en el que logren ser admitidos.[12] También ha cambiado la forma de criar a los hijos, sobre todo entre los profesionales con formación universitaria. Y, a medida que crece la brecha de renta, también lo hace el miedo a caer. Empeñados en conjurar ese peligro, los padres se han ido implicando cada vez más a fondo en la vida de sus hijos, gestionándoles el tiempo, supervisando sus notas, dirigiendo sus actividades y vigilando que estén lo más cualificados posible para el acceso a la universidad.[13]

Esta epidemia de padres y madres «helicóptero», como se los conoce, no surgió de la nada. Es una reacción angustiada, aunque comprensible, a la creciente desigualdad, y un deseo de los progenitores con dinero de ahorrarles a sus descendientes la precariedad actual de la vida de la clase media. Un título de una universidad de renombre es algo que hoy se ve como la principal vía de movilidad ascendente para quienes aspiran a subir en la escala social y el bastión defensivo más sólido contra la movilidad descendente para quienes aspiran a mantenerse arrellanados en el nivel de las clases acomodadas. Esa es la mentalidad que llevó a unos asustados padres adinerados a recurrir al fraude del acceso amañado a las universidades.

De todos modos, la preocupación económica no es el único factor en esta historia. Además de seguridad y protección frente a la movilidad descendente, lo que estaban comprando los clientes de Singer era algo más, algo menos tangible pero más valioso. Al asegurarse una plaza para sus hijos en universidades de prestigio, estaban adquiriendo el lustre procurado por el mérito.

PUJAR POR EL MÉRITO

En una sociedad desigual, quienes aterrizan en la cima quieren creer que su éxito tiene una justificación moral. En una sociedad meritocrática, eso significa que los ganadores deben creer que se han «ganado» el éxito gracias a su propio talento y esfuerzo.

Por paradójico que parezca, ese era el regalo con el que los padres tramposos querían obsequiar a sus hijos. Si lo único que les hubiese importado hubiera sido hacer posible que sus retoños vivieran en la abundancia económica, podrían haberles regalado fideicomisos. Pero querían algo más; buscaban ese caché meritocrático que la admisión en una universidad de élite confiere.

Así lo entendía Singer y por eso explicó que la «puerta principal» significa que «entras por tu cuenta». Su sistema de engaño era la segunda mejor opción. Por supuesto, ser admitido en una universidad gracias a un SAT amañado o a un historial deportivo fraudulento no es entrar «por tu cuenta». Por eso, la mayoría de esos padres les ocultaron sus maquinaciones a sus hijos. La admisión por la puerta lateral confiere el mismo honor meritocrático que la admisión por la puerta principal únicamente si se oculta el modo de entrada ilícito. Nadie se enorgullece de ir pregonando a los cuatro vientos que «me han admitido en Stanford porque mis padres "untaron" al entrenador de vela».

El contraste de lo anterior con la admisión basada en el mérito parece evidente. Los solicitantes que son admitidos en una universidad por sus brillantes y legítimas credenciales se sienten orgullosos de su logro y consideran que han entrado en ella por su cuenta. Pero eso también es en cierto sentido engañoso. Si bien es verdad que el hecho de que hayan sido aceptados refleja su dedicación y su trabajo, no puede decirse en puridad que todo ha sido tan solo cosa de ellos. ¿Y los padres y profesores que les han ayudado a llegar ahí? ¿Y las cualidades y dones naturales que no han sido completamente obra suya? ¿Y la buena suerte de vivir en una sociedad que cultiva y premia las aptitudes que han resultado tener?

Quienes, a base de esfuerzo y aptitudes, triunfan en una meritocracia competitiva acumulan deudas de una naturaleza que esa competencia misma se encarga de esconder. A medida que la meritocracia se agudiza, el afán por triunfar nos absorbe hasta tal punto que nuestro endeudamiento se vuelve invisible para nosotros. Así es como incluso una meritocracia imparcial, una no alterada por trampas, sobornos ni privilegios especiales para los ricos, induce a sus ganadores a formarse una impresión equivocada, la de que se lo han ganado por cuenta propia. Los años de extenuante esfuerzo que se les exigen a los candidatos a entrar en universidades de élite casi los fuerzan a creer que su éxito es obra suya y de nadie más, y que, si no consiguen acceder a alguna de ellas, solo pueden culparse a sí mismos.

Esa es una carga muy pesada para las personas jóvenes. Y tiene un efecto corrosivo en las sensibilidades cívicas, puesto que, cuanto más nos concebimos como seres hechos a sí mismos y autosuficientes, más difícil nos resulta aprender gratitud y humildad. Y, sin estos dos sentimientos, cuesta mucho preocuparse por el bien común.

El acceso de nuevas promociones de estudiantes a las universidades no es la única ocasión propicia para las controversias en torno al mérito. Los debates sobre quiénes se merecen algo y qué se merecen abundan en la política contemporánea. En apariencia, son debates sobre la equidad: ¿tienen todas las personas una verdadera igualdad de oportunidades para competir por bienes y posiciones sociales deseables?

Pero los desacuerdos en cuanto a nuestra concepción del mérito no se refieren solamente a la equidad. También conciernen a cómo definimos el éxito y el fracaso, el hecho de ganar y perder, y a las actitudes que los ganadores deberían adoptar hacia aquellos menos afortunados que ellos. Son cuestiones revestidas de una fuerte carga moral y emocional, y tendemos a evitarlas hasta que nos vemos forzados a afrontarlas.

Para hallar el modo de superar la polarización política de nuestro tiempo, será necesario lidiar con la cuestión del mérito. ¿En qué sentido se ha reformulado el significado del mérito en las últimas décadas para que ahora contribuya a erosionar la dignidad del trabajo y deje en muchas personas la sensación de que la élite las mira por encima del hombro? ¿Es justificada la creencia de los vencedores de la globalización de que se han ganado su éxito (y, por lo tanto, se lo merecen) o es simplemente el producto de una particular soberbia meritocrática?

En un momento como el actual, en que la ira contra las élites ha llevado a la democracia hasta el borde del abismo, la del mérito es una cuestión que debe tratarse con particular urgencia. Tenemos que preguntarnos si la solución a nuestro inflamable panorama político es llevar una vida más fiel al principio del mérito o si, por el contrario, debemos encontrarla en la búsqueda de un bien común más allá de tanta clasificación y tanto afán de éxito.

1

Ganadores y perdedores

Corren tiempos peligrosos para la democracia. Puede apreciarse dicha amenaza en el crecimiento de la xenofobia y del apoyo popular a figuras autocráticas que ponen a prueba los límites de las normas democráticas. Estas tendencias son preocupantes ya de por sí, pero igual de alarmante es el hecho de que los partidos y los políticos tradicionales comprendan tan poco y tan mal el descontento que está agitando las aguas de la política en todo el mundo.

Hay quienes denuncian el aumento significativo del nacionalismo populista reduciéndolo a poco más que una reacción racista y xenófoba contra la inmigración y el multiculturalismo. Otros lo conciben básicamente en términos económicos y dicen que es una protesta contra la pérdida de empleos provocada por la globalización comercial y las nuevas tecnologías.

Con todo, es un error no ver más que la faceta de intolerancia y fanatismo que encierra la protesta populista, o no interpretarla más que como una queja económica. Y es que, al igual que ocurrió con el triunfo del Brexit en Reino Unido, la elección de Donald Trump en 2016 fue una airada condena a décadas de desigualdad en aumento y de extensión de una versión de la globalización que beneficia a quienes ya están en la cima pero deja a los ciudadanos corrientes sumidos en una sensación de desamparo. También fue una expresión de reproche a un enfoque tecnocrático de la política que hace oídos sordos al malestar de las personas que se sienten abandonadas por la evolución de la economía y la cultura.

La dura realidad es que Trump resultó elegido porque supo explotar un abundante manantial de ansiedades, frustraciones y agravios legítimos a los que los partidos tradicionales no han sabido dar una respuesta convincente. Parecida dificultad afrontan las democracias europeas. Si alguna esperanza tienen esos partidos de recuperar el apoyo popular, esta pasa necesariamente por que se replanteen su misión y su sentido. Para ello, deberían aprender de toda esa protesta populista que los ha desplazado, pero no reproduciendo su xenofobia y su estridente nacionalismo, sino tomándose en serio los agravios legítimos que aparecen ahora entrelazados con sentimientos tan desagradables.

Esa reflexión debería empezar por el reconocimiento de que esos agravios no son solo económicos, sino también morales y culturales; de que no tienen que ver únicamente con los salarios y los puestos de trabajo, sino que atañen asimismo a la estima social.

Los partidos tradicionales y la élite gobernante, viéndose ahora convertidos en el blanco de la protesta populista tienen dificultades para entender lo que ocurre. Lo normal es que su diagnosis del descontento vaya en alguno de los dos siguientes sentidos: o bien lo interpretan como animadversión hacia los inmigrantes y las minorías raciales y étnicas, o bien lo ven como una reacción de angustia ante la globalización y el cambio tecnológico. Ambos diagnósticos pasan por alto algo importante.

DIAGNOSIS DEL DESCONTENTO POPULISTA

Según el primero de esos diagnósticos, el enfado populista contra la élite es principalmente una reacción adversa contra la creciente diversidad racial, étnica y de género. Acostumbrados a dominar la jerarquía social, los votantes varones blancos de clase trabajadora que apoyaron a Trump se sienten amenazados por la perspectiva de convertirse en una minoría en «su» país, «extranjeros en su propia tierra». Tienen la sensación de que ellos son más víctimas de discriminación que las mujeres o las minorías raciales y se sienten oprimidos por las exigencias del discurso público de lo «políticamente correcto». Este diagnóstico —la idea del estatus social herido— pone de relieve los rasgos más inquietantes del sentimiento populista, como el «nativismo»,* la misoginia y el racismo expresados en público tanto por Trump como por otros populistas nacionalistas.

El segundo diagnóstico atribuye el malestar de la clase trabajadora a la perplejidad y el desencajamiento causados por el veloz ritmo de los cambios en una era de globalización y tecnología. En el nuevo orden económico, la noción del trabajo vinculado a una carrera laboral para toda la vida es ya cosa del pasado; lo que ahora importa es la innovación, la flexibilidad, el emprendimiento y la disposición constante a adquirir nuevas aptitudes. El problema, según esta explicación, es que muchos trabajadores se sienten molestos por esa obligación de reinventarse que se deriva del hecho de que los puestos de trabajo que antes ocupaban se deslocalicen ahora hacia países donde los salarios son más bajos o se asignen a robots. Añoran —incluso con gran nostalgia— las comunidades locales y las trayectorias laborales estables del pasado. Sintiéndose desubicados ante las fuerzas inexorables de la globalización y la tecnología, estos trabajadores arremeten contra los inmigrantes, el libre comercio y la élite dirigente. Pero la suya es una furia descaminada, pues no se dan cuenta de que están clamando contra fuerzas imperturbables. El mejor modo de abordar su preocupación es poniendo en marcha programas de formación laboral y otras medidas indicadas para ayudarles a adaptarse a los imperativos del cambio global y tecnológico.

Cada uno de estos diagnósticos contiene una parte de verdad, pero ninguno de ellos hace verdadera justicia al populismo. Interpretar la protesta populista como algo malévolo o desencaminado absuelve a la élite dirigente de toda responsabilidad por haber creado las condiciones que han erosionado la dignidad del trabajo e infundido en muchas personas una sensación de afrenta y de impotencia. La rebaja de la categoría económica y cultural de la población trabajadora

---

* En el lenguaje político estadounidense, se entiende por «nativismo» aquella tendencia xenófoba —que ha ido reapareciendo en diferentes momentos a lo largo de la historia del país— que reclama que se favorezca y se proteja a la «verdadera» población nacional (la anglosajona en un primer momento y, posteriormente, la blanca «nativa») frente a colectivos inmigrantes que son percibidos como una amenaza, y cuya composición ha ido cambiando según las épocas. *(N. del T.)*

en décadas recientes no es el resultado de unas fuerzas inexorables, sino la consecuencia del modo en que han gobernado la élite y los partidos políticos tradicionales.

Esa élite está ahora alarmada, y con razón, ante la amenaza que Trump y otros autócratas con respaldo populista representan para las normas democráticas, pero no admite su papel como causante del resentimiento que desembocó en la reacción populista. No ve que las turbulencias que ahora estamos presenciando son una respuesta política a un fracaso igualmente político de proporciones históricas.

LA TECNOCRACIA Y LA GLOBALIZACIÓN FAVORABLE AL MERCADO

En el centro mismo de ese fracaso encontramos el modo en que los partidos tradicionales han concebido y aplicado el proyecto de la globalización durante las cuatro últimas décadas. Dos son los aspectos de ese proyecto que originaron las condiciones que hoy alimentan la protesta populista. Uno es su forma tecnocrática de concebir el bien público; el otro es su modo meritocrático de definir a los ganadores y a los perdedores.

La concepción tecnocrática de la política está ligada a una fe en los mercados; no necesariamente en un capitalismo sin límites, de *laissez faire*, pero sí en la idea más general de que los mecanismos de mercado son los instrumentos primordiales para conseguir el bien público. Este modo de concebir la política es tecnocrático por cuanto vacía el discurso público de argumentos morales sustantivos y trata materias susceptibles de discusión ideológica como si fueran simples cuestiones de eficiencia económica y, por lo tanto, un coto reservado a los expertos.

No es difícil ver en qué sentido la fe tecnocrática en los mercados preparó el camino para la llegada del descontento populista. Esta globalización impulsada por el mercado trajo consigo desigualdad, y también devaluó las identidades y las lealtades nacionales. Con la libre circulación de bienes y capitales a través de las fronteras de los estados, quienes sacaban provecho de la economía globalizada ponían en valor las identidades cosmopolitas por considerarlas una alternativa progresista e ilustrada a los modos de hacer estrechos, provincianos, del proteccionismo, el tribalismo y el conflicto. La verdadera división política, sostenían, ya no era la que separaba a la izquierda de la derecha, sino a lo abierto de lo cerrado. Eso implicaba que las críticas a las deslocalizaciones, los acuerdos de libre comercio y los flujos ilimitados de capital fuesen consideradas como propias de una mentalidad cerrada más que abierta, y tribal más que global.[1]

Al mismo tiempo, el enfoque tecnocrático de la gobernanza iba tratando muchas cuestiones públicas como asuntos necesitados de una competencia técnica que no estaba al alcance de los ciudadanos de a pie. Con ello se fue angostando el ámbito del debate democrático, se fueron vaciando de contenido los términos del discurso público y se fue generando una sensación creciente de desempoderamiento.

Esta concepción de la globalización como un fenómeno tecnocrático y favorecedor del mercado fue adoptada por los partidos tradicionales tanto de la izquierda como de la derecha. Pero sería esa aceptación del pensamiento y los valores de mercado por parte de los partidos de centroizquierda la que demostraría ser más trascendental, tanto para el proyecto globalizador mismo como para la protesta populista que seguiría a continuación. Para cuando Trump resultó elegido, el Partido Demócrata ya se había convertido en una formación del «liberalismo»* tecnocrático, más afín a la clase de los profesionales con titulación superior que al electorado obrero y de clase media que, en su día, había constituido su base. Lo mismo ocurría en Gran Bretaña con el Partido Laborista en el momento del referéndum del Brexit, y también con los partidos socialdemócratas europeos.

Los orígenes de esta transformación se remontan a la década de

---

* Conviene aclarar que este es un sentido muy típicamente estadounidense de los conceptos «liberalismo» y «liberal», con los que se designa allí a la parte del espectro político ocupado por los partidos del centroizquierda convencional en las democracias occidentales. Para evitar confusiones, a lo largo del libro he tendido a usar también los conceptos «centroizquierda» o «progresista» en sustitución de aquellos o acompañándolos para matizarlos. *(N. del T.)*

1980.[2] Ronald Reagan y Margaret Thatcher defendían que el Estado era el problema y que los mercados eran la solución. Cuando abandonaron la escena política, los políticos de centroizquierda que los sucedieron —Bill Clinton en Estados Unidos, Tony Blair en Gran Bretaña y Gerhard Schröder en Alemania— moderaron aquella fe en el mercado, pero, al mismo tiempo, la consolidaron. Suavizaron las aristas más hirientes de los mercados incontrolados, pero no cuestionaron la premisa central de la era Reagan-Thatcher, la de que los mecanismos de mercado son los instrumentos primordiales para alcanzar el bien público. En consonancia con aquella fe, adoptaron esa versión de la globalización amiga de los mercados y aceptaron gustosos la creciente financierización de la economía.

En la década de 1990, la Administración Clinton formó un frente común con los republicanos en la promoción de acuerdos comerciales globales y en la desregulación del sector financiero. Las ventajas de esas políticas fueron a parar mayormente a quienes se encontraban en la cima social, pero los demócratas hicieron poco por abordar la desigualdad, cada vez más profunda, y el poder del dinero en la política, cada vez mayor. Tras desviarse de su misión tradicional de domesticación del capitalismo y de sujeción del poder económico a la rendición de cuentas democrática, el progresismo de centroizquierda perdió su capacidad inspiradora.

Todo eso pareció cambiar cuando Barack Obama entró en la escena política. En su campaña para las presidenciales de 2008, supo ofrecer una alternativa emocionante al lenguaje gerencial, tecnocrático, que había terminado caracterizando al discurso público de la izquierda «liberal». Mostró que la política progresista podía hablar también el idioma del sentido moral y espiritual.

Pero la energía moral y el idealismo cívico que inspiró como candidato no se trasladaron a su presidencia. Tras asumir el cargo en plena crisis financiera, nombró a asesores económicos que habían promovido la desregulación de las finanzas durante la era Clinton. Alentado por ellos, rescató a los bancos bajo unas condiciones que los exoneraban de rendir cuentas por su conducta previa —justamente la que había desembocado en la crisis— y que ofrecían escasa ayuda a quienes habían perdido sus viviendas.

Acallada así su voz moral, Obama se dedicó más a aplacar la ira popular contra Wall Street que a articularla. Esa indignación, causada por el rescate y persistente en el ambiente, ensombreció la presidencia de Obama y, en última instancia, alimentó un ánimo de protesta populista que se extendió a un extremo y otro del espectro político: a la izquierda, con fenómenos como el movimiento Occupy y la candidatura de Bernie Sanders, y a la derecha, con el movimiento del Tea Party y la elección de Trump.

La revuelta populista en Estados Unidos, Gran Bretaña y Europa es una reacción negativa dirigida, en general, contra las élites, pero sus víctimas más visibles han sido los partidos políticos liberal-progresistas y de centroizquierda: el Partido Demócrata en Estados Unidos, el Partido Laborista en Gran Bretaña, el Partido Socialdemócrata (SPD) en Alemania (cuyo porcentaje de votos se hundió hasta un mínimo histórico en las elecciones federales de 2017), el Partido Demócrata en Italia (que obtuvo menos del 20 por ciento de los sufragios) y el Partido Socialista en Francia (cuyo candidato presidencial cosechó únicamente el 6 por ciento de los votos en la primera ronda de las elecciones de 2017).

Si quieren tener alguna esperanza de volver a ganarse el apoyo popular, estos partidos necesitan reconsiderar su actual estilo de gobierno tecnocrático y orientado al mercado. También tienen que replantearse algo más sutil, pero no menos trascendental: las actitudes relativas al éxito y el fracaso que han acompañado a la desigualdad en aumento de las últimas décadas. Deben preguntarse por qué quienes no han prosperado en la nueva economía tienen la impresión de que los ganadores los desprecian.

LA RETÓRICA DEL ASCENSO SOCIAL

Así pues, ¿qué es lo que ha incitado ese resentimiento hacia la élite que albergan muchos votantes de clase obrera y de clase media? La respuesta comienza por la creciente desigualdad de las últimas décadas, pero no termina ahí. En última instancia, tiene que ver con el cambio de los términos del reconocimiento y la estima sociales.

La era de la globalización ha repartido sus premios de un modo desigual, por decirlo con suavidad. En Estados Unidos, la mayor parte de los incrementos de renta experimentados desde finales de la década de los setenta del siglo XX han ido a parar al 10 por ciento más rico de la población, mientras que la mitad más pobre prácticamente no ha visto ninguno. En términos reales, la media de la renta anual individual de los varones en edad de trabajar, unos 36.000 dólares, es menor que la de cuatro décadas atrás. En la actualidad, el 1 por ciento más rico de los estadounidenses gana más que todo el 50 por ciento más pobre.[3]

Pero ni siquiera este estallido de desigualdad es la fuente principal de la ira populista. Los estadounidenses toleran desde hace mucho tiempo grandes desigualdades de renta y riqueza, convencidos de que, sea cual sea el punto de partida de una persona en la vida, esta siempre podrá llegar muy alto desde la nada. Esa fe en la posibilidad de la movilidad ascendente es un elemento central del «sueño americano».

Conforme a esa fe, los partidos tradicionales y sus políticos han respondido a la creciente desigualdad invocando la necesidad de aplicar una mayor igualdad de oportunidades: reciclando formativamente a los trabajadores cuyos empleos han desaparecido debido a la globalización y la tecnología; mejorando el acceso a la educación superior, y eliminando las barreras raciales, étnicas y de género. Esta retórica de las oportunidades la resume el conocido lema según el cual, si alguien trabaja duro y cumple las normas, debe poder ascender «hasta donde sus aptitudes lo lleven».

En época reciente, diversos políticos de ambos partidos han reiterado esa máxima hasta la saciedad. Ronald Reagan, George W. Bush y Marco Rubio, entre los republicanos, y Bill Clinton, Barack Obama y Hillary Clinton, entre los demócratas, la han invocado. Obama se aficionó a una variante de esa misma idea tomada de una canción pop: «You can make it if you try» («Puedes conseguirlo si pones tu empeño en ello»). Durante su presidencia, usó esa frase en discursos y declaraciones públicas en más de 140 ocasiones.[4]

Sin embargo, la retórica del ascenso suena ahora a vacía. En la economía actual no es fácil ascender. Los estadounidenses que nacen en familias pobres tienden a seguir siendo pobres al llegar a adultos. Solo alrededor de una de cada cinco personas que nacen en un hogar del 20 por ciento más pobre según la escala de renta estadounidense logra formar parte del 20 por ciento más rico durante su vida; la mayoría no llegan siquiera a ascender hasta el nivel de la clase media.[5] Resulta más fácil ascender desde orígenes pobres en Canadá, o en Alemania, Dinamarca y otros países europeos, que en Estados Unidos.[6]

Esto casa mal con la histórica creencia de que la movilidad es la respuesta estadounidense a la desigualdad. Estados Unidos, tendemos a decirnos a nosotros mismos, puede permitirse preocuparse menos por la desigualdad que las sociedades europeas, más constreñidas por los orígenes de clase, porque aquí es posible ascender. El 70 por ciento de los estadounidenses creen que el pobre puede salir por sí solo de la pobreza, cuando solo el 35 por ciento de los europeos piensan así. Esta fe en la movilidad tal vez explique por qué Estados Unidos tiene un Estado del bienestar menos generoso que el de la mayoría de los grandes países europeos.[7]

Hoy en día, no obstante, los países con mayor movilidad tienden a ser también aquellos con mayor igualdad. La capacidad de ascender, al parecer, no depende tanto del deseo de salir de la pobreza como del acceso a la educación, la sanidad y otros recursos que preparan a las personas para tener éxito en el mundo laboral.

El estallido de desigualdad observado en décadas recientes no ha acelerado la movilidad ascendente, sino todo lo contrario; ha permitido que quienes ya estaban en la cúspide consoliden sus ventajas y las transmitan a sus hijos. Durante el último medio siglo, las universidades han ido retirando todas las barreras raciales, religiosas, étnicas y de género que antaño no permitían que en ellas entrara nadie más que los hijos de los privilegiados. El test de acceso SAT (iniciales en inglés de «test de aptitud académica») nació precisamente para favorecer que la admisión de nuevo alumnado en las universidades se basara en los méritos educativos demostrados por los estudiantes y no en su pedigrí de clase o familiar. Pero la meritocracia actual ha fraguado en una especie de aristocracia hereditaria.

Dos tercios del alumnado de Harvard y Stanford proceden del

quintil superior de la escala de renta. A pesar de las generosas políticas de ayudas económicas al estudio, menos del 4 por ciento de los estudiantes de centros de la Ivy League proceden del quintil más pobre de la población. En Harvard y otras universidades de ese selecto club, abundan más los estudiantes de familias del 1 por ciento más rico del país (con rentas superiores a los 630.000 dólares anuales) que los de aquellas que se sitúan en la mitad inferior en la distribución de renta.[8]

La fe estadounidense en que, si trabaja y tiene talento, cualquiera puede ascender socialmente ya no encaja con los hechos observados sobre el terreno. Esto tal vez explica por qué la retórica de las oportunidades ha dejado de tener la fuerza inspiradora de antaño. La movilidad ya no puede compensar la desigualdad. Toda respuesta seria a la brecha entre ricos y pobres debe tener muy en cuenta las desigualdades de poder y riqueza, y no conformarse simplemente con el proyecto de ayudar a las personas a luchar por subir una escalera cuyos peldaños están cada vez más separados entre sí.

LA ÉTICA MERITOCRÁTICA

El problema de la meritocracia no solo estriba en que la práctica nunca está a la altura del ideal. Si simplemente esa fuera la cuestión, la solución pasaría por perfeccionar la igualdad de oportunidades, por aspirar a una sociedad en la que las personas pudieran ascender de verdad —fuera cual fuese su punto de partida en la vida— hasta donde su esfuerzo y su talento pudieran llevarlas. Pero el problema es que es dudoso que una meritocracia, ni siquiera una perfecta, pueda ser satisfactoria ni moral ni políticamente.

Desde el punto de vista moral, no está claro por qué quienes tienen talento merecen las desproporcionadas recompensas que las sociedades de mercado reservan a las personas de éxito. Un principio central de la ética meritocrática es la idea de que no merecemos que se nos recompense —ni que se nos postergue— por factores que estén fuera de nuestro control. Pero ¿de verdad poseer (o carecer de) ciertas aptitudes es un logro nuestro? Si no lo es, cuesta ver por qué quienes ascienden gracias a su talento merecen mayor premio que quienes bien pueden ser personas igual de esforzadas, pero menos dotadas de los dones previos que una sociedad de mercado casualmente valora más.

Quienes ensalzan el ideal meritocrático y lo convierten en el centro de su proyecto político pasan por alto esta cuestión moral, pero también ignoran algo más poderoso desde el punto de vista político: las actitudes muy poco atractivas (desde la perspectiva moral) que la ética meritocrática fomenta, tanto entre los ganadores como entre los perdedores. Entre los primeros promueve la soberbia; entre los segundos, la humillación y el resentimiento. Son estos sentimientos morales los que constituyen ahora el trasfondo de la revuelta populista contra la élite. Más que una protesta contra los inmigrantes y la deslocalización, la queja populista va dirigida contra la tiranía del mérito. Y está justificada.

El énfasis incesante en la creación de una meritocracia imparcial, en la que las posiciones sociales reflejen el esfuerzo y el talento, tiene un efecto corrosivo sobre el modo en que interpretamos nuestro éxito (o la ausencia de este). La idea de que el sistema premia el talento y el trabajo anima a los ganadores a considerar que su éxito ha sido obra suya, un indicador de su virtud, y a mirar con condescendencia a quienes no han sido tan afortunados como ellos.

La soberbia meritocrática refleja la tendencia de los ganadores a dejar que su éxito se les suba demasiado a la cabeza, a olvidar lo mucho que les han ayudado la fortuna y la buena suerte. Representa la petulante convicción de los de arriba de que se merecen el destino que les ha tocado en suerte y de que los de abajo se merecen también el suyo, y esta actitud es el complemento moral de la política tecnocrática.

Cuando se tiene presente el carácter contingente de nuestra situación en la vida, se genera una cierta humildad. «Yo también estaría así de no ser por que Dios o la casualidad no lo han querido.» No obstante, una meritocracia perfecta expulsa toda sensación de estar bendecidos por don o gracia algunos. Disminuye nuestra capacidad para concebirnos como seres que compartimos un destino común. Deja escaso margen a la solidaridad que puede surgir cuando reflexionamos sobre la naturaleza azarosa de nuestras aptitudes y fortunas. Eso es lo que hace que el mérito sea una especie de tiranía o de gobierno injusto.

LA POLÍTICA DE LA HUMILLACIÓN

Vista desde abajo, la soberbia de la élite es mortificante. A nadie le gusta que se le mire por encima del hombro, pero la fe meritocrática añade sal a la herida. La idea de que nuestro destino está en nuestras manos, de que «puedes conseguirlo si pones empeño en ello», es una espada de doble filo: inspiradora por uno de sus bordes, pero odiosa por el otro. Congratula a los ganadores, pero denigra a los perdedores y afecta incluso a la percepción que estos tienen de sí mismos. Para quienes no pueden encontrar trabajo o llegar a fin de mes, es difícil rehuir la desmoralizadora idea de que su fracaso es culpa suya, de que todo se reduce a que carecen del talento y el empuje necesarios para tener éxito.

La política de la humillación difiere en ese sentido de la política de la injusticia. La protesta contra la injusticia se proyecta hacia fuera; uno se queja de que el sistema está amañado, de que los ganadores han engañado o han manipulado para llegar arriba. La protesta contra la humillación tiene una mayor carga psicológica. En ella la persona combina el rencor hacia los ganadores con una irritante desconfianza hacia sí misma; quizá los ricos sean ricos porque se lo merecen más que los pobres, quizá los perdedores sean después de todo cómplices de su propio infortunio.

Esta característica de la política de la humillación le confiere una naturaleza más combustible que la de otros sentimientos políticos. Es un potente ingrediente del volátil caldo de ira y resentimiento del que se alimenta la protesta populista. Pese a ser un milmillonario, Donald Trump comprendió y supo explotar ese malestar. A diferencia de Barack Obama y de Hillary Clinton, que hacían constantes referencias a las «oportunidades», Trump rara vez mencionó esa palabra; prefirió hablar sin ambages de ganadores y perdedores. (Curiosamente, Bernie Sanders, un populista socialdemócrata, tampoco habla casi nunca de oportunidades ni de movilidad, y se centra más bien en las desigualdades de poder y riqueza.)

La élite ha llegado a atribuir tal valor a un título universitario —como una vía de acceso tanto al desarrollo profesional como a la estima social— que le cuesta entender la soberbia a la que una meritocracia puede dar lugar y la dureza con la que esta puede hacer que se juzgue a quienes no han estudiado en una universidad. Y esas actitudes son factores fundamentales de la reacción populista y de la victoria de Trump.

Una de las fracturas políticas más profundas en el Estados Unidos actual es la que separa a quienes tienen estudios universitarios de quienes no los tienen. En las elecciones de 2016, Trump consiguió dos terceras partes de los votos de electores blancos sin titulación universitaria, mientras que Hillary Clinton se impuso rotundamente entre los votantes con carrera. Una división parecida se observó en el referéndum sobre el Brexit en Gran Bretaña. Los votantes sin estudios universitarios se decantaron masivamente por la salida del país de la Unión Europea, mientras que la inmensa mayoría de los que tenían algún título de posgrado (un máster o un doctorado) votaron a favor de quedarse en ella.[9]

En una reflexión sobre su campaña electoral para las presidenciales año y medio después de los comicios, Hillary Clinton hizo gala de esa soberbia meritocrática que tanto contribuyó a su derrota. «Gané en sitios que representan las dos terceras partes del producto interior bruto de Estados Unidos —declaró en un congreso celebrado en Bombay, India, en 2018—. Así pues, gané en los lugares que más se caracterizan por el optimismo, la diversidad, el dinamismo y el progreso.» Sin embargo, Trump consiguió el apoyo de aquellos votantes a los que «no les gusta que a las personas negras se les concedan derechos» ni «que las mujeres [...] obtengan empleos». Ella, en definitiva, había conquistado los votos de los triunfadores de la globalización, mientras que Trump había ganado entre los perdedores.[10]

El Partido Demócrata era tiempo atrás el representante de los granjeros y de la población trabajadora frente a los privilegiados. Ahora, en plena era meritocrática, su derrotada portaestandarte se atrevía a hacer público alarde de que a ella la habían votado las partes más prósperas e instruidas del país.

Donald Trump supo captar esa política de la humillación. Desde el punto de vista de la equidad económica, su populismo era falaz, plutocrático incluso. Propuso un plan de sanidad que recortaba la atención sanitaria para muchos de sus partidarios de clase trabajadora e impulsó un proyecto de ley fiscal que pretendía concentrar los recortes de impuestos en los más ricos. Aun así, si nos centrásemos solamente en la hipocresía de su mensaje, estaríamos perdiendo de vista la cuestión central.

Cuando retiró a Estados Unidos del Acuerdo de París sobre el cambio climático, Trump justificó la medida con el poco convincente argumento de que así protegía puestos de trabajo de su propio país, pero el sentido real de aquella decisión, su lógica política, quedó mucho mejor recogido en este otro comentario, aparentemente incidental: «¿Cuándo ha empezado este menosprecio hacia Estados Unidos? ¿En qué momento han comenzado a reírse de nosotros como país? [...] No queremos que otros países y otros dirigentes se vuelvan a reír de nosotros».[11]

El verdadero propósito de liberar a Estados Unidos de las presuntas cargas que le imponía el acuerdo sobre el cambio climático no tenía que ver con los empleos ni con el calentamiento global. De lo que se trataba más bien, en la imaginación política de Trump, era de evitar la humillación, y en eso conectó con el sentir de sus votantes, incluso con el de aquellos a quienes les preocupaba el cambio climático.

El mérito tecnocrático y el juicio moral

En sí mismo, el concepto de que solo quienes lo merecen deben gobernar no es exclusivo de nuestro tiempo. En la antigua China, Confucio predicaba que el gobierno debía estar reservado a quienes sobresalían en virtud y capacidad. En la antigua Grecia, Platón imaginó una sociedad dirigida por un rey filósofo apoyado por una clase de guardianes con vocación por lo público. Aristóteles rechazó el rey filósofo platónico, pero también defendió que las personas con merecimiento debían ser las que ejercieran una mayor influencia en los asuntos públicos. Para él, el mérito relevante para gobernar no era la riqueza ni una noble alcurnia, sino la excelencia en la virtud cívica y la *frónesis*, esa sabiduría práctica que lleva a razonar acertadamente acerca del bien común.[12]

Los fundadores de la república estadounidense se autoproclamaron «hombres de mérito» y esperaban que, en lo sucesivo, fueran personas virtuosas y cultas como ellos las elegidas para los cargos políticos. Se oponían a la aristocracia hereditaria, pero tampoco sentían aprecio por la democracia directa, que temían que llevara al poder a demagogos. Trataron de diseñar instituciones —como el sistema de elección indirecta del Senado y del presidente estadounidenses— que hicieran posible que fueran hombres de mérito quienes gobernaran. Thomas Jefferson era partidario de «una aristocracia natural» basada en «la virtud y el talento», y recelaba de «una aristocracia artificial fundada en la riqueza y la cuna». «La mejor forma de gobierno —escribió— [es aquella que favorece] una selección pura de estos *áristoi* naturales para los cargos del Estado.»[13]

Pese a sus diferencias, estas versiones tradicionales de la meritocracia política —desde la confuciana hasta la republicana, pasando por la platónica— comparten la noción de que, entre los méritos relevantes para gobernar, está la virtud moral y cívica. Ello se debe a que todas coinciden en que el bien común consiste (al menos en parte) en la educación moral de los ciudadanos.

Nuestra versión tecnocrática de la meritocracia corta el vínculo entre mérito y juicio moral. En el terreno de la economía, se limita a asumir que el bien común viene definido por el PIB y que el valor de las aportaciones de las personas equivale al valor de mercado de los bienes o servicios que venden. En el terreno del gobierno, presupone que el mérito significa un conocimiento experto tecnocrático.

Esto es algo que podemos apreciar en el papel creciente de los economistas como asesores políticos, en nuestra dependencia cada vez mayor de los mecanismos de mercado para definir y alcanzar el bien público, y en el hecho de que el discurso público se abstenga de abordar las grandes cuestiones morales y cívicas que deberían ocupar el centro del debate político: ¿qué deberíamos hacer a propósito del aumento de la desigualdad?, ¿qué significación moral tienen las fronteras nacionales?, ¿qué contribuye a la dignidad del trabajo?, ¿qué nos debemos los unos a los otros como ciudadanos?

Esta forma moralmente estrecha de concebir el mérito y el bien público ha debilitado a las sociedades democráticas en varios sentidos. El primero es el más obvio: durante las últimas cuatro décadas, las élites meritocráticas no han realizado una labor de gobierno demasiado buena, que digamos. Desde luego, no como la de la élite que gobernó Estados Unidos de 1940 a 1980, ganó la Segunda Guerra Mundial, ayudó a reconstruir Europa y Japón, reforzó el Estado del bienestar, puso fin al segregacionismo racial y ejerció su liderazgo durante cuatro decenios caracterizados por un crecimiento económico que favoreció por igual tanto a ricos como a pobres. Por el contrario, la élite que ha gobernado desde entonces nos ha traído cuatro décadas de salarios estancados para la mayor parte de los trabajadores, desigualdades de renta y riqueza que no se veían desde la década de 1920, la guerra de Irak, otro conflicto bélico en Afganistán de diecinueve años de duración (sin un resultado concluyente), desregulación financiera, la crisis financiera de 2008, un deterioro de las infraestructuras públicas, la mayor tasa de población reclusa del mundo, así como un sistema de financiación de las campañas de los candidatos y de manipulación de las circunscripciones para las elecciones al Congreso que representa una parodia de la democracia.

Sin embargo, el mérito tecnocrático no solo ha fallado como un modo de gobierno, sino que también ha estrechado los márgenes del proyecto cívico. Hoy en día, el bien común se concibe principalmente en términos económicos. Tiene menos que ver con el cultivo de la solidaridad o con la profundización de los vínculos de la ciudadanía que con la satisfacción de unas preferencias de los consumidores medida por el producto interior bruto. Esto repercute en un empobrecimiento del discurso público.

El presunto debate político actual es más bien una sucesión de declaraciones limitadas, gerenciales y tecnocráticas que no inspiran a nadie, cuando no un combate a gritos en el que cada parte habla sin escuchar realmente a la otra. Son muchos los ciudadanos de todo el espectro político a quienes este discurso público vacío les resulta tan frustrante como anulador. Tienen la correcta sensación de que la ausencia de un debate público robusto no significa que no se esté decidiendo política alguna, sino simplemente que las políticas se están decidiendo en otro lugar, fuera de la visión pública, en los despachos de los organismos administrativos (a menudo acaparados por las industrias y los sectores que aquellos tienen la misión de regular), de los bancos centrales y los mercados de bonos, o hasta de los grupos de presión empresariales cuyas aportaciones a las campañas electorales compran influencia sobre los cargos públicos.

Pero eso no es todo. Además de vaciar el discurso público, el reinado del mérito tecnocrático ha reconfigurado los términos del reconocimiento social de tal modo que ha elevado el prestigio de las clases profesionales con altas credenciales laborales y académicas, y ha depreciado las aportaciones de la mayoría de los trabajadores y, de paso, ha erosionado el estatus y la estima sociales de los que estos gozaban. Es en ese aspecto donde el mérito tecnocrático contribuye de modo más directo al indignado y polarizado enfrentamiento político de nuestro tiempo.

LA REVUELTA POPULISTA

Hace seis décadas, un sociólogo británico llamado Michael Young ya predijo la soberbia y el resentimiento a los que la meritocracia da lugar. De hecho, fue él quien acuñó el término. En un libro titulado *El triunfo de la meritocracia* (1958), se preguntó qué pasaría si un día se superaran las barreras de clase y todo el mundo dispusiera de una verdadera igualdad de oportunidades basada exclusivamente en su propio mérito personal.[14]

En un determinado sentido, eso supondría un motivo de celebración: los hijos e hijas de la clase obrera podrían por fin competir en pie de igualdad, hombro con hombro, con los hijos e hijas de los privilegiados. Pero Young se dio cuenta de que no podría ser una victoria total, pues inevitablemente fomentaría la soberbia entre los vencedores y un sentimiento de humillación entre los perdedores. Los ganadores considerarían su éxito un «premio justo a su propia capacidad, a su esfuerzo, a su innegable hazaña», y, por consiguiente, mirarían por encima del hombro a quienes no hubieran tenido tanto éxito como ellos. Quienes no hubieran logrado ascender se sentirían como si no tuvieran a nadie a quien culpar de su fracaso más que a sí mismos.[15]

Young, pues, no creía que la meritocracia fuese un ideal al que aspirar, sino más bien una fórmula de discordia social garantizada. Supo entrever, décadas atrás, la cruel lógica meritocrática que ahora envenena nuestra política y aviva la ira populista. Para quienes se sienten agraviados por la tiranía del mérito, el problema consiste no solo en el estancamiento de sus salarios, sino también en el menoscabo de su estima social.

La pérdida de trabajos a causa de la tecnología y la deslocalización ha coincidido con la sensación de que hoy es asimismo menor el respeto que la sociedad confiere al tipo de labores que la clase obrera desempeña. Ahora que el centro de gravedad de la actividad económica se ha desplazado desde la fabricación de cosas hacia la gestión de dinero, y que la sociedad colma de recompensas desproporcionadas a los gestores de fondos de cobertura, los banqueros de Wall Street y otros miembros de la clase de los profesionales cualificados con formación universitaria, la estima que merecía el trabajo entendido en el sentido tradicional del término se ha vuelto frágil e incierta.

Los partidos y las élites tradicionales ignoran esta dimensión de la política. Piensan que el problema de la globalización impulsada por el mercado solo es una cuestión de justicia distributiva, que quienes han salido ganando con el comercio globalizado, las nuevas tecnologías y la financierización de la economía no han sabido compensar adecuadamente a quienes han salido perdiendo con estos fenómenos.

Con ello, sin embargo, hacen una interpretación errónea de la queja populista. También ponen de relieve un defecto del enfoque tecnocrático de gobierno. Al proceder en nuestro discurso público como si fuera posible externalizar el juicio moral y político hacia los mercados, o hacia los expertos y los tecnócratas, el debate democrático ha quedado vacío de significado y de sentido. Estos vacíos de significado público acaban siendo inevitablemente llenados por unas formas crudas, autoritarias, de identidad y pertenencia, ya sean en la modalidad de un fundamentalismo religioso o en la de un nacionalismo estridente.

Eso es lo que estamos presenciando en la actualidad. Cuatro décadas de globalización impulsada por el mercado han vaciado el discurso público, han desposeído de poder a los ciudadanos corrientes y han propiciado una reacción populista adversa que trata de revestir nuestra desnuda arena pública con un manto de nacionalismo intolerante y vengativo.

Para revitalizar la política democrática, es necesario que encontremos el modo de potenciar un discurso público más robusto desde el punto de vista moral, un discurso que se tome más en serio el corrosivo efecto que el afán meritocrático de éxito tiene sobre los lazos sociales que constituyen nuestra vida común.

2

«Grande por bueno»
Breve historia moral del mérito

Nada de malo hay en contratar a las personas sobre la base de su mérito; de hecho, es en general el modo correcto de proceder. Si necesito un fontanero para que me arregle el baño o un dentista para que me reconstruya una muela, trataré de encontrar al profesional idóneo para la tarea en cuestión. Quizá no al mejor de todos, pues no podré realizar una búsqueda mundial, pero, desde luego, querré a alguien bien cualificado.

A la hora de llenar vacantes laborales el mérito es importante, y lo es por, al menos, dos motivos. Uno es la eficiencia. Me irá mejor si mi fontanero o mi dentista es alguien capaz que si es un incompetente. El otro es la equidad. Estaría mal discriminar al candidato más cualificado dejándose llevar por prejuicios religiosos o sexistas y contratar a una persona menos cualificada por ello. Aun en el caso de que fuera tan prejuicioso que no me importara contratar los servicios de una fontanería chapucera o que me practicaran una endodoncia de pena en la muela, la discriminación no dejaría de ser inicua en sí misma. Los candidatos más cualificados podrían quejarse con razón de que han sido víctimas de una injusticia.

Si contratar a personas por su mérito es una práctica buena y sensata, ¿qué puede tener de malo una meritocracia? ¿Cómo es posible que un principio tan benigno como el del mérito haya alimentado un torrente de resentimiento tan poderoso que ha transformado la política de sociedades democráticas de todo el mundo? ¿Cuándo se volvió tóxico el mérito y cómo lo hizo?

Por qué el mérito importa

La idea de que la sociedad debería asignar recompensas económicas y puestos de responsabilidad con arreglo a los méritos nos atrae por varias razones. Dos de ellas son versiones generalizadas del argumento que justifica usar el mérito como factor en la contratación de personal; me refiero a la eficiencia y la equidad. Un sistema económico que premia el esfuerzo, la iniciativa y el talento termina siendo probablemente más productivo que otro que paga lo mismo a todos los trabajadores —con independencia de lo que aporten— o que asigna posiciones sociales deseables basándose en el favoritismo. Premiar a las personas estrictamente por sus méritos posee también la virtud de la equidad; no discrimina sobre ninguna otra base que no sean los logros y los resultados.

Una sociedad que recompensa el mérito es asimismo atractiva desde el punto de vista de las aspiraciones. No solo fomenta la eficiencia y renuncia a la discriminación, sino que también hace pública afirmación de una cierta noción de la libertad; me refiero a la idea de que nuestro destino está en nuestras manos, de que nuestro éxito no depende de fuerzas que estén más allá de nuestro control, de que depende de nosotros. O, lo que es lo mismo, la idea de que no somos víctimas de las circunstancias, sino dueños de nuestro destino, libres para subir hasta allí adonde nuestro esfuerzo, nuestro talento y nuestros sueños nos lleven.

Esa es una visión entusiasta de la agencia humana* que lleva aparejada una conclusión consoladora desde el punto de vista moral: tenemos lo que nos merecemos. Si mi éxito es obra mía, algo que me he ganado con mi talento y mi trabajo, puedo sentirme orgulloso de él, estar seguro de que merezco las recompensas que me reporten mis logros. Una sociedad meritocrática es, pues, doblemente inspiradora: refrenda un concepto muy potente de libertad y da a las personas lo que se han ganado por sí mismas y que, por consiguiente, se merecen.

---

* Entiéndase aquí «agencia» en el sentido filosófico del término, según el cual la agencia es la capacidad de acción de un agente y la agencia humana es la capacidad de acción individual de una persona en cuanto agente. *(N. del T.)*

Con todo, por muy inspirador que sea, el principio del mérito puede dar un giro tiránico, no solo cuando las sociedades lo incumplen, sino también —y, de hecho, sobre todo— cuando lo aplican. La cara oscura del ideal meritocrático va asociada precisamente a la más atrayente de sus promesas, la de que la persona puede dominar su propio destino y hacerse a sí misma. El ideal meritocrático otorga un enorme peso a la noción de la responsabilidad personal. Responsabilizar a las personas de lo que hacen es bueno, pero solo hasta cierto punto. Significa respetar su capacidad para pensar y actuar por cuenta propia, como agentes morales y como ciudadanas y ciudadanos. Pero una cosa es responsabilizar a las personas de que actúen moralmente y otra muy distinta suponer que somos, todos y cada uno de nosotros, totalmente responsables de lo que nos ha tocado en suerte.

Esa expresión misma —«nos ha tocado en suerte»— se inspira en un vocabulario moral que sugiere ciertos límites a una presunta responsabilidad infinita. Hablar de nuestra «suerte» insinúa la existencia de una cierta lotería, de un resultado determinado por el hado, la fortuna o la divina providencia, más que por nuestro esfuerzo propio.[1] Apunta —más allá del mérito y la elección personales— hacia el ámbito de la suerte y la casualidad, o, según algunas interpretaciones, la gracia. Esto nos recuerda que los debates iniciales más trascendentales sobre el mérito no giraron en torno a niveles de ingresos y puestos de trabajo, sino en torno al favor de Dios: ¿es algo que nos ganamos o que recibimos a modo de don?

Una meritocracia cósmica

La idea de que nuestro destino refleja nuestro mérito está muy arraigada en las intuiciones morales de la cultura occidental. La teología bíblica predica que los sucesos naturales ocurren por una razón. La meteorología favorable y las cosechas abundantes son recompensas divinas por una buena conducta; las sequías y las pestes son castigos por el pecado. Cuando un barco se encuentra con una mar tempestuosa, la gente que va a bordo comienza a preguntarse cuál de los miembros de la tripulación ha enfurecido a Dios.[2]

Vista desde la distancia de nuestra era científica, esta forma de pensar puede parecernos inocente, infantil incluso, pero no está tan alejada de nosotros como podría parecer en un principio. De hecho, es en esa perspectiva donde radica el origen del pensamiento meritocrático. Evidencia la creencia de que el universo moral está organizado de tal modo que hace que la prosperidad esté alineada con el mérito y el sufrimiento, con los actos inmorales. Es algo que no está muy lejos de esta concepción contemporánea nuestra, con la que tan familiarizados estamos, según la cual la riqueza es sinónimo de talento y esfuerzo y la pobreza, de indolencia.

Dos características de la perspectiva bíblica permiten entrever en ella ciertos indicios de la meritocracia contemporánea. Una es su énfasis en la agencia humana; la otra es su dureza con quienes sufren infortunios. Tal parecería, incluso, que la meritocracia contemporánea pone el énfasis en la agencia y la voluntad humanas, mientras que su versión bíblica atribuye todo el poder a Dios. Después de todo, Él es quien imparte los castigos y concede los premios: las inundaciones, las sequías, las lluvias salvadoras de cosechas.

Sin embargo, en realidad, se trata de una imagen muy antropocéntrica, en la que Dios dedica la mayor parte de su tiempo a responder a las incitaciones de los seres humanos, recompensando su bondad y castigando sus pecados. Dios queda así paradójicamente comprometido con nosotros, obligado —si en verdad es justo— a dispensarnos el trato que nos hayamos ganado. Aunque Dios es quien otorga las recompensas e impone los castigos, lo hace de acuerdo con los méritos de las personas y no de manera arbitraria. Se considera, así pues, que incluso en presencia de Dios los seres humanos se ganan la suerte que corren y, por consiguiente, se merecen su destino.

En segundo lugar, este modo meritocrático de pensar concita actitudes severas hacia quienes padecen infortunios. Cuanto más agudo es su sufrimiento, mayor es la sospecha de que la víctima se lo ha causado a sí misma. Recordemos el Libro de Job. Un hombre recto y justo, Job, es sometido a un dolor y un sufrimiento incalificables que incluyen, entre otras cosas, los provocados por la muerte de sus hijos e hijas en un temporal. Sin perder nunca su fe en Dios, Job no logra entender por qué se le hace objeto de semejantes padecimientos.

(No se da cuenta de que es víctima de una apuesta cósmica mediante la que Dios pretende demostrarle a Satanás que la fe de Job no decaerá, por calamitosa que sea la desgracia a la que se enfrente.)

Mientras Job llora la pérdida de su familia, sus amigos (si es que se les puede llamar así) le insisten en que debe de haber cometido algún pecado atroz y lo apremian para que piense cuál puede ser.[3] He ahí un ejemplo temprano de la tiranía del mérito. Persuadidos de que el sufrimiento es una señal de pecado, los amigos de Job agravan cruelmente el dolor que ya padece recordándole que, por alguna transgresión que nadie conoce muy bien, es culpa del propio Job que se le hayan muerto sus hijos e hijas. Aunque sabe que es inocente, Job también comulga con esa teología del mérito de sus amigos y, por ello, clama ante Dios preguntándole por qué él, un hombre recto, está siendo obligado a sufrir de ese modo.

Cuando Dios por fin habla con Job, Él sí que rechaza esa lógica cruel de culpar a la víctima. Lo hace renegando de ese supuesto meritocrático que Job y sus compañeros comparten. No todo lo que sucede es un premio o un castigo al comportamiento humano, proclama Dios desde el torbellino. No toda la lluvia cae para regar los cultivos de los justos, ni toda sequía devasta para castigar a los malvados. A fin de cuentas, también llueve en sitios donde no vive nadie: en la naturaleza salvaje, que está vacía de vida humana. Los seres humanos no son la única finalidad de la creación. El cosmos es más grande y los designios de Dios son más inescrutables de lo que la imagen antropomórfica nos lleva a suponer.[4]

Dios confirma la rectitud de Job, pero le reprende por haber pensado que comprendía la lógica moral de las decisiones de Dios. Esto representa un cambio radical con respecto a la teología del mérito que se advierte tanto en el Génesis como en el Éxodo.[5] Rechazando la idea de que Él reina sobre una especie de meritocracia cósmica, Dios afirma su poder ilimitado y enseña a Job una lección de humildad. La fe en Dios implica aceptar la grandeza y el misterio de la creación, y no esperar que Dios dispense premios y castigos basándose en lo que cada persona se haya ganado o merecido.

SALVACIÓN Y AUTOAYUDA

La cuestión del mérito vuelve a aparecer posteriormente en los debates cristianos en torno a la salvación: ¿pueden los fieles ganarse esta mediante la observancia religiosa y las buenas obras, o Dios es enteramente libre de decidir a quién salvar, con independencia de cómo vivan las personas sus vidas?[6] La primera opción parece más justa, porque recompensa la bondad y castiga el pecado. Pero, en el plano teológico, plantea un problema, pues implica poner en entredicho la omnipotencia de Dios. Si la salvación es algo que podemos ganarnos y, por lo tanto, merecernos, entonces Dios está obligado, por así decirlo, a reconocer nuestro mérito. La salvación llega en parte (al menos) por la vía de la autoayuda, y eso implica poner un límite al poder infinito de Dios.

La segunda opción, la de concebir la salvación como un don que la persona no se ha ganado, sí afirma la omnipotencia de Dios, pero a costa de plantear un problema diferente: si Dios es responsable de todo en el mundo, entonces también debe de serlo de la existencia del mal. Pero si Dios es justo, ¿cómo puede permitir sufrimientos y males que Él tiene el poder de impedir? Si es todopoderoso, la existencia del mal parece conllevar la conclusión de que Él es injusto. Teológicamente, es difícil, cuando no imposible, sostener las tres opiniones siguientes a la vez: que Dios es justo, que Dios es omnipotente y que el mal existe.[7]

Una manera de resolver esta dificultad es atribuyendo a los seres humanos la potestad del libre albedrío. De ese modo, la responsabilidad del mal se desplaza de Dios hacia nosotros. Si, además de dictar la ley, Dios nos dio a cada uno la libertad de decidir si obedecerla o no, entonces nosotros somos los responsables si optamos por hacer el mal en vez del bien. Quienes actúan mal merecerán el castigo que Dios les imponga, en este mundo o en el siguiente. Su sufrimiento no constituirá un mal, sino únicamente un castigo justo a su transgresión.[8]

Uno de los primeros proponentes de esta solución fue un monje britano del siglo v llamado Pelagio. Aunque no se sabe mucho de él, algunos estudiosos han sostenido últimamente que, como adalid del libre albedrío y de la responsabilidad individual en la teología cristiana temprana, Pelagio fue un precursor del liberalismo.[9]

En su época, sin embargo, la solución de Pelagio chocó con la encendida oposición, entre otros, de nada menos que Agustín de Hipona, el más formidable de los filósofos cristianos de entonces. Para san Agustín, atribuir libre albedrío a los seres humanos niega la omnipotencia de Dios y socava la significación misma de su don supremo, el sacrificio de Cristo en la cruz. Si las personas son tan autosuficientes que pueden ganarse por sí mismas la salvación, mediante las buenas obras y la práctica de los sacramentos, entonces la Encarnación se convierte en algo innecesario. La humildad ante la gracia de Dios deja paso al enorgullecimiento del individuo por sus esfuerzos personales.[10]

A pesar de la insistencia agustina en la salvación por la sola gracia, las prácticas de la Iglesia terminaron reintegrando el mérito. Los ritos y rituales —el bautismo, la oración, la asistencia a misa, la práctica de los sacramentos— no pueden sobrevivir mucho tiempo si no vienen acompañados de cierta sensación de eficacia entre quienes participan en ellos. No es fácil sostener una fe que se base en la idea de que la observancia religiosa y las buenas obras de los fieles no sirven para ganarse el favor de Dios ni para generar mérito alguno a sus ojos. Cuando la fe se plasma en una observancia externa, mediada y reforzada por una compleja serie de prácticas eclesiásticas, resulta casi inevitable que una inicial teología de la gratitud y la gracia derive hacia una teología del orgullo y la autoayuda. Esa, al menos, era la concepción que Martín Lutero tenía de la Iglesia romana de su tiempo, once siglos después de que Agustín de Hipona hubiera vituperado la idea de la salvación por el mérito.

La Reforma protestante nació como una crítica contra el mérito. La venta de indulgencias (la práctica corrupta por la que las personas ricas trataban de comprar su salvación) fue solo una parte del motivo del ataque reprobatorio de Martín Lutero a la Iglesia católica de su época. (En sentido estricto, lo que se pretendía con aquellos pagos era acelerar el periodo de penitencia acortando la estancia del alma en el purgatorio.) Su sentido más amplio, de inspiración agustina, era mostrar que la salvación es un asunto por completo dependiente de la gracia de Dios y que no puede ser influido por intento alguno de ganarse el favor divino, ya sea mediante buenas obras o la realización de ritos. No nos ganaremos el cielo rezando como tampoco nos lo ganaremos comprando el acceso a él, venía a decirnos Lutero. Para este, estar entre los elegidos es un don que en absoluto puede ganarse. Tratar de mejorar nuestras probabilidades en ese sentido comulgando, yendo a misa o de cualquier otro modo con el objeto de convencer a Dios de nuestro mérito es de una presuntuosidad blasfema.[11]

La estricta doctrina de la gracia de Lutero era decididamente antimeritocrática. Rechazaba la salvación por las buenas obras y no dejaba margen a la libertad ni a la autoconstrucción humanas. Y sin embargo, paradójicamente, la Reforma protestante que él inauguró desembocaría en la ferozmente meritocrática ética del trabajo que los puritanos y sus sucesores traerían con el paso del tiempo a Norteamérica. En *La ética protestante y el espíritu del capitalismo*, Max Weber nos explica cómo ocurrió.[12]

Como Lutero unos años antes, también Juan Calvino —cuya teología inspiró a los puritanos— defendió que la salvación dependía de la gracia de Dios y no estaba determinada por el mérito o el merecimiento humanos. Quién se salva y quién se condena es algo que está ya predestinado y no es susceptible de cambios en función de qué vida lleve luego cada persona. Ni siquiera los sacramentos pueden ayudar. Aunque es el deber de todo cristiano cumplir con ellos para mayor gloria de Dios, «no son un medio para la consecución de la gracia».[13]

La doctrina calvinista de la predestinación daba lugar a un suspense insoportable. Es fácil entender por qué. Si una persona cree que su sitio en la otra vida es más importante que cualquiera de las cosas que le interesen en este mundo, lo lógico es que esté desesperada por saber si está ya entre las elegidas o las condenadas. Pero Dios no anuncia por adelantado su decisión. No podemos saber, solo con observar la conducta de las personas, cuáles han sido elegidas y cuáles no. Los elegidos son «la Iglesia invisible de Dios».[14]

En palabras del propio Weber, «la pregunta "¿soy uno de los elegidos?" debe de haber surgido en un momento u otro en la mente de todos los creyentes y debe de haber forzado que todos los demás temas pasaran a un segundo plano. ¿Y cómo puedo estar seguro de ese estado de gracia?». La persistencia de tan apremiante interrogante condujo a los calvinistas a una versión particular de la ética del trabajo. Dado que toda persona está llamada por Dios a tener una vocación profesional, el hecho de desempeñar intensamente dicha profesión es una señal de salvación.[15]

El sentido de ese trabajo no es disfrutar de la riqueza que con él se genera, sino glorificar a Dios. Trabajar para consumir en abundancia sería distraerse de ese fin; sería una especie de corrupción. El calvinismo conjugaba, pues, el trabajo arduo con el ascetismo. Weber señala que esta forma disciplinada de afrontar el trabajo —trabajando mucho, pero consumiendo poco— fue la que produjo la acumulación de riqueza que alimentó el capitalismo. Con el paso del tiempo, y aunque las motivaciones religiosas originales ya hayan decaído, la ética protestante del trabajo y del ascetismo continúa siendo la base cultural de la acumulación capitalista.

Sin embargo, a los efectos que aquí nos ocupan, la relevancia de toda esta trama argumental estriba en la tensión que se desarrolla entre el mérito y la gracia. Una vida de trabajo disciplinado consagrada por la persona a su profesión no es en sí el camino que la llevará a la salvación, ni mucho menos, pero sí puede ser un modo de determinar por adelantado si se encuentra (ya) entre los individuos elegidos. Es una señal de salvación, no una fuente de esta.

De todos modos, resultó muy difícil (por no decir imposible) resistirse a la fácil deriva que lleva a una persona de ver en esa actividad mundana suya una señal de elección a verla como una fuente de tal elección. En un sentido psicológico, cuesta soportar la idea de que Dios no tomará nota alguna de tan devoto trabajo encaminado a aumentar su gloria. Desde el momento en que se me anima a inferir a partir de mis buenas obras que estoy entre los elegidos, me va a resultar difícil no pensar que mis buenas obras han contribuido de algún modo al hecho de estar entre los elegidos. Además, desde el punto de vista teológico, la noción de la salvación por las obras, una idea meritocrática, estaba ya presente en las fuentes precursoras del protestantismo, tanto en el énfasis católico en los ritos y los sacramentos como en el concepto judío de ganarse el favor de Dios observando la ley y guardando los preceptos éticos del pacto sinaítico.

Cuando la idea calvinista del trabajo vinculado a una profesión evolucionó hacia la ética del trabajo puritana, tampoco fue fácil resistirse a su implicación meritocrática de que la salvación es algo que se gana y de que el trabajo es un motivo —y no una simple señal— de salvación. «En la práctica, esto significa que Dios ayuda a quienes se ayudan a sí mismos —apunta Weber—. Por consiguiente, el calvinista, como se dice a veces, crea su propia salvación o, por decirlo en términos más correctos, la convicción de la misma.» Algunos luteranos se quejaron de que ese enfoque equivalía a un «retorno a la doctrina de la salvación por las obras», que era precisamente la doctrina que Lutero consideró en su día una afrenta a la gracia de Dios.[16]

La doctrina calvinista de la predestinación, combinada con la idea de que los elegidos deben demostrar que lo son mediante su dedicación a una profesión, desemboca en la noción de que el éxito terrenal es un buen indicador de quiénes están destinados a la salvación. «Para todo individuo sin excepción, la Providencia divina ha preparado una vocación que él debería profesar y en la que debería trabajar», explica Weber. Esto otorga una sanción divina a la división del trabajo y respalda una «interpretación providencial del orden económico».[17]

Demostrar el estado de gracia propio a través de la actividad terrenal trae de vuelta la meritocracia. Los monjes de la Edad Media formaban una especie de «aristocracia espiritual» que se consagraba a su vocación ascética alejándose de las ocupaciones mundanas, pero, con el calvinismo, el ascetismo cristiano «entró a grandes zancadas en el mercado de la vida» y «cerró de golpe la puerta del monasterio tras de sí». Todos los cristianos fueron llamados a trabajar y probar su fe mediante la actividad terrenal. «Al fundar su ética en la doctrina de la predestinación», el calvinismo sustituyó «la aristocracia espiritual de monjes situados fuera y por encima del mundo por la aristocracia espiritual de los santos predestinados de Dios en el mundo».[18]

Segura de formar parte de los elegidos, esta nueva aristocracia espiritual miraba con desdén a quienes parecían destinados a la perdición. Ahí Weber percibe lo que yo denominaría una versión temprana de la soberbia meritocrática. «La conciencia de gracia divina de los elegidos y santos se acompañaba de una actitud hacia el pecado del prójimo que no era de comprensión compasiva basada en la conciencia de la debilidad propia, sino de odio y desprecio hacia él como enemigo de Dios y portador de las señales de la condenación eterna.»[19]

La ética protestante del trabajo, pues, no solo da origen al espíritu del capitalismo, sino que también promueve una ética de la autoayuda y de la responsabilización personal por el destino propio que casa muy bien con los modos de pensar meritocráticos. Esta ética desata un torrente de afán de éxito, ansioso y enérgico, que genera gran riqueza pero, al mismo tiempo, revela el lado oscuro de la responsabilidad y del hacerse a uno mismo. La humildad de la desvalida impotencia ante la gracia deja así paso a la soberbia derivada de la creencia en el mérito propio.

PENSAMIENTO PROVIDENCIAL: PASADO Y PRESENTE

Para Lutero, Calvino y los puritanos, los debates sobre el mérito concernían a la salvación; ¿se ganan los elegidos su elección y, por lo tanto, se la merecen, o la salvación es un don de la gracia que está fuera de nuestro control? Para nosotros, los debates en torno al mérito están relacionados con el éxito terrenal; ¿se ganan los triunfadores su éxito y, por lo tanto, se lo merecen, o la prosperidad personal se debe a factores que están fuera de nuestro control?

A simple vista, no parece que esos dos debates tengan mucho en común. Uno de ellos es religioso; el otro, laico. Pero, al analizarla más de cerca, vemos que la meritocracia de nuestros días lleva inscrita la marca de la querella teológica de la que surgió. La ética protestante del trabajo comenzó siendo una tensa dialéctica de la gracia y el mérito, de la impotencia y la autosuficiencia. Al final, el mérito expulsó a la gracia. La ética del dominio del propio destino y de la autoconstrucción humana se impuso de forma apabullante a la ética de la gratitud y la humildad. Trabajar y aspirar a más se convirtieron en imperativos en sí mismos, desgajados de las nociones calvinistas de predestinación y de la angustiosa búsqueda de una señal de salvación.

Podemos sentirnos tentados a atribuir el triunfo del dominio sobre el destino y del mérito a cierta propensión a la laicidad en nuestra época. Cuanto más terreno retrocede la fe en Dios, más fuerza cobra la confianza en la agencia humana; cuanto más nos concebimos como seres hechos a sí mismos y autosuficientes, menos motivo tenemos para sentirnos en deuda o agradecidos por nuestro éxito.

Aun así, ni siquiera hoy día puede decirse que nuestras actitudes hacia el éxito sean tan independientes de la fe providencial como a veces pensamos que son. La idea de que somos unos agentes humanos libres, capaces de prosperar y triunfar con nuestro propio esfuerzo, es solo un aspecto de la meritocracia. Igual importancia tiene la convicción de que quienes triunfan se merecen su éxito. Este aspecto triunfalista de la meritocracia concita soberbia entre los ganadores y humillación entre los perdedores. Refleja una fe providencial residual que pervive en el vocabulario moral de unas sociedades por lo demás laicas.

«El [individuo] afortunado rara vez se contenta con el hecho de ser afortunado —explicaba Max Weber—. Por encima de ello, necesita saber que tiene *derecho* a su buena fortuna. Quiere estar convencido de que se la "merece" y, sobre todo, de que se la merece en comparación con otros. Desea que se le permita creer que los menos afortunados simplemente están teniendo [su] merecido.»[20]

La tiranía del mérito nace, al menos en parte, de ese impulso. El orden meritocrático laico actual moraliza el éxito a través de mecanismos que recuerdan a una fe providencial anterior: aunque los triunfadores no deban su poder y su riqueza a la intervención divina —pues prosperan gracias a su esfuerzo y trabajo—, su éxito es un reflejo de su superior virtud. Los ricos lo son porque son más merecedores de ello que los pobres.

Este aspecto triunfalista de la meritocracia es una especie de providencialismo sin Dios o, cuando menos, sin un Dios que interviene en los asuntos humanos. Los triunfadores logran triunfar por sí mismos, pero su éxito da fe de su virtud. Esta mentalidad incrementa la carga moral de la competición económica. Santifica a los ganadores y denigra a los perdedores.

Según explica el historiador cultural Jackson Lears, el pensamiento providencialista perduró incluso después de que las nociones calvinistas de la predestinación y la pecaminosidad innata del ser hu-

mano se disiparan con el paso del tiempo. Para Calvino y los puritanos, «todo el mundo era igualmente vil a ojos de Dios». Puesto que
nadie era digno de ella, la salvación tenía por fuerza que depender de
la gracia de Dios.[21]

> No obstante, cuando los teólogos liberalizadores comenzaron a
> poner el énfasis en la capacidad de los seres humanos para salvarse a sí
> mismos, el éxito empezó a señalar una convergencia del mérito per-
> sonal y el plan providencial. De forma paulatina y titubeante, pero
> inconfundible también, la fe protestante en la Providencia [...] se
> transformó en una vía para facilitar aprobaciones espirituales del *statu
> quo* económico [...]. La Providencia, pues, pasó a avalar implícitamen-
> te las desigualdades de riqueza.[22]

Lears aprecia en la cultura pública estadounidense una confron-
tación desigual entre una ética de la fortuna y otra ética, más potente,
del dominio de la persona sobre su vida. La ética de la fortuna reconoce las dimensiones de la vida que trascienden el entendimiento y
el control humanos. Repara en que el cosmos no hace corresponder
necesariamente el mérito con la recompensa. Da cabida al misterio,
la tragedia y la humildad. Es la sensibilidad del Eclesiastés: «Me volví
y vi debajo del sol, que ni es de los ligeros la carrera, ni la guerra de
los fuertes, ni aun de los sabios el pan, ni de los prudentes las riquezas,
ni de los elocuentes el favor; sino que tiempo y ocasión acontecen a
todos».[23]

La ética del dominio, por el contrario, pone «la libertad de elección humana en el centro del orden espiritual».[24] Esto no implica un
rechazo de Dios, sino una reformulación de su papel providencial.
Lears muestra que la ética del dominio y el control nace en el seno
del protestantismo evangélico y termina siendo la predominante.
Trae consigo la transformación de «un pacto de gracia en aquello que
Lutero había denostado, un pacto de obras». A mediados del siglo XVIII,
«las obras en cuestión [ya] no eran rituales sagrados (como en el cato-
licismo tradicional), sino afanes morales laicos».[25] Pero esos afanes secu-
lares continuaban derivando su virtud de un plan providencial.

La Providencia aún lo regía todo, conforme a la fe protestante
[...]. Sin embargo, los seres humanos podían optar libremente por
participar en el despliegue del plan de Dios, es decir, podían alinearse
en cierto sentido con el propósito divino. La racionalidad evangélica
equilibró la fe en una providencia general con una exaltación sin
precedentes del esfuerzo humano.[26]

La combinación del afán humano con la sanción de la Providencia crea un combustible de alto octanaje para la meritocracia. Destie-
rra la ética de la fortuna y promete alinear el éxito terrenal con el merecimiento moral. Para Lears, esto supone una pérdida moral. «Una
cultura no tan empeñada en recalcar la responsabilidad del individuo
a la hora de dominar su destino demostraría seguramente una amplitud, una generosidad y una gentileza mayores.» Una mayor conciencia de la imprevisibilidad de la fortuna y el destino «seguramente ani-
maría a las personas afortunadas a imaginarse su propio infortunio y
a superar así la arrogancia del mito meritocrático; en definitiva, a reconocer cuán caprichoso e impredecible es que las personas tengan
lo que se merecen».[27]

Lears hace una cruda valoración de todo ese daño moral y cívico:

> La cultura del control continúa sustentando la versión petulante
> y laica del providencialismo cristiano en la que se enmarca la moral
> estadounidense desde hace dos siglos, aun cuando la jerga preferida
> en la actualidad sea tecnocrática en vez de religiosa. La soberbia de la
> perspectiva providencial radica en su tendencia a santificar lo laico, en
> su simplista certeza de que no solo formamos todos parte de un plan
> divino (o «evolutivo»), sino también de que podemos ver ese plan
> aplicado en la práctica en los sistemas sociales y económicos imperan-
> tes, e incluso en el resultado de las luchas de poder globales.[28]

La noción providencialista de que las personas tienen lo que se
merecen resuena con fuerza en el discurso público contemporáneo.
Se presenta en dos versiones, la arrogante y la punitiva. Ambas reite-
ran un exigente concepto de responsabilidad individual sobre nuestro
destino, sea este próspero o calamitoso. La crisis financiera de 2008
propició un destacado ejemplo de soberbia providencial. La conduc-

ta arriesgada y codiciosa de los bancos de Wall Street había llevado a la economía global al borde del colapso y obligó a un rescate masivo con dinero de los contribuyentes. Pero, mientras los dueños de viviendas y de negocios convencionales aún trataban dificultosamente de recuperarse del golpe, destacados ejecutivos bancarios de Wall Street no tenían reparo en volver a adjudicarse decenas de millones de dólares en primas. A la pregunta de cómo podía defender tan magníficas retribuciones ante la indignación popular, Lloyd Blankfein, director ejecutivo de Goldman Sachs, respondió que él y sus homólogos estaban llevando a cabo «la obra de Dios».[29]

La versión punitiva del providencialismo ha sido invocada recientemente por algunos conservadores cristianos a raíz de fenómenos con una gran mortalidad como huracanes y otros desastres. Así, cuando el huracán Katrina devastó la ciudad de Nueva Orleans en 2005, el reverendo Franklin Graham declaró que el temporal era un castigo divino contra una «ciudad malvada» famosa por su Mardi Gras, su «perversión sexual», sus orgías y otras actividades pecaminosas.[30] Cuando un terremoto se cobró la vida de más de doscientas mil personas en Haití en 2009, el telepredicador Pat Robertson atribuyó el desastre a un pacto con el diablo que los esclavos haitianos presuntamente sellaron cuando se rebelaron contra Francia en 1804.[31]

Días después del ataque terrorista del 11-S contra el World Trade Center en Nueva York, el reverendo Jerry Falwell, en una aparición en el programa de televisión cristiana de Robertson, interpretó los atentados como un castigo divino por los pecados de Estados Unidos.

> Los abortistas tienen que cargar con parte de la culpa de todo esto porque nadie puede burlarse de Dios. Cuando destruimos cuarenta millones de pequeños bebés inocentes, enojamos a Dios. Yo de verdad creo que los paganos, y los abortistas, y las feministas, y los gais, y las lesbianas que están tratando de hacer de lo suyo un estilo de vida alternativo, y la ACLU [la Unión Estadounidense por las Libertades Civiles] [...] todos los que han intentado secularizar Estados Unidos, los señalo directamente a la cara y les digo: «Vosotros ayudasteis a que esto ocurriera».[32]

Explicar los desastres de gran envergadura atribuyéndolos a un castigo divino no es algo privativo del providencialismo cristiano. Cuando un terremoto y un tsunami devastadores golpearon Japón en 2011 y provocaron un grave accidente en varios reactores nucleares, el gobernador de Tokio, Shintaro Ishihara, un nacionalista declarado, calificó el suceso de castigo divino (*tenbatsu*) por el materialismo japonés. «Necesitamos un tsunami que barra el egoísmo que lleva instalado como corrosivo óxido en la mentalidad de los japoneses desde hace mucho tiempo», dijo.[33]

SALUD Y RIQUEZA

En las últimas décadas, el cristianismo estadounidense ha dado lugar a una nueva y pujante variante de la fe providencialista, la llamada teología (o evangelio) de la prosperidad. Liderada por predicadores televisivos y de algunas de las mayores megaiglesias del país, difunde la doctrina de que Dios premia la fe con riqueza y salud. Lejos de concebir la gracia como un misterioso e inmerecido don de Dios, la teología de la prosperidad pone el acento en la agencia y la voluntad humanas. E. W. Kenyon, predicador evangélico de comienzos del siglo XX que sentó las bases del movimiento, instaba a los cristianos a proclamar que «la capacidad de Dios es mía; la fuerza de Dios es mía; su éxito es mío; soy un ganador; soy un conquistador».[34]

Kate Bowler, una historiadora de esta teología de la prosperidad, ha escrito que su doctrina se resume en la frase «estoy bendecido», y la prueba de estar bendecido o bendecida es el hecho de gozar de buena salud y de riqueza.[35] Joel Osteen, un famoso predicador del evangelio de la prosperidad cuya iglesia en Houston es la mayor de Estados Unidos, declaró en una ocasión a Oprah Winfrey que «Jesús murió para que nosotros pudiéramos vivir en la abundancia».[36] Su libro, todo un best seller, aporta ejemplos de los benditos favores de los que se acompaña la fe, incluida la mansión en la que reside o aquella vez en que en un vuelo le cambiaron un asiento en clase turista por otro mejor en clase *business*.[37]

Podría suponerse que una teología de las vidas bendecidas sería más proclive a promover la humildad ante la buena fortuna que a fomentar la meritocrática convicción de que la salud y la riqueza son señales de virtud. Pero, como bien señala Bowler, «bendecido» es un adjetivo que difumina la distinción entre don y recompensa.

> Puede ser usado como un término de pura gratitud. «Gracias, Dios. No lo podría haber logrado yo solo.» Pero también puede implicar que ha sido algo merecido. «Gracias, yo mismo, por ser esa clase de persona que hace las cosas bien.» Es la palabra perfecta para una sociedad como la estadounidense, que profesa la creencia en que el sueño americano se basa en el esfuerzo y no en la suerte.[38]

Aunque alrededor de un millón de estadounidenses asisten a servicios en megaiglesias que predican el evangelio de la prosperidad, la buena sintonía de este con la fe norteamericana en el esfuerzo afanoso y la autoayuda le otorgan una influencia más amplia. Según un sondeo de la revista *Time*, casi un tercio de los cristianos estadounidenses están de acuerdo con la idea de que «si le das tu dinero, Dios te bendecirá con más dinero», y un 61 por ciento creen que «Dios quiere que las personas sean prósperas».[39]

En este tramo inicial del siglo XXI, resulta ya muy difícil distinguir la teología de la prosperidad, con su llamamiento al esfuerzo, a la movilidad ascendente y al pensamiento positivo, del propio sueño americano. «El movimiento de la prosperidad no solo les dio a los estadounidenses un evangelio digno de una nación de hombres hechos a sí mismos —según Bowler—, sino que ratificó la validez de las estructuras económicas básicas sobre las que se erigía la iniciativa emprendedora individual.» Además, reforzó la creencia de que la prosperidad es un signo de virtud. Como ocurriera con anteriores teologías del éxito, confió al mercado la labor de «repartir premios y castigos en forma de éxitos o de fracasos. Los virtuosos serían recompensados generosamente, mientras que los malvados terminarían tropezándose».[40]

Parte del atractivo del evangelio de la prosperidad radica en su énfasis «en responsabilizar al individuo de su propio destino».[41] Se trata de un concepto embriagador y empoderador. Desde el punto de vista teológico, afirma que la salvación es un logro, algo que nos ganamos. En términos terrenales, les da a las personas confianza en que, si ponen el empeño y la fe suficientes en ello, pueden conseguir salud y riqueza. Es implacablemente meritocrático. Como ocurre con todas las éticas meritocráticas, su exaltada concepción de la responsabilidad individual es gratificante cuando las cosas van bien, pero desmoralizadora (punitiva incluso) cuando van mal.

Consideremos el caso de la salud. ¿Qué podría ser más empoderador que la creencia de que nuestra salud está en nuestras manos, de que los enfermos pueden curarse mediante la oración, de que la enfermedad puede evitarse si se vive bien y se ama a Dios? El problema es que esta «hiperagencia», por así llamarla, tiene un lado oscuro. La enfermedad, cuando llega, ya no es simplemente un infortunio, sino que constituye también una especie de veredicto sobre nuestra virtud. Ni la muerte lo atempera; si acaso, es un agravante añadido. «Si un creyente enferma y fallece —escribe Bowler sobre esto—, el luto se ve empeorado por la vergüenza. Los seres queridos perdidos son precisamente eso, personas que han perdido la prueba de la fe.»[42]

El rostro más severo del pensamiento característico de la teología de la prosperidad puede apreciarse hoy en el debate sobre la sanidad.[43] Cuando Donald Trump y los republicanos del Congreso trataron de revocar y sustituir el plan Obamacare, la mayoría de ellos justificaron su modo de proceder diciendo que la alternativa republicana, más de mercado, incrementaría la competencia y reduciría los costes, sin dejar de proteger a personas con dolencias previas. No obstante, Mo Brooks, un congresista republicano conservador por Alabama, empleó un argumento diferente. Reconoció que el plan republicano obligaría a quienes tuvieran mayores necesidades sanitarias a pagar más, pero dijo que eso debía ser visto como una virtud del plan, no como un defecto, porque así se premiaría a quienes hubieran llevado mejores vidas. Permitir que las compañías aseguradoras cobraran primas más elevadas a quienes incurrían en costes sanitarios más altos no solo servía para incrementar la rentabilidad, sino que también estaba moralmente justificado. Que las primas fueran más elevadas para las personas enfermas reduciría el coste «para aquellas otras que llevan una buena vida, que están sanas, que han hecho lo debido para mantener sanos sus cuerpos. Y, ahora mismo, es a esas personas, a las que han hecho bien las cosas, a las que se les están disparando los costes».[44]

La crítica del congresista al Obamacare reincide en la dura lógica meritocrática que recorre todo ese hilo que conecta a los puritanos con el evangelio de la prosperidad; si la prosperidad es un signo de salvación, el sufrimiento lo es de pecado. Esta lógica no está necesariamente ligada a supuestos religiosos. Es característica de cualquier ética que conciba la libertad humana como el ejercicio ilimitado de la voluntad y que atribuya a los seres humanos una responsabilidad absoluta por su destino.

En 2009, cuando comenzó a debatirse el Obamacare, John Mackey, fundador de la cadena de supermercados de alimentos orgánicos Whole Foods, escribió un artículo de opinión en *The Wall Street Journal* negando la existencia de un derecho a la sanidad. Su argumento se basaba en supuestos tomados del libertarismo liberal,* no de la religión, pese a lo cual, como los predicadores del evangelio de la prosperidad, Mackey venía a postular una onerosa noción de la responsabilidad individual al argumentar que la buena salud de cada cual es principalmente mérito o culpa de uno mismo.

> Muchos de nuestros problemas sanitarios son autoinducidos; dos terceras partes de los estadounidenses padecen actualmente de sobrepeso, y un tercio son obesos. La mayoría de las enfermedades que nos matan, y que representan un 70 por ciento del gasto total en sanidad —las afecciones cardiacas, el cáncer, el ictus, la diabetes y la obesidad—, son prevenibles en su mayor parte si se sigue una dieta adecuada, se practica ejercicio, no se fuma, se consume el mínimo alcohol posible y se adoptan otras medidas típicas de un estilo de vida saludable.[45]

Muchos de quienes caen en el pozo de la mala salud, sostenía, solo pueden culparse a sí mismos de lo que les ocurre. No es algo que

---

* Traducción en este libro de lo que en el mundo anglosajón se conoce como *libertarianism*, que vendría a ser un «libertarismo de derecha» contrapuesto al «libertarismo de izquierda» o anarquismo con el que tradicionalmente se ha asociado ese término en la Europa continental. *(N. del T.)*

quepa atribuir a que no tengan fe en Dios, sino a que no han prestado atención a las pruebas científicas y médicas que muestran que una dieta basada en verduras y hortalizas, y baja en grasas, «ayuda a prevenir y, a menudo, a invertir el avance de la mayoría de las enfermedades degenerativas que nos matan y que son caras de tratar. Deberíamos poder vivir básicamente libres de enfermedades hasta los noventa y pico años de edad e incluso más allá de los cien». Aunque no llegó a afirmar explícitamente que quienes enferman merecen su dolencia, recalcó que esas personas no deberían esperar una ayuda de sus conciudadanos. «Todos somos responsables de nuestras propias vidas y de nuestra propia salud.»[46]

Para Mackey, como para los predicadores de la teología de la prosperidad, la buena salud es una señal de virtud, ya sea una virtud buscada desde los bancos de una megaiglesia o entre los pasillos de productos orgánicos de un establecimiento de Whole Foods.

PROVIDENCIALISMO DE CENTROIZQUIERDA

Concebir la salud y la riqueza como motivos de elogio o de culpabilización es una forma meritocrática de ver la vida. Supone no atribuir nada a la suerte o a la gracia y hacernos enteramente responsables de nuestro destino; todo lo que ocurre es un premio o un castigo por las decisiones que tomamos y por el modo en que vivimos. Esta forma de pensar exalta una ética absoluta del dominio y el control sobre la vida individual propia y da pie a que surja una soberbia meritocrática. Anima a los triunfadores a creer que están llevando a cabo «la obra de Dios» y a mirar por encima del hombro a las víctimas de los infortunios —huracanes, tsunamis, mala salud— por considerarlas culpables de su situación.

Esa soberbia no es exclusiva de los conservadores de la teología de la prosperidad y de los críticos libertarios liberales del Estado del bienestar, sino que también es un rasgo destacado de la visión política de los llamados «liberales» de centroizquierda y progresistas en general. Un ejemplo de ello es el tropo retórico consistente en explicar el poder y la prosperidad de Estados Unidos en términos providenciales, es decir, como si derivaran de algún tipo de disposición divina o de su superioridad moral. En el discurso de aceptación de su nominación como candidata del Partido Demócrata a las presidenciales de 2016, Hillary Clinton afirmó: «Al final, todo se reduce a algo que Donald Trump no entiende, a saber, que Estados Unidos es grande porque es bueno».[47] Utilizó a menudo esa clase de lenguaje durante su campaña, pues trataba de convencer a los votantes de que la promesa de Trump de «hacer que América sea grande de nuevo» no era coherente con la malevolencia y la venalidad del candidato presidencial.

Lo cierto, sin embargo, es que no existe ninguna correlación entre ser bueno y ser grande. Tanto para las naciones como para las personas, la justicia es una cosa y el poder y la riqueza, otra bien distinta. Basta con echar un vistazo a la historia para darse cuenta de que las grandes potencias no son necesariamente justas y de que los países admirables en el plano moral no son necesariamente poderosos.

A estas alturas, estamos tan familiarizados con una frase como la de que «Estados Unidos es grande porque es bueno» que olvidamos los presupuestos providenciales en que se basa. Se hace eco de la ya tradicional convicción de que Estados Unidos tiene una misión de inspiración divina que cumplir en el mundo, un destino manifiesto que lo impulsa a conquistar todo un continente o a hacer del mundo un entorno seguro para la democracia. Con todo, aunque la sensación de un mandamiento propiamente divino haya retrocedido en el sentir general, los políticos no pueden dejar de reiterar la idea de que nuestra grandeza se deriva de nuestra bondad.

El lema en sí es relativamente reciente. El primer presidente que lo utilizó fue Dwight D. Eisenhower, que lo atribuyó —erróneamente— a Alexis de Tocqueville, autor del clásico *La democracia en América*. En una alocución de 1953, Eisenhower se refirió a «un sabio visitante francés que vino a Estados Unidos» para conocer la fuente del éxito del país. El entonces presidente citó las palabras textuales de ese visitante como sigue: «Hasta que entré en las iglesias de América y oí sus púlpitos arder de rectitud no entendí el secreto de su genio y poder. Estados Unidos es grande porque es bueno, y si deja alguna vez de ser bueno, dejará de ser grande».[48]

Aunque estas frases no aparecen en la obra de Tocqueville,[49] gozaron de gran popularidad entre presidentes posteriores, especialmente del bando republicano. Gerald Ford, Ronald Reagan y George H. W. Bush recurrieron a ellas en ocasiones en que buscaban lanzar un discurso inspirador o edificante, a menudo dirigido a públicos religiosos.[50] En una intervención en 1984 ante una convención de cristianos evangélicos, Reagan se valió explícitamente de la base providencial de ese lema.

> Toda nuestra riqueza material y nuestra influencia se han erigido sobre nuestra fe en Dios y los valores sólidos fundamentales que se derivan de esa fe. Se dice que, ciento cincuenta años atrás, el gran filósofo francés Alexis de Tocqueville comentó que Estados Unidos es grande porque es bueno. Y si deja de ser bueno, dejará de ser grande.[51]

En la década de los noventa, los demócratas, tratando de imbuir de ecos espirituales su propia retórica, comenzaron a citar también el eslogan. Durante su presidencia, Bill Clinton lo usó en nueve ocasiones, y tanto John Kerry como Hillary Clinton lo invocaron en sus respectivas campañas para las presidenciales.[52]

EN EL LADO CORRECTO DE LA HISTORIA

La afirmación de que Estados Unidos es grande porque es bueno es el anverso luminoso, alentador, de la idea de que los huracanes son un castigo por los pecados cometidos. Es la fe meritocrática aplicada a una nación. Según una larga tradición providencial, el éxito terrenal es una señal de salvación o, en términos laicos, de bondad. Pero esta manera de interpretar el papel de Estados Unidos en la historia plantea un desafío para los liberales de centroizquierda: si los países ricos y poderosos deben su poderío a su virtud como nación, ¿no puede decirse lo mismo de los ciudadanos ricos y poderosos?

Muchos liberales de centroizquierda y progresistas, en particular los que profesan convicciones igualitarias, se oponen a la idea de que los ricos sean ricos porque se lo merecen más que los pobres. Les parece un argumento mezquino y moralizante usado por quienes se oponen a gravar a los ricos para ayudar a los desfavorecidos. Frente a la tesis según la cual la riqueza significa poseer una virtud superior, los liberales igualitarios ponen el énfasis en el carácter contingente de la fortuna. Señalan que el éxito o el fracaso en las sociedades de mercado tiene tanto que ver con la suerte y las circunstancias como con el carácter y la virtud. Muchos de los factores que separan a los ganadores de los perdedores son arbitrarios desde un punto de vista moral.

Sin embargo, no es fácil aceptar esa noción moralizante, providencial, de que las naciones poderosas deben su grandeza a su bondad y, al mismo tiempo, rechazar esa otra noción igualmente moralizante, meritocrática, de que los individuos adinerados deben sus fortunas a su virtud. Si el poder da la razón moral en el caso de los países, lo mismo podría decirse del «1 por ciento» más rico dentro de cada país. Tanto en el sentido moral como en el teológico, el providencialismo «nación afuera» y la meritocracia «nación adentro» se sostienen o se derrumban juntos.

Aunque los políticos de las últimas décadas no reconocieran explícitamente esa tensión, la fueron resolviendo poco a poco mediante la aceptación de los modos de pensar meritocráticos tanto de cara al exterior como de cara al interior del propio país. La actitud meritocrática implícita en ese providencialismo de «grande por bueno» halló así una expresión paralela en los debates nacionales sobre la solidaridad, la responsabilidad y el Estado del bienestar. A partir de las décadas de los ochenta y los noventa, los liberales de centroizquierda fueron aceptando cada vez más elementos de las críticas conservadoras al Estado del bienestar, incluida su exigente concepción de la responsabilidad personal. Aunque no llegaron al punto de atribuir toda la buena salud y la riqueza a los comportamientos virtuosos, políticos como Bill Clinton en Estados Unidos y Tony Blair en Gran Bretaña trataron de vincular más directamente los derechos sociales con la responsabilidad y el merecimiento personales de los perceptores de las ayudas.[53]

El aspecto providencial del liberalismo progresista contemporáneo también se puede entrever en otro giro retórico que afecta tanto a la política exterior como a la interior. Me refiero al hábito de defender las políticas propias o a los aliados políticos como si estuvieran posicionados «en el lado correcto de la historia» y criticar a los oponentes por estar «en el lado equivocado». Sería lógico pensar que los debates sobre «el lado correcto» y «el lado equivocado» de la historia alcanzaron su momento álgido durante la Guerra Fría, cuando dos superpotencias, una comunista y otra anticomunista, estaban enfrentadas y defendían que el suyo sería el sistema que conquistaría el futuro. Sorprende comprobar, sin embargo, que ningún presidente estadounidense empleó esos términos en el contexto de los debates de aquella época.[54]

No fue hasta las décadas de 1990 y 2000 cuando el «lado correcto» y el «lado equivocado» de la historia se convirtieron en ingredientes habituales de la retórica política, sobre todo de la de los demócratas. El presidente George W. Bush usó la expresión solo una vez, cuando en 2005 comentó ante un público integrado por soldados del ejército estadounidense que los terroristas de Oriente Próximo estaban «perdiendo la contienda porque están en el lado equivocado de la historia». Añadió entonces que, gracias a la invasión estadounidense de Irak, «la oleada de la libertad» estaba recorriendo aquella región. Un año más tarde, su vicepresidente, Richard Cheney, a bordo de un portaaviones, defendió la guerra de Irak asegurándoles a las tropas estadounidenses allí presentes que «nuestra causa es necesaria; nuestra causa es justa, y estamos en el lado correcto de la historia».[55]

No obstante, esta retórica triunfalista fue mayoritariamente característica del lenguaje de los presidentes demócratas. Bill Clinton la usó veinticinco veces durante su presidencia y Barack Obama, treinta y dos durante la suya.[56] Este último la utilizó en ocasiones en el mismo sentido en que lo habían hecho Bush y Cheney, es decir, para describir la lucha contra el terrorismo islámico radical. «Al Qaeda y sus miembros son hombres insignificantes que están en el lado equivocado de la historia», declaró Obama en un discurso pronunciado en la Academia Militar de West Point. En otra alocución, esta vez en la Academia de la Fuerza Aérea Estadounidense, dijo que los terroristas del Estado Islámico jamás serían «lo bastante fuertes para destruir Estados Unidos ni nuestro modo de vida», entre otras cosas «porque nosotros estamos en el lado correcto de la historia».[57]

Clinton y Obama recurrieron también a esta retórica triunfalista en otros contextos. Mostraron con ello su convicción, a raíz de la caída del Muro de Berlín y de la desintegración de la Unión Soviética, de que la historia avanzaba inexorablemente hacia la difusión de la democracia liberal y del libre mercado. En 1994, Clinton expresó su optimismo ante las posibilidades de Borís Yeltsin, el primer presidente ruso elegido democráticamente, con las siguientes palabras: «Cree en la democracia. Está en el lado correcto de la historia». En respuesta a las revueltas democráticas en el mundo musulmán, Obama, en el discurso de su primera toma de posesión del cargo presidencial, lanzó una dura advertencia a tiranos y déspotas: «Los que se aferran al poder por medio de la corrupción, el engaño y el silenciamiento de quienes discrepan, deben saber que están en el lado equivocado de la historia».[58]

En 2009, cuando los iraníes salieron a las calles a protestar contra su represivo régimen, Obama los elogió diciendo que «quienes defienden la justicia siempre están en el lado correcto de la historia». Cuando la Primavera Árabe de 2011 suscitó esperanzas de que la democracia desplazaría a la autocracia en el norte de África y Oriente Próximo, Obama también invocó el veredicto de la historia. Afirmó que el dictador libio Muamar el Gadafi estaba «en el lado equivocado de la historia» y apoyó su derrocamiento. Al ser preguntado sobre el (tenue) apoyo de su Administración a los manifestantes prodemocracia de la plaza Tahrir, Obama respondió: «Creo que en los anales de la historia quedará constancia de que, en cada momento crítico de la situación en Egipto, nosotros estuvimos en el lado correcto de la historia».[59]

Dos son los problemas que plantea argumentar desde el punto de vista de la historia antes de que esta acontezca. En primer lugar, predecir qué sucederá en el futuro es ciertamente complicado. El derrocamiento de Sadam Husein no trajo libertad y democracia a Oriente Próximo y Medio. Incluso las esperanzas que suscitó la Primavera Árabe dieron pronto paso a un invierno de autocracia y represión reforzadas. Y, desde el punto de vista de la actual Rusia de Vladímir Putin, el momento democrático de Yeltsin parece sin duda efímero.

En segundo lugar, aunque pudiéramos predecir el curso de la historia, este no nos podría ofrecer base alguna para emitir un juicio

moral. Tal como se han desarrollado los acontecimientos, Putin, y no
Yeltsin, estaba en el lado correcto de la historia, al menos en el sentido de que su forma autocrática de gobernar Rusia es la que ha pre-
valecido. En Siria, el tirano Bachar al Asad sobrevivió a una brutal
guerra civil y, desde ese punto de vista, ha sido quien ha estado en el
lado correcto de la historia. Pero eso no significa que su régimen sea
moralmente defendible.

LA CURVA DEL FIRMAMENTO MORAL

Quienes defienden su causa como si esta estuviera en el lado correcto de la historia tal vez contesten a lo anterior que están pensando en
una curva histórica a más largo plazo, pero esa respuesta depende de
un supuesto adicional; a saber, que si se le da tiempo suficiente, y a
pesar del irregular ritmo del progreso, la historia siempre tiende hacia
la justicia. Este supuesto saca a relucir el providencialismo implícito
en los argumentos que apelan al lado correcto de la historia. Semejantes argumentos se fundamentan en la creencia de que la historia se
despliega conforme a un plan dirigido por Dios, o conforme a una
tendencia secular hacia el progreso y la mejora morales.

Barack Obama sostuvo ese punto de vista y se refirió a él con frecuencia. Citaba a menudo una frase de Martin Luther King: «La curva del firmamento moral es larga, pero tiende hacia la justicia». Tanto
se aficionó Obama a esta cita que, durante su presidencia, la pronunció en treinta y tres ocasiones en discursos y declaraciones, y hasta
hizo que la bordaran en una alfombra del Despacho Oval.[60]

Esta fe providencial es la que proporciona la justificación moral
para hablar del «lado correcto» y el «lado equivocado» de la historia.
También sustenta la tesis de que Estados Unidos (o cualquier otro
país) es grande porque es bueno, pues solo si una nación está llevando
a cabo la obra de Dios, o está haciendo progresar la historia hacia la
libertad y la justicia, puede su grandeza ser una señal de su bondad.

Creer que los proyectos y los fines propios están en sintonía con
el plan divino, o con una idea de despliegue de la libertad y de la justicia en el curso de la historia, es una fuente muy poderosa de espe-

ranza, sobre todo para las personas que luchan contra la injusticia. A los manifestantes por los derechos civiles de las décadas de los cincuenta y los sesenta, aquella enseñanza que King quiso transmitir con la metáfora de que la curva del universo moral «tiende hacia la justicia» les sirvió de inspiración para no cejar en su lucha, ni siquiera ante la feroz oposición de los segregacionistas. King extrajo aquella memorable frase de un sermón de Theodore Parker, un ministro abolicionista decimonónico de Massachusetts. La versión de Parker, no tan sucinta como la de King, mostraba hasta qué punto puede servir la teología providencial de trampolín de esperanza para los oprimidos.

> Fijaos en la realidad del mundo. Veis un triunfo continuo y progresivo de lo justo. No pretendo considerarme conocedor del firmamento moral; su bóveda es larga y mi vista solo alcanza a ver pequeñas franjas. No puedo calcular esa curva y completar toda la figura únicamente mediante el sentido de la vista, puedo adivinarla, eso sí, por medio de la conciencia. Y, por lo que puedo intuir, estoy convencido de que se inclina hacia la justicia. Las cosas se niegan tozudas a ser mal manejadas durante mucho tiempo. Jefferson temblaba cuando pensaba en la esclavitud y recordaba que Dios es justo. En breve será toda América la que tiemble.[61]

En manos de King, como en las de Parker, el convencimiento de que la curva del universo moral se inclina hacia la justicia es un conmovedor y profético llamamiento a actuar contra la injusticia. Pero esa misma fe providencial que inspira esperanza entre los impotentes puede infundir soberbia entre los poderosos. Así puede verse en la cambiante sensibilidad del liberalismo progresista en décadas recientes, a medida que la urgencia moral de la era de los derechos civiles fue dejando paso al complaciente triunfalismo del final de la Guerra Fría.

La desaparición de la Unión Soviética y la caída del Muro de Berlín llevaron a muchos en Occidente a suponer que la historia había avalado su modelo de democracia liberal y de capitalismo de libre mercado. Fortalecidos por ese supuesto, fomentaron una versión neoliberal de la globalización que incluía acuerdos de libre comercio, desregulación financiera y otras medidas dirigidas a facilitar el flujo de bienes, capitales y personas a través de las fronteras nacionales. Estaban convencidos de que la expansión de los mercados mundiales incrementaría la interdependencia global, disminuiría la probabilidad de que estallasen guerras entre las naciones, atemperaría las identidades nacionales y favorecería el respeto a los derechos humanos. Los salutíferos efectos del comercio global y las nuevas tecnologías de la información podrían llegar incluso a aflojar el férreo control de los regímenes autoritarios y forzarlos a avanzar por el camino de la democracia liberal.

Los acontecimientos no siguieron ese curso. Ese proyecto de globalización terminó por desencadenar una crisis financiera en 2008 y, ocho años después, una virulenta reacción política adversa. El nacionalismo y el autoritarismo no se diluyeron, sino que cobraron impulso en todo el mundo hasta llegar a amenazar a las instituciones y normas liberales dentro de las propias sociedades democráticas.

Sin embargo, en los años ochenta y noventa, cuando la globalización favorable al mercado cobraba fuerza, las élites que la promovían albergaban pocas dudas de hacia dónde se encaminaba la historia. Desde principios de los años ochenta hasta 2008, la frecuencia de uso de la expresión «el lado correcto de la historia» se multiplicó por más de ocho en el conjunto de los libros que permiten búsquedas de texto en Google.[62]

Quienes propugnaban la globalización estaban seguros de que la historia estaba de su lado. Cuando en 1993 instó al Congreso a aprobar el TLCAN (el Tratado de Libre Comercio de América del Norte), Bill Clinton trató de calmar los temores de que el pacto pusiera en peligro las perspectivas de empleo de los trabajadores estadounidenses. Con todo, su mayor preocupación era que una derrota del TLCAN significara un golpe a la globalización. «Lo que más me preocupa es que sitúe a Estados Unidos en el lado equivocado de la historia [...] ahora que avanzamos hacia el siglo XXI. Eso supera a cualquier otra inquietud.» En Berlín, en 1998, Clinton elogió a Alemania por haber «efectuado una difícil transición hacia una economía globalizada». Si bien muchos ciudadanos germanos «tal vez no perciban aún los beneficios» dijo, la aceptación alemana de la globalización situaba al país «claramente en el lado correcto de la historia».[63]

Para los liberales de centroizquierda, estar en el lado correcto de la historia no significaba tanto aceptar la economía de libre mercado sin restricciones como promover el capitalismo global en el exterior al tiempo que se combatía la discriminación y se ampliaba la igualdad de oportunidades dentro del país. La reforma de los seguros médicos, la legislación sobre bajas familiares y médicas, la desgravación fiscal de las matrículas universitarias y un decreto presidencial que prohibía que las empresas contratistas de la Administración federal discriminaran a empleados LGBT fueron algunas de las políticas que Clinton y Obama, en diversos momentos, asociaron con «el lado correcto de la historia». En un discurso de apoyo a Obama en la Convención Nacional Demócrata de 2008, Clinton recordó que había sido elegido presidente a pesar de que los republicanos le acusaban de ser demasiado joven e inexperto para ser el «comandante en jefe». «Aquello no les funcionó en 1992 porque nosotros estábamos en el lado correcto de la historia, y no les funcionará en 2008 porque Barack Obama está en el lado correcto de la historia.»[64]

Oponerse a la discriminación y ampliar las oportunidades son causas muy dignas. Hillary Clinton las convirtió en temas centrales de su campaña de 2016 para las presidenciales. Para entonces, sin embargo, la globalización neoliberal había dado lugar a unas enormes desigualdades de renta y riqueza, a una economía dominada por las finanzas, a un sistema político en el que el dinero llevaba la voz cantante en detrimento de los ciudadanos y a una oleada creciente de nacionalismo indignado, y el de la mejora de la igualdad de oportunidades ya no parecía el proyecto más adecuado para ese momento; se había convertido en una expresión insulsa de esperanza providencial.

Cuando Obama dijo que la curva del firmamento moral tendía hacia la justicia, añadió una afirmación que King no había hecho en su día: «Al final, Estados Unidos termina haciendo lo correcto».[65] Pero con ello cambió el espíritu del mensaje de King.

Con el paso del tiempo, el providencialismo de Obama fue perdiendo su carácter de llamamiento profético al cambio y pasó a adquirir el tono de una especie de quiescencia justiciera, de reconfortante reafirmación del excepcionalismo estadounidense. El progreso «no siempre avanza en línea recta —explicó en un acto de recaudación de fondos de campaña en 2012 en Beverly Hills, California—, sino que zigzaguea, y hay ocasiones en las que un Estado da un giro erróneo y en que deja tiradas a ciertas personas. Pero lo que convierte a Estados Unidos en excepcional es que, al final, hacemos lo correcto. Lo que el doctor King llamó la curva del firmamento moral que tiende hacia la justicia. Eso es lo que hace que Estados Unidos sea diferente, que sea especial».[66]

En 1895, Katharine Lee Bates, una profesora universitaria del Wellesley College y reformadora social, publicó un poema patriótico titulado «America the Beautiful». Quince años después, un organista de iglesia lo musicó. La canción, una oda a las bondades estadounidenses, se convirtió en una de las canciones patrióticas más populares del país; muchos querían incluso que fuera el nuevo himno nacional.[67]

A diferencia de «The Star Spangled Banner», el himno estadounidense oficial, «America the Beautiful» era un himno pacífico. Exaltaba la «montañosa majestad púrpura» del país, no «el rojizo fulgor de los cohetes, las bombas estallando en el aire». El estribillo de la canción era una plegaria que rogaba por la gracia de Dios:

> *America! America!*
> *God shed His grace on thee.*
> *And crown thy good with brotherhood*
> *from sea to shining sea!*[68]*

Ahora bien, el verso sobre la gracia de Dios se abría a dos interpretaciones. Podía leerse como la expresión de un deseo («[Ojalá] Dios te llene de gracia»), pero también podía interpretarse en tiempo pasado, como una afirmación («Dios te [ha llenado] de gracia»).[69]

Cuando se lee el resto de la letra, salta a la vista que el significado que la poetisa pretendía darle a ese verso era el primero de los dos, es decir, entendido como una plegaria para obtener la gracia de Dios. El

---

* «¡América, América! / Dios te llene de gracia. / ¡Y corone tu bien con fraternidad / de un mar fulgurante al otro!». *(N. del T.)*

verso que sigue así lo pone de manifiesto. No dice que Dios «coronó» tu bien con fraternidad, sino que expresa la esperanza de que lo haga.

Pero, inevitablemente, muchos estadounidenses interpretan el verso con el segundo de los sentidos, como si fuera la afirmación de un hecho. Se refleja ahí la vena asertiva (más que la aspiracional) del providencialismo estadounidense. La gracia de Dios no es un don que no se haya ganado todavía, sino algo que nos merecemos y que, en realidad, ya hemos conseguido. «Estados Unidos es grande porque es bueno.»

No es nada fácil mantener el equilibrio entre mérito y gracia. Desde los puritanos hasta los predicadores del evangelio de la prosperidad, la ética del merecimiento y el logro ha ejercido un atractivo casi irresistible con el que ha amenazado continuamente con imponerse a la mucho más humilde ética de la esperanza y la plegaria, de la gratitud y el don. El mérito expulsa a la gracia, o cuando menos la reformula a su propia imagen y semejanza, como si fuera algo que nos merecemos.

El 28 de octubre de 2001, apenas unas semanas después de los atentados del 11-S, Ray Charles, el legendario músico y cantante afroamericano de soul, ciego desde la infancia, interpretó con electrizante emoción «America the Beautiful» justo antes del segundo partido de la Serie Mundial de béisbol. Charles tenía fama de saber interpretar la canción como nadie, evocando a la vez un profundo pesar y un gozo redentor. Esa noche, como siempre hacía, Charles añadió unas palabras improvisadas que inducían a sus oyentes a concluir que la gracia de Estados Unidos no era una esperanza y una plegaria, sino un hecho consumado.

> *America! America!*
> *God done shed His grace on thee. Oh yes he did.*
> *And crowned thy good—I doubt you remember—saving brotherhood,*
> *from sea to shining sea.*[70]*

***

* «¡América, América! / Dios te llenó de gracia. Vaya si lo hizo. / ¡Y coronó tu bien —quizá no lo recuerdes— salvando la fraternidad / de un mar fulgurante al otro!» *(N. del T.)*

Mientras los acordes finales resonaban en el estadio, cuatro cazas F-16 lo sobrevolaron a toda velocidad. La quejumbrosa aflicción de la canción de Charles dio paso así a algo más duro, menos indulgente. Ahí estaba el rostro asertivo de la fe providencial, ese que viene a decir que puede que la curva del universo moral se incline hacia la justicia, pero Dios ayuda a quienes se ayudan a sí mismos.

3

La retórica del ascenso

En nuestros días, vemos el éxito como los puritanos veían la salvación: no como un producto de la suerte o de la gracia, sino como algo que nos ganamos con nuestro propio esfuerzo y afán. Ese es el meollo de la ética meritocrática. Hay en ella una exaltación de la libertad —la capacidad de controlar mi destino a fuerza de trabajar duro— y del merecimiento. Si yo soy el responsable de haber hecho un generoso acopio personal de bienes terrenales —renta y salud, poder y prestigio—, bien debo merecerlos. El éxito es una señal de virtud. Mi riqueza es algo que me he ganado merecidamente.

Esta forma de pensar es empoderadora. Anima a las personas a considerarse responsables de su destino en vez de víctimas de fuerzas que escapan a su control. Pero también tiene un reverso oscuro. Cuanto más nos vemos como seres hechos a sí mismos y autosuficientes, menos probable resulta que nos preocupemos por la suerte de quienes son menos afortunados que nosotros. Si mi éxito es obra mía, su fracaso debe de ser culpa suya. Esta lógica hace que la meritocracia sea corrosiva para la comunidad, entendida esta última como aquello que se comparte en común. Cuando la noción de la responsabilidad personal por el destino propio es demasiado contundente, se vuelve difícil imaginarnos en la piel de otras personas.

Durante las últimas cuatro décadas, los supuestos meritocráticos han ahondado su arraigo en la vida pública de las sociedades democráticas. Al tiempo que la desigualdad crecía hasta extremos considerables, la cultura pública ha ido potenciando la impresión de que somos responsables de nuestro destino y nos merecemos lo que tenemos. Tal parece que los ganadores de la globalización necesitaran convencerse a sí mismos —y a todos los demás— de que tanto los situados en la cúspide de la sociedad como los relegados al fondo habían ido a parar adonde les correspondía. O, cuando menos, de que unos y otros acabarían estando donde les correspondía si de una vez por todas elimináramos las injustas barreras a la libertad de oportunidades para todo el mundo. De hecho, el debate político entre los partidos tradicionales de centroderecha y de centroizquierda en décadas recientes ha girado principalmente en torno a cómo interpretar e implementar la igualdad de oportunidades, a cómo conseguir que las personas puedan ascender todo lo que sus esfuerzos y aptitudes les lleven a hacerlo.

Esfuerzo y merecimiento

La primera vez que me percaté de lo mucho que estaba aumentando el espíritu meritocrático fue escuchando a mis alumnos. Llevo muchos años enseñando filosofía política en Harvard (desde 1980), y a veces me preguntan cómo han cambiado las opiniones de los estudiantes a lo largo de todo este tiempo. Por lo general, no sé muy bien cómo responder. En los debates de clase sobre las materias que imparto —justicia, mercado y moral, la ética de las nuevas tecnologías—, los alumnos y alumnas siempre han expresado una gran diversidad de puntos de vista morales y políticos. No he detectado ninguna tendencia significativa, salvo una en particular: desde los años noventa, un número cada vez mayor de mis estudiantes parecen sentirse atraídos hacia la convicción de que su éxito es mérito suyo, un producto de su esfuerzo, algo que se han ganado. Entre mis estudiantes, esta fe meritocrática se ha intensificado.

Al principio, supuse que era porque habían alcanzado la mayoría de edad en tiempos de Ronald Reagan y se habían empapado de la filosofía individualista de la época, pero la mayoría de ellos no eran de ideología conservadora. Las intuiciones meritocráticas son comunes a todas las sensibilidades del espectro político. Afloran con especial intensidad en debates sobre la discriminación positiva en el acceso a la universidad. Tanto si están a favor como en contra de las políticas de «acción afirmativa», la mayoría de los estudiantes manifiestan su convencimiento de que se esforzaron mucho para cumplir con los requisitos necesarios para entrar en Harvard y, por consiguiente, se merecieron su plaza. Cualquier insinuación de que su admisión se debió tal vez a la suerte o a otros factores ajenos a su control personal, suscita en ellos un fuerte rechazo.

Este aumento del espíritu meritocrático entre el alumnado de los centros universitarios más selectivos es bastante fácil de entender. Durante el último medio siglo, el acceso a las universidades de élite se ha vuelto una prueba de fuego cada vez más intimidante. No hace tanto, a mediados de los años setenta, Stanford admitía a casi un tercio de los candidatos que solicitaban plaza como alumnos allí. A comienzos de la década de los ochenta, Harvard y Stanford admitían aproximadamente a uno de cada cinco solicitantes de plaza, y en 2019 solo admitían ya a menos de uno de cada veinte. Al intensificarse esa competencia por el acceso, los años de adolescencia de quienes aspiran (ellos directamente, o sus padres por ellos) a entrar en universidades punteras se han convertido en el campo de batalla de un febril afán de éxito, en un régimen altamente calendarizado, apremiante y estresante de clases de nivel avanzado, consultores privados especializados en admisiones, tutores para ayudar con el SAT, actividades deportivas y extracurriculares varias, prácticas y estancias humanitarias en países lejanos dirigidas a impresionar a los comités de admisión de las universidades..., y todo ello supervisado por unos «hiperpadres» angustiados y obsesionados por conseguir lo mejor para sus retoños.

Es difícil que alguien supere esta dura prueba de estrés y afán de éxito sin creerse que los logros así materializados son fruto de ese duro esfuerzo por su parte. En sí mismo, esto no es algo que haga que los estudiantes sean egoístas o insolidarios —a fin de cuentas, muchos dedican grandes cantidades de tiempo a realizar servicios públicos y otras obras solidarias—, pero lo que sí que hace esa experiencia es convertirlos en meritócratas acérrimos; como sus ancestros puritanos, también ellos creen que se merecen el éxito que su trabajo les ha reportado.

La sensibilidad meritocrática que he detectado entre el alumnado universitario no es solo un fenómeno estadounidense. En 2012

impartí una conferencia en la Universidad de Xiamen, en la costa su-
doriental de China. El tema de aquella charla fue el de los límites morales de los mercados. En la mente del público allí presente, estaba
muy fresca la noticia de un adolescente chino que había vendido un
riñón para comprarse un iPhone y un iPad,[1] así que pregunté a los
estudiantes qué opinaban sobre este caso. En el debate que siguió,
muchos de ellos adoptaron el punto de vista libertario liberal: si el
adolescente había accedido libremente a vender su riñón, sin presio-
nes ni coacciones, tenía derecho a hacerlo. Otros discreparon, pues
consideraban injusto que las personas ricas pudieran alargar la vida
comprándoles riñones a las personas pobres. Un estudiante sentado al
fondo de la sala ofreció una réplica a este segundo argumento: los ricos lo son por mérito propio, al haberse ganado la riqueza que tienen,
y por lo tanto se merecen vivir más.

En aquel momento, tan descarnada aplicación de la mentalidad
meritocrática me tomó sin duda por sorpresa. Visto en retrospectiva,
me doy cuenta de que dicha opinión es moralmente afín a la creencia
de la teología de la prosperidad según la cual la buena salud y la riqueza son signos del favor divino. Por supuesto, el estudiante chino
que expresó ese punto de vista probablemente no estaba imbuido de
las tradiciones puritanas ni providenciales, pero él y sus compañeros
de clase se habían hecho adultos al mismo tiempo que China se trans-
formaba en una sociedad de mercado.

La idea de que quienes prosperan económicamente merecen el
dinero que ganan está muy arraigada en las intuiciones morales de los
estudiantes con quienes he coincidido en mis diversas visitas de la pasada década a varias universidades chinas. A pesar de las diferencias
culturales, estos alumnos y alumnas chinos, como mis estudiantes de
Harvard, son personas que han salido vencedoras de un proceso hipercompetitivo de acceso a sus universidades, enmarcado a su vez en
una sociedad de mercado también hipercompetitiva. No es de extrañar, pues, que se resistan a pensar que debamos nada a nadie por nuestro éxito y que les atraiga la idea de que nos ganamos —y por consiguiente nos merecemos— cualesquiera recompensas con las que el
sistema premie nuestros esfuerzos y aptitudes.

Mercados y mérito

Deng Xiaoping puso en marcha las reformas promercado en China a finales de los años setenta y comienzos de los ochenta, al mismo tiempo que Margaret Thatcher en Reino Unido y Ronald Reagan en Estados Unidos intentaban introducir en sus respectivas sociedades una mayor dependencia de los mercados. Ese periodo de fe en el mercado sentó las bases para el auge de los valores y las prácticas meritocráticas en las décadas posteriores.

Cierto es que los mercados no se fundamentan necesariamente en supuestos meritocráticos. Los argumentos más conocidos a favor de los mercados se basan en la utilidad y en la libertad: por una parte se dice que los mercados crean incentivos que potencian el crecimiento del PIB y maximizan el bienestar general; por otra, se defiende que dan a las personas la libertad para elegir qué valor otorgan a los bienes que intercambian.

Sin embargo, el triunfalismo de mercado de los años ochenta activó la formación de una tercera justificación, la meritocrática, que viene a decir que, siempre y cuando funcionen dentro de un sistema justo de igualdad de oportunidades, los mercados dan a cada persona lo que se merece. Si todo el mundo tiene la misma oportunidad de competir, los resultados de los mercados recompensan el mérito.

La ética meritocrática figuraba implícita, a veces, en el conservadurismo liberal de mercado de Thatcher y Reagan, pero alcanzó su expresión más elaborada en la ideología política de las figuras de centroizquierda que les sucedieron. La razón de ello ha de buscarse en un rasgo característico de los argumentos políticos de centroizquierda desde mediados de los años noventa: más que cuestionar las premisas de partida de la fe de Thatcher y Reagan en el mercado, figuras políticas como Tony Blair y Bill Clinton la aceptaron y simplemente trataron de pulir las aristas más afiladas de los mercados.

Aun así, aunque aceptaban la idea, tan cara a Thatcher y Reagan, de que los mecanismos de mercado son los instrumentos primordiales para la consecución del bien público, querían garantizar que los mercados funcionasen en unas condiciones equitativas. Todos los ciudadanos, con independencia de su raza, clase, religión, origen étnico, gé-

nero u orientación sexual, deberían poder competir en pie de igualdad por las recompensas que los mercados otorgan. Para los liberales
de centroizquierda, pues, la igualdad de oportunidades obligaba a
algo más que a la ausencia de discriminación; requería también que
existiera el acceso a la educación, la sanidad, servicios de guardería y
demás apoyos que hacen posible que las personas compitan de forma
eficaz en el mercado laboral.

Este fue, en definitiva, el argumento de base del liberalismo de
centroizquierda, promercado, desde los años noventa hasta 2016. Posibilitar que todas las personas compitan en igualdad de condiciones
no solo era compatible con una sociedad de mercado, sino que también constituía un modo de llevar a la práctica los principios subya-
centes a esta. Dos de esos principios eran la equidad y la productividad. Eliminar la discriminación y ampliar las oportunidades haría que
los mercados fuesen más equitativos, y reclutar a una mayor reserva de
talento humano haría que los mercados fuesen más productivos. (Bill
Clinton incluso solía propugnar el argumento de la equidad bajo la
fachada del argumento de la productividad, como cuando decía que
«no nos podemos permitir perder a nadie».)[2]

Pero, más allá de la equidad y la productividad, el argumento liberal progresista también hizo un guiño a un tercer (y más poderoso)
ideal implícito en el argumento de la defensa de los mercados: posibilitar que las personas compitiesen sobre la pura base de su esfuerzo
y su talento ayudaría también a que los resultados del mercado estuvieran más en sintonía con el mérito. En una sociedad en la que las
oportunidades fueran realmente las mismas para todos, los mercados
darían a cada persona lo que en justicia se merece.

Durante las pasadas cuatro décadas, el lenguaje del mérito y los
merecimientos se ha vuelto central en el discurso público. Uno de
los aspectos de ese giro meritocrático nos enseña la vertiente más in-
clemente de la meritocracia. Se trata de un aspecto que halla expresión en las exigentes nociones de responsabilidad personal que han
acompañado a los intentos de sofrenar el Estado del bienestar y de
transferir riesgos de las administraciones públicas y las empresas a los
particulares.[3] Pero el giro meritocrático presenta también un segundo aspecto que es más aspiracional. Se expresa en lo que podríamos

llamar la retórica del ascenso, la promesa de que quienes trabajan mucho y se atienen a las normas merecen ascender hasta donde sus aptitudes y sueños les lleven. Tras haber sido fuentes de inspiración del debate en décadas recientes, la retórica de la responsabilidad personal y la retórica del ascenso terminaron por contribuir a la actual reacción populista contra la meritocracia.

LA RETÓRICA DE LA RESPONSABILIDAD

En las décadas de los ochenta y los noventa, la retórica de la responsabilidad figuró en un lugar destacado en los debates sobre el Estado del bienestar. Durante gran parte del siglo XX, los argumentos sobre la solidaridad, sobre lo que nos debemos unos a otros como ciudadanos, habían sido los protagonistas de los debates sobre el Estado del bienestar. Había quienes defendían unos conceptos de solidaridad más exigentes, mientras que otros propugnaban nociones más restringidas. Desde los años ochenta, sin embargo, los debates sobre el Estado del bienestar han versado menos sobre la solidaridad que sobre el grado en que los desfavorecidos son responsables de su propio infortunio. Desde ciertas posiciones se propugnan unas definiciones de responsabilidad personal más exigentes; desde otras, nociones más laxas.

Las concepciones expansivas de la responsabilidad personal nos dan una pista para entender hasta qué punto entran en juego los supuestos meritocráticos. Cuanto más exhaustiva es la responsabilidad personal sobre nuestro destino individual, más elogio o culpa merecemos por cómo termina siendo nuestra vida.

La crítica de Reagan y Thatcher al Estado del bienestar se basaba en el argumento de que a las personas hay que considerarlas responsables de su propio bienestar y de que la comunidad solo está obligada a ayudar a aquellas que sufran infortunios que no sean culpa suya. «Jamás abandonaremos a quienes, sin culpa alguna por su parte, deben contar con nuestra ayuda —afirmó Reagan en un discurso sobre el estado de la Unión—. Pero esforcémonos por comprobar a cuántas personas podemos liberar de la dependencia de las ayudas públicas haciéndolas autosuficientes.»[4] «Sin culpa alguna por su parte» es una frase muy reveladora. Comienza siendo un tropo de la generosidad: quienes están necesitados «sin culpa alguna por su parte» tienen derecho a la ayuda de la comunidad. Sin embargo, como toda atribución de responsabilidades, también presenta un lado más duro. Si quienes son víctima de las circunstancias merecen nuestra ayuda, es de suponer que quienes contribuyeron de algún modo a su propio infortunio no la merecen.

Los primeros presidentes estadounidenses que introdujeron la frase «sin culpa alguna por su parte» en la retórica presidencial fueron Calvin Coolidge y Herbert Hoover. Implícita en esa expresión se halla una noción rigurosa de la responsabilidad personal: aquellas personas cuya pobreza o mala salud se deba a malas decisiones por su parte no merecen la ayuda del Estado y deben arreglárselas por sí solas. Franklin D. Roosevelt también recurrió a esa frase de vez en cuando, pero como parte del argumento de que las personas a las que la Gran Depresión había dejado sin trabajo difícilmente podían ser culpadas de estar desempleadas.[5]

Ronald Reagan, empeñado en reducir el papel del Estado, utilizó la frase con mayor frecuencia que ningún otro presidente anterior, pero cada uno de sus sucesores demócratas, Bill Clinton y Barack Obama, la empleó más del doble de veces que Reagan en su día.[6] Al hacerlo, también ellos, como Reagan, hicieron una distinción implícita entre los pobres merecedores (de ayuda) y los que no se la merecían. Quienes sufrían dificultades por culpa de fuerzas ajenas a su control eran dignos de la asistencia del Estado, pero posiblemente no así los que eran responsables de su propia desgracia.

En 1992 Clinton hizo campaña para las presidenciales con la promesa de «terminar con el sistema de prestaciones sociales que ha existido hasta ahora». Ya desde la presidencia, vinculó la retórica de la responsabilidad con la del ascenso social al evocar tanto la vertiente dura como la aspiracional de la meritocracia. «Debemos hacer lo que Estados Unidos hace mejor —señaló en su primer discurso de toma de posesión—. Ofrezcamos más oportunidades a todos y exijamos más responsabilidades a todos. Ya va siendo hora de que rompamos con la mala costumbre de esperar de nuestro Estado o de los demás algo a cambio de nada.»[7]

La retórica de la responsabilidad y la del ascenso tenían algo en común: en ambas se insinuaba el ideal de la autosuficiencia y la autoconstrucción personales. En los años ochenta y noventa del siglo xx, la responsabilidad significaba dejar de depender de la ayuda del Estado y encontrar trabajo. Disponer de oportunidades significaba adquirir la formación educativa y las destrezas necesarias para competir con eficacia en el mercado laboral. Si las oportunidades eran las mismas para todos, las personas ascenderían en función de sus esfuerzos y aptitudes, y su éxito sería el indicador de su mérito. «Todos los estadounidenses tienen no solo el derecho, sino también la responsabilidad solemne, de ascender todo lo que las aptitudes que Dios les ha dado y su determinación les permitan —declaró Clinton—. Oportunidades y responsabilidad van de la mano. No se puede tener las unas sin la otra, y viceversa.»[8]

Clinton se hacía eco así del argumento de Reagan de que las ayudas sociales del Estado debían limitarse a quienes pasaran necesidad «sin culpa alguna por su parte». «El papel del Estado —afirmó Clinton— [consiste en] crear oportunidades económicas y en ayudar a las personas que, sin culpa alguna por su parte, han sufrido problemas económicos.»[9] En 1996 firmó una medida de reforma del sistema de prestaciones sociales a la que se oponían muchos de sus correligionarios demócratas, y que exigía «responsabilidad personal», obligaba a los perceptores de ayudas públicas a trabajar y limitaba el periodo durante el que podían disfrutar de estas.[10]

El nuevo énfasis en la responsabilidad y las implicaciones meritocráticas de dicho hincapié cruzaron el Atlántico y, al mismo tiempo que Clinton decretaba reformas del sistema del Estado del bienestar en nombre de la «responsabilidad personal», quien pronto sería el primer ministro británico, Tony Blair, lanzaba un mensaje similar: «Necesitamos un nuevo acuerdo sobre el sistema de prestaciones sociales adaptado a una nueva era, en la que las oportunidades y la responsabilidad vayan de la mano». Blair hizo explícita la inspiración meritocrática de su ideología política. «El Nuevo Laborismo está comprometido con la meritocracia —escribió—. Creemos que las personas deben ser capaces de ascender según su talento, y no según dónde hayan nacido ni según las ventajas que da el privilegio.»[11]

Unos años después, en Alemania, el canciller Gerhard Schröder justificó la reforma del Estado del bienestar en términos parecidos.

> Con estas medidas, estamos impermeabilizando nuestro Estado del bienestar frente a las tormentas de la globalización. Al hacerlo, tendremos que incrementar la responsabilidad en todos los sentidos: más responsabilidad personal sobre nosotros mismos y más responsabilidad común sobre las oportunidades de nuestros hijos [...]. En términos de políticas sociales, esto significa que todo el mundo goza de las mismas oportunidades, pero también implica que todo el mundo tiene el deber de aprovechar sus oportunidades.[12]

La retórica de la responsabilidad nos resulta tan familiar a estas alturas que es fácil que nos pase inadvertido su sentido característico en estas décadas recientes y su conexión con las interpretaciones meritocráticas del éxito. Hace ya mucho tiempo que los dirigentes políticos hablan de la responsabilidad, normalmente en referencia a los deberes de los ciudadanos para con su país y sus conciudadanos. Sin embargo, como bien señala Yascha Mounk, la responsabilidad ha pasado a referirse hoy en día a «nuestra responsabilidad de cuidar de nosotros mismos y de apechugar con las consecuencias que se deriven de no hacerlo». El Estado del bienestar ha dejado de ser un «amortiguador de la responsabilidad» para convertirse en un «monitorizador de la responsabilidad». Limitarles el derecho a percibir prestaciones a las personas que pasan por dificultades debido a la mala suerte y no a su mala conducta es un ejemplo de ello, un intento de tratar a la gente con arreglo a sus méritos.[13]

Hasta donde tu talento te lleve

La retórica del ascenso tiene otro aspecto novedoso que puede escapar fácilmente a nuestra percepción. Los ideales de la igualdad de oportunidades y la movilidad ascendente forman parte del sueño americano desde hace tiempo, y también son una fuente de inspiración en otras sociedades. La idea de que las personas deben tener la capacidad de ascender «hasta donde su talento y su esfuerzo las lleven» resulta ya tan familiar que raya en el tópico. Apenas si suscita controversia. Los políticos tradicionales la invocan constantemente. Nadie la critica.

Por eso no deja de ser sorprendente descubrir que se trata de un lema relativamente nuevo. No tuvo una presencia destacada en el discurso político estadounidense hasta estas últimas cuatro décadas. Ronald Reagan fue el primer presidente del país que lo convirtió en un pilar de su retórica política. En una sesión informativa en la Casa Blanca, ante funcionarios negros de su Administración, Reagan explicitó el nexo entre el mérito y el derecho a ascender. «Todos los estadounidenses tienen el derecho a ser valorados exclusivamente por su mérito personal —dijo— y a llegar adonde sus sueños y su esfuerzo los lleven.» Para Reagan, la retórica del ascenso aludía a algo más que a superar la discriminación. La usó para múltiples fines, incluida la defensa de los recortes de impuestos. Así, según él, una menor carga fiscal derribaría «obstáculos en el camino al éxito de manera que todos los estadounidenses puedan llegar tan alto como su esfuerzo, su destreza, su imaginación y su creatividad los lleven».[14]

Bill Clinton adoptó ese motivo retórico de Reagan y lo utilizó con frecuencia. «El sueño americano en el que todos fuimos educados es sencillo pero cautivador: si trabajas duro y cumples con las normas, debes tener la oportunidad de llegar todo lo lejos que las capacidades que Dios te ha dado te lleven.» En la primera década del siglo XXI, la retórica del ascenso ya se había convertido en un acto reflejo retórico de diversos políticos de los dos grandes partidos. Los republicanos George W. Bush, John McCain y Marco Rubio la invocaron en diversas ocasiones, pero ningún presidente estadounidense mostró tanto apego a ese lema como Barack Obama, que lo usó más que todos sus antecesores en el cargo juntos. De hecho, posiblemente fue el tema central de su presidencia.[15]

«En lo relativo a la educación superior —dijo Obama en un encuentro con pedagogos en la Casa Blanca—, [lo que de verdad importa] es procurar que los jóvenes brillantes y motivados [...] tengan la oportunidad de llegar todo lo lejos que su talento, su ética de trabajo y sus sueños puedan llevarlos.» Consideraba que la formación universitaria es el vehículo primordial de la movilidad ascendente. «Somos una nación que no promete igualdad de resultados, pero que está fundada sobre la idea [de que] todo el mundo debería tener las mismas oportunidades de triunfar. Da igual quién seas, qué aspecto tengas, de dónde vengas, puedes conseguirlo. Esa es la promesa esencial de Estados Unidos. Tu punto de partida no debería determinar tu punto de llegada. Por eso estoy encantado de que todo el mundo quiera ir a la universidad.»[16]

En otra ocasión Obama citó el ejemplo de su esposa, Michelle, que se había criado en una familia de clase trabajadora, pero había estudiado en Princeton y en la facultad de derecho de Harvard y había podido ascender. «Michelle y su hermano pudieron recibir una formación increíblemente buena y llegar hasta donde sus sueños los llevaran.» En hechos como este se sustentaba la convicción de Obama de que «lo que hace que Estados Unidos sea tan excepcional, lo que nos hace tan especiales, es este acuerdo básico, la idea fundamental de que en este país, con independencia de qué aspecto tengas, de dónde vengas, de cuál sea tu apellido o de qué desventajas sufras, en este país, si trabajas duro, si estás dispuesto a responsabilizarte, puedes conseguirlo, puedes prosperar».[17]

Con sus ecos reaganitas y clintonianos, la retórica del ascenso empleada por Obama apuntaba hacia la meritocracia. Ponía el énfasis en la no discriminación («con independencia de qué aspecto tengas o de dónde vengas»), en el trabajo duro, e instaba a los ciudadanos «a responsabilizarse» de sí mismos. He ahí, pues, el vínculo entre la retórica del ascenso y la ética meritocrática: si las oportunidades son de verdad iguales, no solo las personas ascenderán hasta donde su talento y su esfuerzo las lleven, sino que su éxito será también obra suya y se merecerán las recompensas que se deriven de ello.

TENER LO QUE TE MERECES

A medida que la retórica del ascenso fue adquiriendo preponderancia, el lenguaje del mérito y los merecimientos vio un aumento en su uso a través de la cultura pública. Si nos fijamos en la publicidad, cuesta no recordar el eslogan y la música (en su momento omnipresentes) de un anuncio de McDonald's de los años setenta y ochenta: «Hoy te mereces un respiro». O pensemos en el caso de los libros y la prensa. Según Google Ngram, que permite monitorizar la asiduidad con que una palabra o una expresión aparece en los libros digitalizados en Google Books, la frecuencia de empleo de la expresión «you deserve» («te mereces» u «os merecéis») se ha más que triplicado entre 1970 y 2008. En *The New York Times* «you deserve» apareció más del cuádruple de veces en 2018 que en el año en que Ronald Reagan asumió por primera vez la presidencia.[18]

Algunas invocaciones del merecimiento estaban explícitamente relacionadas con el modo meritocrático de pensar. Por ejemplo, en un artículo de *The New York Times* de 1988 se informaba de lo mucho que estaba creciendo el mercado de las cintas de casete motivacionales con mensajes hipnóticos, subliminales, murmurados mientras de fondo se oye el sonido del oleaje marino. Uno de los mensajes era: «Merezco aspirar a algo mejor que mi padre. Merezco tener éxito. Merezco alcanzar mis metas. Merezco ser rico». No obstante, a medida que la cultura popular se fue impregnando de ese lenguaje del merecimiento, este se convirtió en una reconfortante promesa multiusos de éxito, como puede verse en el titular que encabezaba una receta de cocina publicada recientemente en ese mismo periódico: «Te mereces un pollo más suculento». (¿El secreto para conseguir ese pollo más tierno que te mereces? «No te pases con el tiempo de cocción».)[19]

Al tiempo que el lenguaje del mérito y los merecimientos ganaba protagonismo en la vida cotidiana, algo similar sucedía en la filosofía académica. En los años sesenta y setenta del siglo XX, los principales filósofos británicos y estadounidenses rechazaban la meritocracia porque consideraban que lo que las personas ganan en el mercado depende de eventualidades ajenas a su control, como, por ejemplo, que haya mayor o menor demanda de sus destrezas o que estas sean más o menos excepcionales. Sin embargo, en los años ochenta y noventa un influyente grupo de filósofos, quizá haciéndose eco de la «retórica de la responsabilidad» ya dominante en el debate político de ese momento, reactivaron la defensa del mérito. Enmarcados en

el llamado «igualitarismo de la suerte», sostenían que la obligación
de la sociedad de ayudar a los desfavorecidos pasa por averiguar, antes de nada, cuáles de esas personas necesitadas son responsables de
su infortunio y cuáles son solo víctima de la mala suerte. Tan solo
aquellas a las que no les quepa responsabilidad alguna por su difícil
situación, argumentaban esos pensadores, merecen la ayuda del Estado.[20]

Entre los políticos, el lenguaje del mérito y los merecimientos
acompañó a la retórica del ascenso. En las décadas de los sesenta y los
setenta, los presidentes estadounidenses rara vez trataron de influir en
su público diciéndole qué se merecía. John F. Kennedy jamás usó el
verbo «merecer(se)» referido a sus oyentes. Eso cambió con Reagan,
quien usó la expresión «you deserve» con mayor frecuencia que sus
cinco antecesores en el cargo juntos.[21] En 1983, por ejemplo, ante un
grupo de directivos de empresa dijo que quienes alcanzaban el éxito
por sus propios medios y esfuerzos merecían que se les recompensara.

> Esta nación no se construyó sobre una base de envidia y rencor.
> El sueño en el que siempre he creído es que, con independencia de
> quién seas, con independencia de cuál sea tu lugar de origen, si tra-
> bajas duro, prosperas y triunfas, entonces bien sabe Dios que te me-
> reces el premio de la vida. Y el empeño en lograr ese premio es lo
> que hizo de los Estados Unidos de América la nación más grande de
> la Tierra.[22]

Tras Reagan, «te mereces» (u «os merecéis») se convirtió en un
ingrediente habitual del discurso presidencial. Clinton lo empleó el
doble de ocasiones que Reagan, y Obama, el triple de veces, y en contextos que abarcaban desde lo cotidiano hasta lo más trascendental.
En una alocución pronunciada en una ciudad que había sido elegida
para alojar un centro administrativo del Departamento de Defensa
que iba a generar empleo, Clinton dijo: «Lo tenéis aquí porque os lo
merecéis». Años después, ante un grupo de trabajadores de un alma-
cén, Obama afirmó: «Si dedicáis a ello una jornada de duro trabajo, os
merecéis un salario digno por ello». En Ohio, en un *community colle-*

ge,* defendió recortes fiscales para la clase media diciendo que «os merecéis un respiro, os merecéis un poco de ayuda».[23]

En Reino Unido, la fe en la meritocracia manifestada por Tony Blair en la década de los noventa ha continuado siendo un elemento estructural del debate político, incluso después del referéndum del Brexit. En 2016, poco después de convertirse en primera ministra, Theresa May expuso su «ideal de una Gran Bretaña verdaderamente meritocrática». Refiriéndose a «la gente corriente de clase trabajadora», May dijo: «Se merecen un mejor trato». Y el trato mejor que ella ofrecía consistía en poner el país a la altura de los principios meritocráticos.[24]

> Quiero que Gran Bretaña sea la mayor meritocracia del mundo, un país donde todos los ciudadanos tengan una oportunidad justa de llegar todo lo lejos que su talento y su esfuerzo les permitan llegar [...]. Quiero que Gran Bretaña sea un lugar donde la ventaja social se base en los méritos y no en los privilegios; donde sean el talento y el trabajo de la persona lo que importe y no dónde haya nacido, ni quiénes sean sus padres, ni cuál sea su acento.[25]

A pesar de sus referencias al ascenso social y el merecimiento, la mayoría de los políticos estadounidenses no hacen mención explícita de la meritocracia. Obama fue una excepción. Por ejemplo, en una entrevista con un comentarista deportivo de ESPN, comentó que, para la gente, el atractivo del deporte radica en que «es uno de los pocos ámbitos en los que hay una verdadera meritocracia. No es posible andarse con muchos cuentos. Al final, quién gana, quién pierde, quién lo está haciendo bien y quién no, todo queda claro y manifiesto ahí».[26]

Durante su campaña para las presidenciales de 2016, Hillary Clinton recurrió con frecuencia a la retórica del ascenso y el merecimiento. «Nuestra campaña se basa en la creencia fundamental de que en Estados Unidos todas las personas, con independencia de quiénes

---

* Centro universitario de ámbito más local donde solo se pueden estudiar ciclos formativos cortos. *(N. del T.)*

sean, de cuál sea su aspecto externo o de quiénes sean sus seres queridos, deben tener la oportunidad de llegar todo lo lejos que su trabajo y sus sueños las lleven.» Prometió que, si resultaba elegida, haría «posible que tengáis las posibilidades y oportunidades que os merecéis tener». En un mitin de campaña señaló: «Quiero que esto sea una verdadera meritocracia. Estoy cansada de tanta desigualdad. Quiero que las personas sientan que pueden prosperar si trabajan para ello».[27]

Reacción populista

Para desgracia de Hillary Clinton, la retórica del ascenso ya había perdido para entonces (2016) su capacidad inspiradora. Donald Trump, el candidato que la derrotó, no habló de movilidad ascendente ni de la creencia de que los estadounidenses pueden llegar tan arriba como su talento y su esfuerzo los lleven. Hasta donde he podido averiguar, Trump jamás usó esa clase de eslogan durante su campaña, ni ha recurrido a él tampoco durante su presidencia. Optó más bien por hablar sin ambages de ganadores y perdedores, y por prometer que haría que Estados Unidos fuera grande de nuevo. Pero su ideal de grandeza no tenía nada que ver con llevar a la práctica el proyecto meritocrático que había sido el alma del discurso público estadounidense durante las cuatro décadas previas.

De hecho, existen razones para pensar que la antipatía populista hacia las élites meritocráticas tuvo su importancia en la elección de Trump y en el sorprendente resultado del referéndum en Gran Bretaña, unos meses antes, favorable a abandonar la Unión Europea. Aunque las elecciones son procesos complejos y es difícil saber de un modo concluyente qué impulsa a la gente a votar como lo hace, muchos partidarios de clase trabajadora de Trump, del Brexit y de los partidos populistas en otros países parecían menos interesados por las promesas de movilidad ascendente que por la reafirmación de la soberanía, la identidad y el orgullo nacionales. Estaban molestos con las élites meritocráticas, los expertos y la clase de los profesionales con un alto nivel formativo, que tanto habían celebrado la llegada de la globalización impulsada por el mercado, que habían cosechado los beneficios de esta, que habían sometido con ello a la población trabajadora a la disciplina de la competencia exterior y que parecían identificarse más con las élites globales que con sus propios conciudadanos.

No todos los agravios populistas contra el orden establecido eran reacciones contra la soberbia meritocrática. Algunos se entremezclaban con la xenofobia, el racismo y la hostilidad hacia el multiculturalismo. Pero la reacción populista adversa la provocó, al menos en parte, la mortificante sensación de que quienes cabalgaban bien asentados a lomos de la jerarquía del mérito miraban por encima del hombro a quienes consideraban peor preparados que ellos. Esta queja populista no es del todo injustificada. Durante décadas, la élite meritocrática no paró de repetir la cantinela de que quienes trabajaban sin descanso y se atenían a las normas podían subir tan alto como su talento los llevara. No se dio cuenta de que, para quienes estaban atrapados en el fondo o para quienes a duras penas conseguían mantenerse a flote, la retórica del ascenso era más un escarnio que una promesa.

Así es como debieron de percibir los votantes de Trump el mantra meritocrático de Hillary Clinton. Para ellos, la retórica del ascenso era algo más insultante que inspirador, y no porque renegaran de las creencias meritocráticas, ni mucho menos: aceptaban de lleno la meritocracia, pero creían que era una descripción de cómo funcionaban ya las cosas. No la entendían como un proyecto inacabado que requiriera de una acción adicional del Estado dirigida a suprimir barreras al éxito. En parte, no aceptaban esta otra forma de concebirla porque temían que esa intervención estatal favoreciera a las minorías étnicas y raciales, lo que, más que confirmarla, violaría la meritocracia tal como ellos la entendían. Pero también rechazaban esa concepción porque, tras haber trabajado duro para alcanzar su pequeña cuota de éxito, habían aceptado el estricto veredicto emitido contra ellos en su momento por el mercado y habían hecho ya la consiguiente inversión moral y psicológica.

Tras las elecciones de 2016, se realizó una encuesta tanto entre partidarios de Trump como entre contrarios a él a quienes se les preguntó si estaban de acuerdo o en desacuerdo con varios enunciados sobre lo bien que Estados Unidos se adecuaba a principios meritocráticos como los siguientes: «En general, la sociedad estadounidense es equitativa y justa»; «Los individuos son personalmente responsables de la posición que ocupan en la sociedad»; «Hay oportunidades de progreso económico para todo aquel que se preocupe de buscarlas»; «La sociedad ha alcanzado un punto en que los estadounidenses blancos y los de minorías raciales o étnicas tienen las mismas oportunidades de triunfar».[28] Como era de esperar, los encuestados de nivel económico más alto se mostraron más de acuerdo con esos enunciados en general que los de entornos económicos más humildes. Aun así, con independencia de la clase social, los partidarios de Trump se mostraron más claramente de acuerdo con cada uno de los enunciados que quienes no le apoyaron.[29] Los favorables a Trump estaban molestos con la retórica del ascenso usada por los liberales de centroizquierda, no porque estuvieran en contra de la meritocracia, sino porque creían que esta describía el orden social ya imperante. Se habían sometido a su disciplina, habían aceptado la dura valoración que había emitido sobre sus propios méritos y creían que los demás debían hacer lo mismo.

La tiranía del mérito nace de algo más que la sola retórica del ascenso. Está formada por todo un cúmulo de actitudes y circunstancias que, sumadas, hacen de la meritocracia un cóctel tóxico. En primer lugar, en condiciones de desigualdad galopante y movilidad estancada, reiterar el mensaje de que somos individualmente responsables de nuestro destino y merecemos lo que tenemos erosiona la solidaridad y desmoraliza a las personas a las que la globalización deja atrás. En segundo lugar, insistir en que un título universitario es la principal vía de acceso a un puesto de trabajo respetable y a una vida digna engendra un prejuicio credencialista que socava la dignidad del trabajo y degrada a quienes no han estudiado en la universidad. Y, en tercer lugar, poner el énfasis en que el mejor modo de resolver los problemas sociales y políticos es recurriendo a expertos caracterizados por su elevada formación y por la neutralidad de sus valores es una idea tecnocrática que corrompe la democracia y despoja de poder a los ciudadanos corrientes.

¿Puedes triunfar si pones empeño en ello?

Cuando los políticos repiten hasta la saciedad una verdad hueca, comienza a haber motivos para sospechar que ya es una falacia. Así ocurre con la retórica del ascenso. No es casual que esta retórica alcanzara su máxima expresión en un momento en que la desigualdad rozaba proporciones sobrecogedoras. Cuando el 1 por ciento más rico de la población absorbe más renta que todo el 50 por ciento más pobre,[30] cuando la mediana de renta lleva cuarenta años estancada,[31] la idea de que el esfuerzo y el trabajo duro de una persona pueden llevarla muy alto empieza a sonar a eso, a hueco.

Esta oquedad produce dos formas de descontento. Una es la frustración que surge cuando el sistema incumple su promesa meritocrática, cuando quienes se esfuerzan y cumplen con las normas se ven incapaces de avanzar. La otra es la desesperanza que invade a las personas cuando creen que la promesa meritocrática ya se ha cumplido hasta donde podía cumplirse y que han salido perdiendo. Esta última es una forma de descontento más desmoralizadora aún, pues implica, para quienes se han quedado atrás, que su fracaso es directamente culpa suya.

Los estadounidenses muestran una mayor adhesión que la mayoría de los habitantes del planeta a la creencia de que el esfuerzo lleva al éxito, que el destino de las personas está en sus manos. Según algunos sondeos de opinión pública globales, la mayoría de los estadounidenses (un 77 por ciento) opinan que las personas pueden alcanzar el éxito si trabajan duro; solo la mitad de los alemanes piensan así. En Francia y Japón, son mayoría quienes consideran que trabajar mucho no garantiza el éxito.[32]

A la pregunta de qué factores son «muy importantes para progresar en la vida», una abrumadora mayoría de los estadounidenses (el 73 por ciento) sitúan en primer lugar el trabajo duro, lo que refleja la perdurable influencia de la ética protestante del trabajo. En Alemania, apenas la mitad consideran que trabajar mucho sea muy importante para avanzar personalmente, mientras que en Francia solo uno de cada cuatro piensan así.[33]

Como siempre ocurre con las encuestas, las actitudes que expresan los encuestados dependen de cómo se les formule la pregunta en

cuestión. Cuando se trata de explicar por qué unas personas son ricas
y otras pobres, los estadounidenses no se muestran tan seguros del papel que desempeña el esfuerzo como cuando se les pregunta en general por la relación entre el trabajo y el éxito. A la pregunta de si los
ricos son ricos porque trabajan más que otras personas o porque han
contado con ventajas en la vida, los estadounidenses se dividen a medias por sus respuestas. A la pregunta de por qué las personas pobres
son pobres, la mayoría responden que se debe a circunstancias ajenas
a su control; solo tres de cada diez dicen que la pobreza se explica por
una falta de esfuerzo.[34]

La creencia en la eficacia del trabajo como camino hacia el éxito
pone de manifiesto la convicción generalizada de que somos dueños
de nuestro destino, de que nuestro futuro está en nuestras manos. Los
estadounidenses profesan una mayor fe en el dominio de las personas
sobre su propia vida que los ciudadanos de casi todos los demás países.
La mayoría de los estadounidenses (un 57 por ciento) discrepan del
enunciado según el cual «el éxito en la vida lo determinan básicamente fuerzas que no podemos dominar». Sin embargo, en la mayor
parte del resto de los países (entre ellos, casi todos los europeos) son
mayoría quienes consideran que el éxito lo determinan sobre todo
fuerzas ajenas a nuestro control.[35]

Estas percepciones sobre el trabajo y la autosuficiencia tienen
implicaciones para la solidaridad y las obligaciones mutuas entre los
ciudadanos. Si se espera que toda persona que se esfuerza mucho tenga éxito, entonces quienes no lo tienen no pueden culpar a nadie de
ello sino a sí mismas, y va a ser más difícil defender que se las ayude.
He ahí la faceta cruel de la meritocracia.

Si quienes están arriba y quienes están abajo son totalmente responsables de ese destino personal suyo, entonces las posiciones sociales vienen a reflejar lo que cada persona se merece. Los ricos son ricos
porque han hecho lo debido para serlo. Si, por el contrario, los miembros más afortunados de la sociedad están en deuda —con la buena
suerte, con la gracia de Dios o con el apoyo de la comunidad— por
su éxito, entonces será mayor la justificación moral para hacer que el
destino de las personas sea más compartido; será más fácil defender
que todos y todas estamos juntos en esto.

Tal vez ello explique por qué Estados Unidos, donde la fe en que somos dueños de nuestro propio destino personal es más sólida, cuenta con un Estado del bienestar más endeble que las democracias sociales europeas, donde los ciudadanos muestran una mayor inclinación a atribuir sus circunstancias vitales a fuerzas ajenas a su control. Si todo el mundo puede triunfar mediante el esfuerzo y el trabajo duro, entonces el Estado solo tiene que asegurarse de que los empleos y las oportunidades estén realmente al alcance de todos y todas. Puede que los políticos estadounidenses del centroizquierda y del centroderecha discrepen sobre qué políticas sirven mejor al propósito de la igualdad de oportunidades, pero comparten el supuesto de base de que el objetivo consiste en facilitar a todo el mundo, sea cual sea su punto de partida en la vida, la oportunidad de ascender. Están de acuerdo, dicho de otro modo, en que la movilidad es la respuesta a la desigualdad y en que quienes ascienden se han ganado su éxito.

Sin embargo, la fe estadounidense en la capacidad de ascender por medio del esfuerzo y la determinación ya no encaja con la realidad existente hoy sobre el terreno. En las décadas que siguieron a la Segunda Guerra Mundial, los estadounidenses sí podían esperar que, cuando sus hijos tuvieran su edad, estarían mejor (en el plano económico) que ellos. En la actualidad eso ya no es así. Casi todos los hijos nacidos en la década de 1940 (un 90 por ciento) ganaban más de adultos que sus padres a su edad, pero, de los hijos nacidos en la década de 1980, solo la mitad superaban de adultos el nivel de ingresos de sus padres a su edad.[36]

También cuesta más escalar de la pobreza a la riqueza de lo que la creencia popular en la movilidad ascendente nos induciría a creer. Muy pocas de las personas que nacen pobres en Estados Unidos llegan a la cima. En realidad, la mayoría ni siquiera se incorporan a la clase media. Los estudios sobre movilidad ascendente suelen dividir la escala de renta en cinco tramos. De los nacidos en el más bajo de todos, solo entre aproximadamente un 4 y un 7 por ciento ascienden hasta el más alto, y solo un tercio llegan a uno de los tres tramos superiores (del medio hacia arriba). Aunque las cifras exactas varían según el estudio, son muy pocos los estadounidenses que protagonizan el portento de pasar de mendigo a millonario que tanto se exalta en el sueño americano.[37]

De hecho, hay menos movilidad económica en Estados Unidos que en otros muchos países. Las ventajas y desventajas económicas se transmiten más a menudo de una generación a la siguiente en Estados Unidos que en Alemania, España, Japón, Australia, Suecia, Canadá, Finlandia, Noruega y Dinamarca. En Estados Unidos y en Reino Unido, casi la mitad de la ventaja económica de la que gozan los padres con ingresos elevados se transfiere a sus hijos. Eso representa más del doble de la ventaja por renta que los hijos heredan en Canadá, Finlandia, Noruega y Dinamarca (que es donde la movilidad es más elevada).[38]

Resulta, pues, que los hijos daneses y canadienses tienen muchas más probabilidades de pasar de la pobreza a la riqueza que los hijos estadounidenses.[39] A juzgar por estos indicadores, el sueño americano goza de muy buena salud... ¡en Copenhague!

El sueño americano también florece en Pekín. En un reciente artículo de *The New York Times* se planteaba la siguiente situación:

> Imagínense que les piden hacer una apuesta. Hay dos jóvenes de dieciocho años, uno en China y el otro en Estados Unidos; ambos son pobres y viven en entornos con perspectivas de futuro limitadas, y ustedes tienen que elegir cuál de los dos tiene mayores probabilidades de experimentar una movilidad ascendente en su vida.
>
> ¿A quién elegirían?
>
> Hasta no hace mucho, la respuesta habría parecido sencilla. El «sueño americano», después de todo, ha significado durante mucho tiempo la promesa de una senda directa a una vida mejor para todo aquel que pusiera empeño y esfuerzo en ello.
>
> Pero la respuesta sorprenderá hoy en día a muchos: China ha prosperado tan rápido que las probabilidades de que una persona mejore allí su posición social son considerablemente mayores que en Estados Unidos.[40]

Dado el crecimiento económico sin precedentes que ha vivido China desde 1980, esta conclusión no es tan sorprendente como parece. Allí, tanto ricos como pobres han experimentado incrementos de sus niveles de renta, mientras que en Estados Unidos los réditos del crecimiento han ido a parar en su mayor parte a quienes están en la cima de la sociedad. Aunque Estados Unidos continúa siendo un país mucho más rico per cápita que China, la generación actual de jóvenes chinos es más rica que la de sus padres.[41]

Lo que sí sorprende más es que, según el Banco Mundial, los niveles de desigualdad de renta en China sean más o menos los mismos que en Estados Unidos. Además, el país asiático presenta actualmente una mayor movilidad intergeneracional que la estadounidense. Esto significa que en Estados Unidos, la tierra de las oportunidades, cuánto ganas está mucho más ligado a tu posición de origen que en China.[42]

Cuando mis estudiantes descubren estos datos, les invade cierto desasosiego. La mayoría profesan una fe instintiva en el excepcionalismo estadounidense, en la idea de que Estados Unidos es un país donde quienes trabajan mucho pueden prosperar. Esta creencia en la movilidad ascendente es la respuesta norteamericana tradicional a la desigualdad. Sí, tal vez Estados Unidos registre una mayor desigualdad de renta que otras democracias, justifican ellos, pero aquí, a diferencia de lo que ocurre en las sociedades europeas, más rígidas y circunscritas por las clases sociales, la desigualdad importa menos porque nadie está condenado a permanecer en la clase en la que nace.

Con todo, cuando se enteran de que Estados Unidos tiene más desigualdad y menos movilidad que otros muchos países, se sienten preocupados y perplejos. Algunos se resisten a creer lo que los datos sobre movilidad les muestran, y ponen como contraejemplo su propia experiencia de esfuerzo y éxito. Uno de mis alumnos conservadores, oriundo de Texas, respondió que, según su experiencia, lo único que de verdad importa es lo mucho que una persona trabaja. «Todo el mundo en mi instituto de secundaria entendía cuáles son las normas —dijo—. Si te esfuerzas en los estudios y sacas buenas notas, entras en una buena universidad y consigues un buen trabajo. Si no, te vas a trabajar a los pozos petrolíferos. Y resultaba que al final las cosas eran así.» Otros, si bien recordaban lo mucho que se habían esforzado durante sus años de instituto, sí reconocían que habían contado con fuentes de apoyo que les habían ayudado a tener éxito en sus estudios.

Algunos de mis estudiantes sostienen que, aunque el sueño americano no cuadre con la realidad, es importante que la noticia no se difunda; mejor preservar el mito para que la gente continúe creyendo que nos es posible progresar hasta donde nuestro talento y nuestro esfuerzo nos lleven. El sueño americano sería así algo parecido a lo que Platón llamó una «mentira noble», una creencia que, aun no siendo verídica, sustenta la armonía cívica porque induce a la ciudadanía a aceptar la legitimidad de ciertas desigualdades. En el caso de Platón, se trataba del mito de que Dios creaba a las personas con diferentes metales en sus almas, lo que otorgaba sanción divina a un sistema en el que una clase de guardianes dirigida por un rey filósofo gobernaría la polis.[43] En nuestro caso, sin embargo, sería el mito de que en Estados Unidos, pese a la apreciable brecha entre ricos y pobres, incluso quienes están abajo del todo pueden triunfar si se esfuerzan.

Mis estudiantes no son los únicos que tienen ideas equivocadas sobre las posibilidades de ascender socialmente. Un grupo de investigadores preguntó a ciudadanos y ciudadanas de Estados Unidos y de países europeos cuáles eran las probabilidades de ascender desde la pobreza hasta la riqueza en sus respectivos países, y tanto los encuestados norteamericanos como los de Europa tendieron a no acertar en sus respuestas. Lo curioso, no obstante, fue que se equivocaron justo al revés: los estadounidenses sobreestimaron la probabilidad de ascender y los europeos la subestimaron.[44]

VER Y CREER

Estos resultados revelan algo importante a propósito de nuestra forma de entender los sistemas sociales y políticos. Percibimos el mundo a la luz de nuestras esperanzas y nuestros miedos. A simple vista, puede parecernos que la gente sencillamente está mal informada del nivel de movilidad imperante en sus sociedades respectivas. Pero lo interesante, lo que pide una interpretación, es que esas percepciones erróneas adoptan una forma determinada. Los europeos, cuyas sociedades son más igualitarias y más móviles que la estadounidense, muestran un excesivo pesimismo en cuanto a la posibilidad de ascender, mientras que los estadounidenses son demasiado optimistas. ¿Por qué?

En ambos casos, las creencias y las convicciones dan forma a las percepciones. El fuerte apego de los estadounidenses a la iniciativa individual, unido a su disposición a aceptar la desigualdad, los lleva a exagerar la posibilidad de ascender socialmente por medio del trabajo duro. El escepticismo de los europeos ante la idea de que el esfuerzo individual lo puede todo, unido a su menor tolerancia de la desigualdad, los impulsa a infravalorar la posibilidad de ascender.

Esta tendencia a ver el mundo a través del prisma de nuestros ideales y expectativas arroja luz sobre lo mucho que la promesa meritocrática puede ser desmoralizadora, humillante incluso, para los votantes de clase obrera y media. De entrada, esto resulta desconcertante. ¿Quién puede estar en contra de las propuestas de eliminación de las barreras, igualación del terreno de juego social y mejoramiento de las oportunidades educativas para que todo el mundo, y no solo quienes nacen en el seno de familias privilegiadas, pueda tener la oportunidad de vivir el sueño americano? ¿Toda esa retórica del ascenso social no tendría que resultarle especialmente atractiva al electorado de clase trabajadora y clase media, que es el que podría beneficiarse precisamente de las oportunidades educativas, la formación laboral, las guarderías, los permisos para el cuidado familiar y otras políticas que propugnan los liberales de centroizquierda y los progresistas?

Pues no necesariamente. En 2016, cuando los funestos efectos de la globalización en los trabajadores corrientes eran más que evidentes, la retórica del ascenso social propugnada por las élites liberales progresistas inevitablemente conllevaba ya una dura insinuación. Ante la desigualdad galopante, seguía poniendo el acento en que somos los responsables de nuestro propio destino y en que, por consiguiente, merecemos el éxito o el fracaso que tengamos.

Esta manera de ver la desigualdad alimentó la soberbia meritocrática. Reforzó la creencia según la cual quienes habían cosechado los beneficios de la globalización se merecían ese botín y quienes se habían quedado rezagados no habían sido menos merecedores de su mísera suerte. Larry Summers, asesor económico del presidente Obama, lo expresó sin rodeos: «Uno de los desafíos que tiene que afrontar nuestra sociedad es que la verdad es una especie de "desigualadora". Uno de los motivos por los que la desigualdad ha aumentado en nuestra sociedad es que a las personas se las está tratando ahora de una forma más parecida a aquella en que se supone que deberían ser tratadas».[45]

Podría decirse, en defensa de la retórica del ascenso, que esta describe la oportunidad de competir en igualdad de condiciones como si fuera un ideal deseable, y no como si se tratara de un hecho real del mundo en que vivimos. Pero el mérito tiende a extralimitarse. Comienza siendo un ideal, pero enseguida deriva hacia una tesis fáctica de cómo son las cosas.

Aunque la retórica del ascenso social es aspiracional (apunta hacia una promesa que todavía está por cumplirse), su articulación se vuelve inexorablemente congratulatoria. «Aquí, en Estados Unidos, todo el que trabaje duro puede ascender.» Como toda retórica potente, mezcla lo aspiracional con lo congratulatorio; afirma la esperanza como si fuera una realidad.

La retórica de Obama es un buen ejemplo de ello. En una alocución radiofónica de 2012, dijo: «Este es un país donde, tengas el aspecto que tengas o vengas de donde vengas, si estás dispuesto a estudiar y esforzarte, puedes llegar todo lo lejos que tu talento te lleve. Puedes triunfar si pones empeño en ello».[46]

Nadie habría acusado a los oyentes de Obama de aquel día de equivocarse por pensar que su presidente les estaba describiendo cómo funcionaban las cosas de verdad en Estados Unidos, y no presentándoles un ideal de una sociedad más igualitaria y móvil que él aspiraba a hacer realidad algún día. El tono del mandatario era claramente congratulatorio, de elogio a su país por tener una sociedad en la que el trabajo arduo, y no los privilegios heredados, era la clave del éxito.

Y sin embargo, al avanzar en su mensaje, fue pasando de la congratulación a la aspiración. «Si hoy soy el presidente de Estados Unidos, es básicamente por las oportunidades que mi educación me brindó, y quiero que todos los niños del país también las tengan. Por eso lucho. Y mientras tenga el honor de ser vuestro presidente, por eso voy a seguir luchando.»[47]

Esta tendencia a pasar de la descripción a la esperanza, para volver de nuevo a la descripción, no es un desliz lingüístico ni una confusión filosófica, sino un rasgo característico de la retórica política. Se desarrolla con especial intensidad en la retórica del ascenso social. Su combinación de esperanza y realidad enturbia el significado de ganar y de perder. Si la meritocracia es una aspiración, quienes no llegan siempre pueden culpar al sistema, pero, si la meritocracia es un hecho, quienes no llegan están invitados a culparse a sí mismos.

En años recientes, se les ha invitado, sobre todo, a culparse a sí mismos por no haber conseguido en su día un título universitario. Y es que una de las características más irritantes de la soberbia meritocrática es su credencialismo.

4

Credencialismo
El último de los prejuicios aceptables

Michael Cohen llevaba años ejerciendo como abogado y componedor personal de Donald Trump. En febrero de 2019 testificó ante el Congreso. Para entonces, ya se había vuelto en contra de su antiguo jefe y estaba revelando algunas de las desagradables actividades que había tenido que realizar en nombre de Trump, incluido el pago de un soborno a una estrella del porno para que no revelara el *affaire* que había mantenido con aquel. Durante su comparecencia, Cohen reveló también otra de las tareas que había llevado a cabo a petición de Trump: amenazar con demandar a las universidades en las que el presidente había sido alumno si alguna vez hacían públicas sus calificaciones, o al College Board si llegaba a revelar su puntuación en el test del SAT.[1]

Se suponía que Trump se avergonzaba de su expediente académico, y al parecer temía que, si se hacía público, su candidatura presidencial o, cuando menos, su reputación quedara seriamente dañada. Cohen puso de relieve la hipocresía de ese intento de Trump de ocultar sus notas. Años antes, este había insistido en que el entonces presidente Obama hiciera público su expediente académico. «He oído que fue un mal estudiante, pésimo —declaró Trump en 2011—. ¿Cómo logra un mal estudiante entrar en Columbia y luego en Harvard? [...] Que enseñe sus notas.»[2]

La revelación por parte de Cohen de su intento de mantener las calificaciones de Trump y su puntuación en el SAT ocultas a ojos del público atrajo menos atención que la parte —más salaz— de su testimonio referida al pago bajo mano a la estrella del porno. Sin embargo, en consonancia con los tiempos que corren, resultó ser más trascendental, y lo que reveló fue la importancia pública que tiene actualmente el credencialismo. En los albores del siglo XXI, lo bien o mal que a alguien le hubiera ido en la universidad, o incluso en las pruebas de acceso a ella, tenía ya suficiente relumbre como para proyectar una aureola de reputación o de desprestigio sobre la imagen de un presidente. Al menos así lo pensaba Donald Trump, sin duda. Primero había intentado desacreditar a Obama exigiendo que enseñara su partida de nacimiento, sembrando dudas sobre su verdadera nacionalidad. Cuando eso falló, lanzó contra Obama el siguiente insulto más ofensivo que pudo imaginar: poner en entredicho sus credenciales meritocráticas.

LAS CREDENCIALES UNIVERSITARIAS COMO ARMA

La vía de ataque de Trump reflejaba sus propias inseguridades. Durante sus años como candidato y como presidente, ha presumido a menudo de sus credenciales intelectuales. Según se desprende de un estudio de las palabras que ha usado siendo ya jefe del Estado, el nivel de su vocabulario es equivalente al de un alumno de cuarto de primaria, el más bajo de todos los presidentes del último siglo; según se informó en prensa, su propio secretario de Estado lo calificó de «imbécil» y su secretario de Defensa dijo que su comprensión de los asuntos internacionales era la de un estudiante de quinto o sexto de primaria. Herido por estos y otros comentarios desdeñosos acerca de su intelecto, Trump no dejó de esforzarse en dejar claro que es una «persona inteligente», un «genio muy constante» incluso. Cuando, durante su campaña para las presidenciales de 2016, le pidieron que nombrara con qué expertos en política exterior se estaba asesorando, respondió: «Estoy hablando conmigo mismo en primer lugar, porque tengo un cerebro muy bueno y he dicho muchas cosas [...]. Mi asesor principal soy yo mismo». Trump afirmó en repetidas ocasiones que tenía un elevado cociente intelectual y que el de sus críticos era bajo (un insulto este último que dirigió sobre todo a afroamericanos).[3]

Embelesado por las bases genéticas del CI, Trump ha recordado con frecuencia que su tío era profesor del MIT («un genio académico»), un dato que ha aducido como prueba de que él mismo tiene «buenos genes, muy buenos genes». Poco después de nombrar a su primer gabinete como presidente, afirmó: «¡Tenemos, de lejos, el CI más alto de todos los gabinetes que jamás se hayan formado [en la Casa Blanca]!». En un estrambótico discurso ante empleados de la Agencia Central de Inteligencia el día posterior a su toma de posesión como presidente, trató de disipar las dudas que imaginaba que existían acerca de su capacidad intelectual: «Creedme, soy, digamos, una persona inteligente».[4]

Asimismo, Trump ha sentido a menudo la necesidad de sacar a colación ante el público sus credenciales educativas universitarias, en concreto que estudió dos años en Fordham antes de ser transferido a la Universidad de Pennsylvania, donde cursó estudios de grado en la Escuela de Negocios Wharton. Presume así de haber ido a «la facultad en la que es más difícil entrar, la mejor del mundo [...] especial para "supergenios"».[5] En la campaña de 2016, atribuyó esa necesidad suya de enumerar y defender constantemente sus credenciales intelectuales a la tendenciosidad anticonservadora de los medios de comunicación.

> Si me presentara como candidato demócrata liberal [de centro-izquierda], dirían que soy una de las personas más inteligentes del planeta. ¡Es así! Pero cuando eres un republicano conservador, se empeñan... vamos, que buscan arruinarte. Por eso, siempre empiezo con lo de que «fui a Wharton, fui un buen estudiante, fui aquí y allá, hice esto y aquello y gané una fortuna». Sabéis que tengo que ir presentando mis, esto, credenciales todo el tiempo, porque nos ponen un poco en desventaja.[6]

Aunque alentado por sus agravios e inseguridades, ese reiterado énfasis de Trump en el mensaje de que era «una persona inteligente», por quejica y cómico que les pareciera a sus críticos, resultó ser un activo político en su favor. Halló eco entre aquellos de sus agraviados partidarios de clase trabajadora que asistían a sus mítines y que, como él mismo, estaban molestos con la soberbia meritocrática de la élite.

Las quejas de Trump sacaban a la luz la humillación que una sociedad meritocrática es capaz de infligir. Él denostaba a la élite al tiempo que anhelaba el respeto de esta. En un mitin organizado ya como presidente, en 2017, arremetió contra la élite para, a continuación, reivindicarse como la verdadera élite:

> Bueno, ya sabéis, fui buen estudiante. Siempre oigo hablar de la élite. Ya sabéis, la élite... Pero ¿son élite? Yo fui a mejores universidades que esa gente. Fui mejor estudiante que esa gente. Vivo en un apartamento más grande y más bonito, y vivo en la Casa Blanca también, que esa sí que es grande. Y pienso... ¿sabéis qué? Pienso que nosotros somos la élite. Ellos no son la élite.[7]

Trump no fue la única figura política que se mostró a la defensiva ante preguntas sobre sus credenciales meritocráticas. En 1987, durante su primera campaña para unas presidenciales, Joe Biden se ofendió cuando un votante lo presionó para que dijera en qué facultad de derecho había estudiado y en qué puesto había quedado entre los estudiantes de su promoción.

> Creo que probablemente tengo un CI mucho más elevado que el de usted, sospecho yo. Estudié derecho con una beca académica completa; fui el único de mi promoción que estudió allí con una beca académica completa [...] y, de hecho, acabé en la mitad superior de esa promoción. Fui el estudiante destacado en el área de ciencia política al terminar el curso. Me gradué con tres títulos de grado y 165 créditos, cuando solo necesitaba 123, y me encantaría sentarme un día con usted y comparar mi CI con el suyo.[8]

Una verificación posterior de los datos demostró que aquella respuesta de Biden abundó en exageraciones. La beca que se le concedió fue parcial y en atención a criterios económicos (no académicos), se graduó como uno de los peores estudiantes de su promoción, obtuvo un título de grado y no tres (aunque fuera una doble titulación), etcétera.[9] Lo que llama la atención, sin embargo, no es que los políticos inflen sus credenciales universitarias, sino que sientan la necesidad de hacerlo.

Incluso aquellos cuyas credenciales meritocráticas no están en cuestión las invocan a veces como una justificación defensiva. Recordemos las sesiones de ratificación en el Senado de Brett Kavanaugh, nominado por Trump para ocupar una vacante como juez del Tribunal Supremo de Estados Unidos. Aunque terminó siendo confirmado para el cargo, en la parte final del procedimiento esa ratificación estuvo en el aire a raíz de que una mujer lo acusara en público de haberla agredido sexualmente en una fiesta cuando eran estudiantes de secundaria.

Cuando los senadores lo interrogaron sobre aquella presunta agresión sexual bajo los efectos del alcohol, Kavanaugh no solo negó la acusación, sino que alegó una extraña e incongruente defensa meritocrática, explicando lo mucho que se había esforzado durante los años de la enseñanza secundaria y cómo había conseguido que lo admitieran en Yale y, posteriormente, como estudiante de posgrado en la facultad de derecho de esa misma universidad.

Al ser interrogado sobre lo que parecían ser alusiones en el anuario de su instituto a ciertas «gestas» alcohólicas y sexuales suyas, respondió: «Estaba entre los primeros de mi promoción en el plano académico, me partí el alma en el instituto. Fui capitán del equipo de baloncesto. Entré en Yale. Después de graduarme en Yale, entré en la escuela de posgrado de derecho de Yale [...]. Se trata de la primera facultad de derecho del país. Y lo hice sin tener contactos allí. Entré porque también me reventé a trabajar durante mis estudios de grado».[10]

Nadie había cuestionado las credenciales meritocráticas de Kavanaugh. Cuesta entender qué relevancia podían tener para la cuestión de si, cuando tenía dieciocho años, se había emborrachado y había agredido sexualmente a una joven en una fiesta. Pero a esas alturas de la historia, en pleno año 2018, el credencialismo se había convertido en un fundamento de valoración tan generalizado que se usaba ya como una especie de polivalente retórica de la credibilidad a la que se recurría en el terreno de combate moral y político, mucho más allá de los límites de los campus universitarios.

La utilización de las credenciales académicas como arma muestra hasta qué punto el mérito puede convertirse en una especie de tiranía. Merece la pena reconstruir el proceso por el que ha llegado a serlo. La era de la globalización acarreó enormes desigualdades y un estancamiento salarial para la clase trabajadora. En Estados Unidos, el 10 por ciento más rico del país acaparó la mayor parte de las ganancias, mientras que la mitad más pobre apenas vio mejoras en su situación. Los partidos liberales de centroizquierda y progresistas de las décadas de 1990 y 2000 no afrontaron esa desigualdad de forma directa, es decir, propugnando una reforma estructural de la economía, sino que aceptaron la globalización impulsada por el mercado y abordaron la cuestión de los desiguales beneficios de esta apostando por una mayor igualdad de oportunidades.

Ese era el sentido de la retórica del ascenso social. Si las barreras al éxito se pudieran desmantelar, entonces todo el mundo tendría las mismas oportunidades de triunfar, se decía; independientemente de su raza, su clase o su género, las personas podrían escalar hasta donde su talento y esfuerzo las llevaran. Y si las oportunidades fueran verdaderamente iguales para todos, entonces bien podría decirse de quienes ascendieran más alto que se merecían su éxito y las recompensas que este les reportara. En eso consistía la promesa meritocrática. No prometía una mayor igualdad, sino una movilidad social mayor y más justa. Se aceptaba, en definitiva, que los peldaños de la escalera de la renta se estuvieran distanciando más entre sí y, a cambio, se ofrecía simplemente ayuda a las personas para que pudieran competir de forma más equitativa para alcanzar los escalones más altos.

Es fácil entender por qué a algunas personas este proyecto político les puede resultar muy poco alentador, en particular viniendo de partidos políticos entregados antaño a unos ideales de justicia y del bien común más exigentes. Pero aparquemos, de momento, la cuestión de si el ideal meritocrático es la base adecuada para una sociedad justa y reflexionemos sobre las actitudes que promueve con respecto al éxito y el fracaso.

LA EDUCACIÓN COMO RESPUESTA A LA DESIGUALDAD

Quienes propugnaban el proyecto meritocrático sabían que la verdadera igualdad de oportunidades requería algo más que la erradicación de la discriminación; exigía una nivelación del terreno de juego social consistente en que las personas de todos los orígenes sociales y económicos pudieran prepararse para competir de un modo eficaz en una economía globalizada y basada en el conocimiento. De ahí que los partidos tradicionales de las décadas de 1990 y 2000 convirtieran la educación en el eje central de su respuesta a la desigualdad, a los salarios estancados y a la pérdida de empleos en el sector industrial. «Imaginémonos todos los problemas, todos los retos a los que nos enfrentamos —pedía George H. W. Bush en 1991—. La solución a cualquiera de ellos empieza por la educación.» En Reino Unido, Tony Blair hizo especial hincapié en eso mismo en 1996, al exponer su programa de centro y orientación reformista para el Partido Laborista: «Pregúntenme por mis tres prioridades principales para el gobierno y les diré: educación, educación y educación».[11]

Bill Clinton manifestó la importancia de la educación y su vínculo con el empleo con un pareado: «What you can earn depends on what you can learn» («lo que puedas cobrar depende de lo que puedas aprender»). En la nueva era de la competencia global, sostenía, los trabajadores sin titulación universitaria tendrían problemas para encontrar buenos empleos dignamente pagados. «Pensamos que todo el mundo debería tener la posibilidad de ir a la universidad, porque sabemos que lo que se pueda cobrar depende de lo que se pueda aprender.» Clinton invocó esa máxima en discursos y comentarios más de treinta veces durante su presidencia. El mensaje era una muestra de lo que en su época se consideraba que era de sentido común y resultaba igualmente atractivo para los dos grandes partidos. El senador republicano John McCain lo usó a menudo durante su campaña para las presidenciales de 2008.[12]

También Barack Obama consideraba que la educación superior era la solución para las aflicciones económicas de los trabajadores estadounidenses. «En los viejos tiempos —declaró ante el público congregado en un centro universitario de formación tecnológica de Brooklyn—, si uno estaba dispuesto a trabajar duro, no era necesariamente imprescindible que tuviera un gran nivel de estudios.»[13]

Nada más salir del instituto, se podía conseguir un trabajo en una fábrica o unos grandes almacenes. O simplemente un empleo que le permitía a uno ganarse un salario y no perder comba con otras personas que sí habían tenido la oportunidad de ir a la universidad. Pero aquellos tiempos se acabaron y ya no van a volver.

Vivimos en una economía global del siglo XXI, y en una economía globalizada los empleos pueden irse a cualquier parte. Las empresas buscan a las personas mejor formadas, vivan donde vivan [...]. Ahora hay miles de millones de personas, desde Pekín hasta Bangalore pasando por Moscú, que compiten directamente con vosotros [...]. Si no tenéis un buen nivel educativo, os va a ser difícil encontrar un trabajo con un sueldo que alcance para vivir.[14]

Tras transmitir esta dura noticia sobre la competencia global, Obama tranquilizó a su público diciéndole que la solución era más educación, y concluyó con un optimista ejercicio de retórica del ascenso social: él seguiría luchando «por garantizar que, seas quien seas, vengas de donde vengas, tengas el aspecto que tengas, este país siempre sea un lugar donde puedas triunfar si pones empeño en ello».[15]

He aquí, pues, el argumento básico de la política liberal de centroizquierda y progresista en las décadas que culminaron con el Brexit, Trump y la revuelta populista: la economía global, como si de un hecho natural se tratara, se había instalado entre nosotros y ahí iba a quedarse ya. La cuestión política central no era cómo reconfigurarla, sino cómo adaptarse a ella, y cómo mitigar su devastador efecto sobre los salarios y las perspectivas laborales de los trabajadores situados fuera del afortunado círculo de las profesiones de la élite.

La respuesta: mejoremos las credenciales educativas de los trabajadores para que también ellos puedan «competir y ganar en la economía global». Si la igualdad de oportunidades era el proyecto moral y político primordial, ampliar el acceso a la educación superior tenía que ser el imperativo fundamental a la hora de diseñar y aplicar políticas.

Hacia el tramo final de la era Clinton-Obama, algunos analistas que, por lo general, simpatizaban con el Partido Demócrata comenzaron a cuestionar ese liberalismo meritocrático que tan definitorio había pasado a ser de la orientación política de dicha formación: la aceptación de la globalización, la puesta en valor de los títulos universitarios y la creencia en que las personas con talento y buenas credenciales merecían estar en la cima social. Christopher Hayes, ensayista y presentador de un programa de televisión en la MSNBC, señaló que en los últimos años la izquierda había realizado sus mayores avances en temas que implicaban «hacer más meritocrática la meritocracia», como la lucha contra la discriminación racial, la inclusión de las mujeres en la educación superior y la potenciación de los derechos de las personas homosexuales. Sin embargo, había fracasado en ámbitos «que quedan fuera del alcance de la meritocracia», como la «atenuación de la creciente desigualdad de renta».[16]

> En el marco de un sistema que aspira a la igualdad de oportunidades antes que al más mínimo atisbo de una igualdad de resultados, es inevitable que se pida al sistema educativo que lleve sobre sus espaldas la carga más pesada [...]. Y ahora que la desigualdad aumenta de forma constante, pedimos cada vez más del sistema educativo, esperando que sea él el que expíe los otros pecados de la sociedad.[17]

Thomas Frank, un ensayista con simpatías populistas, ha criticado en un libro el énfasis de los «liberales» en la educación como remedio para la desigualdad. «Para la clase liberal, todos los grandes problemas económicos se reducen a un problema educativo, la incapacidad de los perdedores para aprender las destrezas correctas y obtener las credenciales que todo el mundo sabe que se necesitarán en la sociedad del futuro.» A juicio de Frank, esta respuesta a la desigualdad es interesada y egoísta, además de poco convincente.

> No es una respuesta, en realidad; es un juicio moral emitido por los ganadores desde el ventajoso punto de vista de su éxito. La clase de los profesionales altamente cualificados se define precisamente por su elevado nivel educativo, y cada vez que le dicen al país que lo que necesita es más formación y más estudios, lo que le están diciendo en realidad es que la desigualdad no es un fallo del sistema, sino un fallo vuestro.[18]

Frank sostenía en su libro que tanto hablar de educación distrajo a los demócratas, que renunciaron así a hacer una reflexión clara sobre las políticas que de verdad habían conducido a la desigualdad. Tras señalar que la productividad creció durante los años ochenta y noventa, pero no así los salarios, Frank ponía en duda que la desigualdad se debiera principalmente a un fallo en la vertiente educativa. «El verdadero problema no estuvo en una inadecuación de la inteligencia de los trabajadores, sino en la inadecuación de su poder. Las personas que producían perdieron su capacidad para exigir su parte de los beneficios por lo que fabricaban, y las personas que tenían la propiedad se fueron quedando con una cuota cada vez mayor para sí.» No percatarse de esto llevó a los demócratas «a ignorar lo que estaba ocurriendo en la economía real —desde la acumulación de poder monopolístico hasta la financierización, pasando por el cambio de las relaciones entre la dirección de las empresas y los empleados— y a apostarlo todo a una fantasía moral que no les obligaba a enfrentarse a nadie».[19]

La alusión de Frank a un «juicio moral emitido por los ganadores» incidía en un tema importante. Animar a que más personas vayan a la universidad es bueno. Hacer que la universidad sea más accesible para estudiantes de familias modestas es mejor todavía. Pero, como solución a la desigualdad y a la difícil situación de los trabajadores que salieron perdiendo con las décadas de globalización, ese énfasis monotemático en la educación tuvo un perjudicial efecto secundario: la erosión de la estima social que hasta entonces habían merecido las personas que no habían estudiado en la universidad.

Esa erosión se produjo en dos sentidos, ambos relacionados con actitudes corrosivas para la dignidad del trabajo y de la clase trabajadora. En primer lugar, hay que tener en cuenta que la mayoría de los estadounidenses no tienen un título universitario. Tal vez esto sorprenda a quienes se mueven a diario en ambientes frecuentados por personas de la clase de los profesionales liberales, el personal académico y los cuadros directivos, pero es así. Aunque el índice de titulados sobre el total de la población ha ido creciendo en las últimas décadas, solo uno de cada tres estadounidenses adultos ha estudiado una carrera universitaria de al menos cuatro cursos académicos.[20] Cuando la élite meritocrática vincula de modo tan estrecho el éxito y el fracaso a la capacidad que una persona tenga o haya tenido de graduarse en la universidad, está culpando implícitamente a quienes no posean un título universitario de las duras condiciones con las que se están encontrando en la actual economía globalizada. Al mismo tiempo, se está exonerando a sí misma de toda responsabilidad por promover políticas económicas que no hacen más que incrementar la ventaja salarial que un título universitario otorga a quien lo tiene.

En segundo lugar, diciéndoles a los trabajadores que la culpa de sus problemas la tiene su inadecuada formación académica, los «meritócratas» moralizan el éxito y el fracaso y, sin darse cuenta, fomentan el credencialismo, un insidioso prejuicio contra quienes no han ido a la universidad.

El prejuicio credencialista es un síntoma de la soberbia meritocrática. A medida que los supuestos meritocráticos iban consolidando su influencia en décadas recientes, la élite iba dándose también al hábito de mirar por encima del hombro a quienes no ascendían socialmente. Ese llamamiento constante a la población trabajadora a que mejore su situación estudiando una carrera universitaria, por bienintencionado que sea, termina valorizando el credencialismo y socava el reconocimiento y la estima sociales de los que habían sido objeto quienes hoy carecen de las credenciales premiadas por el sistema.

Los mejores y los más brillantes

Obama fue un ejemplo emblemático de ese modo meritocrático de pensar que, ya en los primeros años del siglo XXI, se había convertido en el «sentido común» de la clase de los profesionales altamente formados. Según Jonathan Alter, «en cierto modo Obama se creyó a pies juntillas la idea de que los profesionales de alto nivel habían pasado por un proceso de selección imparcial para llegar allí, el mismo proceso que había impulsado a personas como él y como Michelle a universidades de la Ivy League y que, por consiguiente, se merecían en cierto sentido el elevado estatus del que gozaban».[21]

En un libro que escribió a modo de crónica del primer año de la presidencia de Obama, Alter señaló que una cuarta parte de sus nombramientos recayeron en personas que tenían algún vínculo (ya fuera en calidad de exalumnos o como personal docente) con Harvard, y más del 90 por ciento de sus primeros nombramientos correspondieron a personas con titulación universitaria de posgrado. «Obama le tenía fe a la idea de que la flor y nata terminaba por ascender hasta la cima. Como él mismo era un producto de la gran meritocracia estadounidense de posguerra, nunca logró evitar del todo percibir el mundo desde la escala de estatus por la que había ascendido.»[22]

Ese afecto de Obama por la gente con elevadas credenciales pervivió durante toda su presidencia. Mediado su segundo mandato, dos tercios de las personas que había nombrado para su gabinete de la Casa Blanca habían estudiado en una universidad de la Ivy League, y trece de las veintiuna habían ido a Harvard o a Yale. Y todas salvo tres tenían algún título de posgrado.[23]

Que un gobierno o una administración esté dirigido por personas con un alto nivel educativo es algo por lo general deseable, siempre y cuando actúen guiadas por un criterio sensato y sepan empatizar con las condiciones de vida de las personas trabajadoras (es decir, siempre y cuando se caractericen por aquello que Aristóteles llamó la sabiduría práctica y la virtud cívica). Aun así, la historia atestigua un nexo bastante endeble entre la posesión de prestigiosas credenciales académicas, por un lado, y la sabiduría práctica o el instinto para apreciar el bien común aquí y ahora, por el otro. Uno de los ejemplos más ruinosos de credencialismo que se torció lo describió David Halberstam en su libro clásico *The Best and the Brightest*. En él, mostró cómo John F. Kennedy reunió a un equipo de personas con credenciales del mayor relumbrón que, pese a su teórica destreza en el plano tecnocrático, condujeron a Estados Unidos de cabeza hacia el sinsentido de la guerra de Vietnam.[24]

Alter apreciaba similitudes entre el equipo de Kennedy y el de Obama, pues ambos «compartían el pedigrí de la Ivy League, así como cierta arrogancia y cierto alejamiento de la vida cotidiana de la mayoría de los estadounidenses».[25] Al final, también los asesores económicos de Obama contribuyeron a sostener una locura propia, menos letal que Vietnam, pero con consecuencias también trascendentales para el estado posterior de la política estadounidense. Empeñados en dar una respuesta a la crisis financiera que fuera benévola con Wall Street, rescataron a los bancos sin pedirles que rindieran cuentas, desacreditaron al Partido Demócrata a ojos de gran parte de la población trabajadora y ayudaron a allanarle el camino a Trump.

Este error de juicio político no dejaba de guardar relación con la soberbia meritocrática. Frank se refirió en concreto al «punto de vista, muy común entre los demócratas, de que Wall Street es un entorno de enorme prestigio meritocrático, a un nivel equivalente al de programas universitarios de posgrado de la máxima categoría».[26]

> Obama hizo múltiples concesiones a Wall Street porque la banca de inversiones simboliza el estatus profesional como casi ningún otro sector imaginable. Para personas tan conscientes de los logros académicos y profesionales como las que ocupaban los altos cargos de su Administración, los banqueros de inversiones eran más que amigos; eran casi colegas de profesión, personas dotadas de una mente sutil, una jerga sofisticada y una inventiva extraordinaria.[27]

Frank argumentaba en su libro que esta especie de respeto reflejo por los banqueros de inversiones «impedía que los demócratas viesen los problemas de los megabancos, la necesidad de un cambio estructural y la epidemia de fraude que recorría el sector de un extremo a otro». Citaba a Neil Barofsky, un antiguo fiscal federal que ejerció como supervisor gubernamental del rescate bancario y que escribió luego un cáustico libro sobre lo que vio. El título y el subtítulo de la obra ya dan a entender la conclusión del autor: *Bailout. An Inside Account of How Washington Abandoned Main Street while Rescuing Wall Street* («Rescate: Una crónica desde dentro de cómo Washington abandonó al americano medio mientras rescataba a Wall Street»).[28]

Aunque es cierto que los ejecutivos de Wall Street habían hecho donaciones generosas a la campaña de Obama, el sedoso trato dispensado por su Administración al sector financiero fue algo más que el pago de una deuda política. Barofsky sugería una explicación adicional, meritocrática: la creencia entre los decisores políticos de que los sofisticados banqueros de inversiones, con sus distinguidas credenciales, merecían las colosales sumas que percibían como retribución.

> La ficción alimentada por Wall Street de que ciertos ejecutivos financieros eran superhombres con dotes sobrenaturales que se merecían hasta el último centavo de sus mareantes salarios y primas estaba grabada a fuego en la psique del Tesoro. Dio igual que la crisis financiera hubiera demostrado hasta qué punto la labor de aquellos directivos había sido de lo más anodina; aquel sistema de creencias pervivió en el Tesoro a lo largo de sucesivas administraciones. Si una firma de Wall Street contrataba a uno de esos ejecutivos y le pagaba por anticipado una prima de «retención» de 6,4 millones de dólares, se daba por supuesto que era porque los valía.[29]

Sin embargo, más allá de la influencia que tuviera en las políticas públicas, el credencialismo fue impregnando el modo de expresarse de los demócratas durante las décadas de 1990 y 2000, y terminó remodelando sutilmente los términos del discurso público. En todas las épocas, políticos y creadores de opinión, publicistas y anunciantes, recurren a un lenguaje valorativo que esperan que les ayude a persuadir a sus públicos. Esa retórica suele basarse en contrastes evaluativos: «justo» frente a «injusto», «libre» frente a «no libre», «progresista» frente a «reaccionario», «fuerte» frente a «débil», «abierto» frente a «cerrado». En las últimas décadas, a medida que los modos de pensar meritocráticos han ganado ascendiente, el contraste evaluativo dominante ha sido el de «inteligente» frente a «estúpido».

Hasta no hace tanto, el adjetivo «inteligente» hacía principalmente referencia a las personas. En el inglés americano, para alabar la inteligencia de alguien se dice de él o de ella que es *smart* (en inglés británico, es más habitual el adjetivo *clever* con ese mismo uso). Con el advenimiento de la era digital, *smart* pasó a calificar también objetos, dispositivos y máquinas de alta tecnología como los «coches inteligentes», los «teléfonos inteligentes», las «bombas inteligentes», los «termostatos inteligentes», las «tostadoras inteligentes», etcétera. Pero esta era digital llegó formando un tándem con la de la meritocracia;

no debe extrañarnos, pues, que *smart* («inteligente») pasara a calificar también ciertas formas de gobernar.

LA FORMA INTELIGENTE DE ACTUAR

Antes de la década de los ochenta, los presidentes apenas usaban la palabra *smart*, y cuando lo hacían solía ser en su acepción tradicional. («El pueblo estadounidense es inteligente».) George H. W. Bush comenzó a utilizar el término en su nuevo sentido, el característico de la era digital; habló de «coches inteligentes», «autopistas inteligentes», «armas inteligentes», «escuelas inteligentes». Pero el uso del adjetivo *smart* en la retórica presidencial se disparó con Bill Clinton y George W. Bush, cada uno de los cuales lo empleó en más de 450 ocasiones durante sus respectivas presidencias. Obama, por su parte, lo usó más de novecientas veces.[30]

Idéntica tendencia puede apreciarse en el habla general. En libros, el uso de la palabra *smart* experimentó un crecimiento constante de 1975 a 2008, hasta casi triplicarse durante ese tiempo; también se duplicó el uso de la palabra «estúpido». En *The New York Times*, la aparición de *smart* se multiplicó por cuatro entre 1980 y 2000, y desde 2000 hasta 2018 casi se duplicó de nuevo.[31]

Como indicador de la influencia de la meritocracia en la mentalidad pública, la frecuencia en aumento del adjetivo «inteligente» no es tan reveladora como su cambio de significado. No solo ha pasado a referirse a sistemas y dispositivos digitales, sino que se ha convertido cada vez más en una fórmula general de elogio y una manera de defender una actuación política frente a otra. Como contraste evaluativo, «inteligente frente a estúpido» comenzó a desplazar a otras contraposiciones éticas o ideológicas, como «justo frente a injusto» o «correcto frente a incorrecto». Tanto Clinton como Obama se justificaron a menudo diciendo que la política que ellos apoyaban era «no solo la forma correcta de actuar, sino también la forma inteligente de hacerlo». Ese tic retórico daba a entender que, en una era meritocrática, lo inteligente tenía más peso persuasivo que lo éticamente correcto.

«Combatir el sida en todo el mundo no solo es el modo correcto de actuar; también es la forma inteligente de hacerlo —aseguró Clinton al pueblo estadounidense—. En un mundo tan estrechamente interconectado como el nuestro, una enfermedad infecciosa en cualquier lugar es una amenaza para la salud pública en todos los demás.» Incluir un medicamento que solo se puede adquirir con receta entre las prestaciones cubiertas por el programa Medicare era «no solo lo correcto sino, desde el punto de vista médico, también lo inteligente». Aumentar el salario mínimo significaba «no solo hacer lo correcto para las familias trabajadoras, sino también actuar de manera inteligente para nuestra economía».[32]

Haciendo uso de ese mismo lenguaje, Obama afirmó que «empoderar a las mujeres no solo es actuar del modo correcto, sino también de forma inteligente. Cuando las mujeres progresan, las naciones están más protegidas, más seguras y son más prósperas». Ante la Asamblea General de la ONU, dijo eso mismo en referencia a la ayuda al desarrollo. «No solo es la manera correcta de actuar, sino también la forma inteligente de hacerlo.» Obama invocó esa apelación dual a la ética y a la inteligencia a propósito de temas que iban desde la reforma inmigratoria hasta la ampliación de la prestación por desempleo.[33]

La «forma inteligente de actuar» siempre apuntaba a un motivo de prudencia o interés propio que no dependía de consideraciones morales. Desde luego, Clinton y Obama no fueron los primeros líderes políticos en reforzar sus argumentos morales con otros de índole prudencial; lo sorprendente era que, ahora, las consideraciones prudenciales se basaban en lo «inteligentes» que eran las medidas en cuestión.

Existe una analogía bastante palmaria entre defender las políticas propias por ser inteligentes en vez de estúpidas y hablar de las personas en términos credencialistas. Esa es una conexión que hizo explícita, por ejemplo, Hillary Clinton cuando, recién nombrada secretaria de Estado, anunció quiénes serían varios de sus adjuntos en el departamento. «En mi comparecencia ante la Comisión de Relaciones Exteriores del Senado, hablé del uso del poder inteligente. En el corazón mismo del poder inteligente hay personas inteligentes, y estos profesionales de gran talento están entre los más inteligentes que conozco.»[34]

En un momento de intenso partidismo como el actual, las alusiones lingüísticas a lo inteligente y lo estúpido tienen un comprensible atractivo; parecen ofrecer un refugio frente al combate ideológico, una forma de debate político que se aparta de la controversia moral para buscar consenso en torno a aquello que se considera inteligente, sensato, prudente. Obama sentía una especial atracción por ese modo meritocrático de pensar y hablar, de apariencia no partidista. Formulaba argumentos morales muy elocuentes y enfáticos sobre temas relacionados con la igualdad racial, étnica y de género. Sin embargo, en lo tocante a los asuntos exteriores o la política económica, echaba instintivamente mano del lenguaje no ideológico de la inteligencia frente a la estupidez.

El discurso más importante de los inicios de su carrera política lo pronunció en 2002, cuando, siendo senador estatal en Illinois, manifestó su oposición a la guerra de Irak. Esa sería la postura que, seis años más tarde, lo distinguiría de Hillary Clinton y lo ayudaría a impulsar su nominación como candidato de su partido a presidente del país. Pues bien, antes incluso de ascender a la escena política nacional, Obama ya interpretaba las opciones políticas en función de su inteligencia o estupidez. «Yo no me opongo a todas las guerras —declaró aquel joven senador estatal en el transcurso de una manifestación antibélica en Chicago—. A lo que me opongo es a esta guerra estúpida.»[35]

Cuando, durante su segundo mandato presidencial, alguien le pidió que explicara su doctrina en materia de política exterior, Obama la resumió con una única y contundente frase: «No joderla con estupideces».[36]

En una disputa que mantuvo con los republicanos en 2013 a propósito de cómo reducir el déficit presupuestario federal sin necesidad de practicar recortes automáticos y generalizados, volvió a recurrir al lenguaje de lo inteligente en contraposición a lo estúpido. «Hay un modo sensato de hacer las cosas y hay un modo idiota de hacerlas», afirmó en unos astilleros de Virginia. Unos días después, en una rueda de prensa declaró: «No deberíamos efectuar toda una serie de recortes estúpidos y arbitrarios». Él abogaba, más bien, por practicar «recortes del gasto inteligentes» y llevar a cabo una «reforma inteligente de las prestaciones».[37]

Obama defendía que los recortes del gasto inteligentes y las también inteligentes medidas de incremento de los ingresos de los que él era partidario eran actuaciones sensatas, no partidistas, que deberían estar exentas de toda discusión ideológica. «No creo que esto sea partidista. Es la clase de enfoque que llevo dos años propugnando. Es el programa con el que me presenté a las elecciones el año pasado.»[38] Lo que no explicó es cómo una política que, según su propio testimonio, él mismo incluyó en su programa de campaña podía no ser considerada partidista.

LA ÉLITE MIRA POR ENCIMA DEL HOMBRO

La élite no parecía darse cuenta ni del carácter partidista de sus políticas «inteligentes» ni de las actitudes arrogantes y soberbias que sus persistentes alusiones a la «inteligencia» y la «estupidez» denotaban. En 2016, era ya mucha la población trabajadora en la que provocaba especial irritación el hecho de que la élite de los profesionales «con estudios» la mirase condescendientemente por encima del hombro. No se puede decir que esta queja, que terminó por estallar en forma de reacción populista contra las élites, estuviera injustificada. Los estudios con encuestas corroboran eso que muchos votantes de clase trabajadora sentían: en una época en que el racismo y el sexismo están mal vistos (en el sentido de que son actitudes desacreditadas, que no erradicadas), el credencialismo destaca como el último de los prejuicios aceptables. En Estados Unidos y en Europa, el desprecio hacia las personas con pocos estudios es más pronunciado —o, cuando menos, más fácil de reconocer— que el prejuicio contra otros grupos desfavorecidos.

En una serie de encuestas llevadas a cabo en Estados Unidos, Reino Unido, Países Bajos y Bélgica, un equipo de psicólogos sociales descubrió que las personas encuestadas que tenían estudios universitarios mostraban un mayor sesgo de aversión hacia las personas con un menor nivel de estudios que hacia otros colectivos desfavorecidos. Los investigadores sondearon las actitudes de los europeos de nivel educativo alto ante una serie de grupos de personas que suelen ser víctima de la discriminación: musulmanes, personas de origen turco residentes en Europa occidental, personas pobres, personas obesas, personas ciegas y personas que tienen un nivel de estudios más bajo. Averiguaron que las que mayor desagrado les producían eran estas últimas.[39]

Los autores de una investigación similar realizada en Estados Unidos ofrecieron a los encuestados una lista revisada de colectivos desfavorecidos con grupos como las personas afroamericanas, las de clase obrera, las personas pobres, las obesas o las de bajo nivel educativo. Los encuestados estadounidenses también situaron a las personas con menos estudios en el último lugar.[40]

Además de mostrar las opiniones menospreciativas que la élite con estudios universitarios tiene de las personas con menor nivel educativo, los investigadores aportan varias conclusiones interesantes. En primer lugar, ponen en cuestión la conocida idea de que las élites cultas son más ilustradas en el plano moral que las personas con menor formación y, por consiguiente, más tolerantes. Los autores concluyen que la élite con buena formación universitaria no es menos prejuiciosa que la población con menos estudios: «Sucede, simplemente, que las dianas de sus prejuicios son diferentes». Además, la élite no se avergüenza de ese prejuicio suyo. Puede que denuncie el racismo y el sexismo, pero no siente culpa alguna por sus actitudes negativas ante la gente que tiene un nivel educativo menor que el suyo.[41]

En segundo lugar, la razón de esta ausencia de vergüenza guarda relación con el énfasis meritocrático en la responsabilidad individual. Las élites sienten mayor desagrado por las personas con menos estudios que por las pobres o las de clase obrera porque consideran que la pobreza y el estatus de clase se deben (en parte al menos) a factores ajenos al control del propio individuo. Sin embargo, entienden que el bajo rendimiento de una persona en los estudios representa una falta de esfuerzo por su parte y, por consiguiente, la culpan de no haber ido a la universidad. «En comparación con las personas de clase trabajadora, a las que tienen pocos estudios se las percibe como más responsables y culpables de su situación, inspiran más indignación y caen peor.»[42]

En tercer lugar, esta valoración adversa de las personas con menos estudios no es exclusiva de la élite; también la comparten los propios encuestados y encuestadas con menor nivel educativo. Esto pone de manifiesto lo hondo que ha llegado a penetrar en la vida social la percepción meritocrática del éxito y lo desmoralizadora que puede ser para quienes no han estudiado una carrera. «Nada lleva a pensar que las personas con menor nivel educativo resisten indemnes las atribuciones negativas de que son objeto.» Si acaso, ocurre lo contrario, pues «parecen incluso interiorizar» esos juicios adversos. A las «personas con menos estudios las consideran responsables y culpables de su situación incluso ellas mismas, las propias personas con menor nivel educativo».[43]

En último lugar, los autores sugieren que el incesante énfasis —en una sociedad meritocrática— en la importancia de ir a la universidad refuerza el estigma social con el que se marca a quienes no tienen un título universitario. «La idea de que la educación es un solucionador universal de los problemas sociales puede incrementar el riesgo de que se evalúe de forma especialmente negativa a los grupos con niveles bajos de estatus socioeconómico, al tiempo que se fortalece la ideología de la meritocracia.» Esto hace que la gente esté más dispuesta a aceptar la desigualdad y se sienta más proclive a creer que el éxito es un reflejo del mérito. «Si la educación es considerada una responsabilidad propia del individuo, entonces es probable que las personas sean menos críticas con la desigualdad social que nace de las diferencias de nivel educativo [...]. Si la percepción dominante es que los resultados que las personas obtienen en el sistema educativo son básicamente merecidos, entonces también se considerarán merecidas las consecuencias de esos resultados.»[44]

GOBIERNO GRADUADO

A comienzos del nuevo milenio, a los ciudadanos y ciudadanas sin carrera universitaria no solo se los miraba por encima del hombro; en Estados Unidos y en Europa occidental estaban prácticamente ausentes de los cargos elegidos por votación popular. En el Congreso estadounidense, un 95 por ciento de los miembros de la Cámara de Representantes y el ciento por ciento de los senadores eran graduados universitarios. Eso quiere decir que unos pocos (los dotados de credenciales educativas) gobiernan a unos muchos (los que carecen de ellas). Así, aunque son en torno a dos tercios del total los adultos estadounidenses que no han estudiado una carrera universitaria, solo un contadísimo puñado de ellos son hoy congresistas federales.

No siempre ha sido así. Aunque las personas con mayor nivel educativo siempre han estado representadas de forma desproporcionada en el Congreso, no hace mucho (a comienzos de la década de 1960, por ejemplo) aproximadamente una cuarta parte de los senadores y de los representantes de la Cámara habían sido elegidos por el electorado pese a no tener una carrera universitaria. Sin embargo, en el último lustro el Congreso ha ganado diversidad racial, étnica y de género, pero la ha perdido en lo relativo a las credenciales educativas y la clase social.[45]

Una consecuencia de esa brecha de los diplomas es que hoy son muy pocos los miembros de la clase obrera que logran acceder a un cargo electivo democrático. En Estados Unidos, alrededor de la mitad de la población ocupada trabaja en empleos de clase trabajadora (trabajadores manuales, del sector servicios y administrativos), pero menos del 2 por ciento de los congresistas actuales (senadores y miembros de la Cámara de Representantes) trabajaban en esa clase de puestos antes de su elección. En las cámaras legislativas de los estados, solo un 3 por ciento de los parlamentarios proceden de entornos de clase trabajadora.[46]

El credencialismo también está cambiando el rostro del gobierno representativo en Reino Unido y en la Europa continental. En Gran Bretaña —como en Estados Unidos—, las personas con carrera gobiernan a las que no tienen. En el conjunto de Reino Unido, un 70 por ciento de la población adulta carece de título universitario; en el Parlamento, solo un 12 por ciento de los diputados no poseen alguno. Casi nueve de cada diez parlamentarios británicos tienen carrera, y la cuarta parte de ellos fueron a Oxford o a Cambridge.[47]

Durante las cuatro últimas décadas, el Partido Laborista británico ha experimentado un cambio especialmente llamativo en cuanto a los antecedentes de clase y formativos de sus parlamentarios. En 1979, el 41 por ciento de los diputados laboristas fueron elegidos sin haberse sacado un título universitario; en 2017, solo el 16 por ciento pudieron conseguirlo.

La creciente oleada de credencialismo vino acompañada de un acusado descenso del número de parlamentarios de clase trabajadora, que representan ahora solo un 4 por ciento de los diputados de la Cámara de los Comunes. La composición por clases del grupo laborista, tradicional representante de la clase obrera, fue la que registró la transformación más espectacular. En 1979, el 37 por ciento de los parlamentarios laboristas procedían de un entorno de trabajadores manuales; en 2015, ya solo el 7 por ciento tenían esas raíces. Según señaló al respecto Oliver Heath, un politólogo británico, «esos cambios en el origen laboral de los diputados han hecho que el Parlamento sea mucho menos representativo del conjunto de la población británica y que el Partido Laborista también lo sea con respecto a la clase obrera cuyos intereses se supone que representaba tradicionalmente».[48]

Los miembros con menor nivel educativo en la sociedad también están desapareciendo de otros parlamentos del resto de Europa occidental, donde el patrón evolutivo ha sido muy similar al observado en las experiencias norteamericana y británica. En Alemania, Francia, Países Bajos y Bélgica, el gobierno representativo se ha convertido casi exclusivamente en un coto reservado a personas con elevadas credenciales educativas. Incluso en países tan ricos, alrededor del 70 por ciento de la población adulta carece de un título universitario, pero muy pocos de esos ciudadanos y ciudadanas logran acceder nunca a un escaño parlamentario.[49]

En el Bundestag alemán, el 83 por ciento de los diputados y diputadas son graduados universitarios; menos del 2 por ciento no han pasado del diploma concedido por la enseñanza secundaria obligatoria (*Hauptschule*) como nivel máximo de estudios. En Francia, Países Bajos y Bélgica, entre el 82 y el 94 por ciento de los representantes parlamentarios han acabado carreras universitarias, y las credenciales educativas de los ministros de los gobiernos de esos países son aún superiores. En el gabinete que Angela Merkel formó en 2013, por ejemplo, nueve de los quince ministros tenían doctorados y el resto (menos uno), títulos de máster. En la política alemana se cotiza tanto estar en posesión de un doctorado que es fácil que estalle un escándalo cuando se descubre que algún político cometió plagio en su tesis doctoral, y hasta se han producido dimisiones de ministros por ello.[50]

La práctica ausencia de personas sin titulación universitaria en los consejos de ministros es ciertamente característica de esta era meritocrática, pero no es un fenómeno sin precedentes. De hecho, causa algo más que ligera inquietud comprobar que se trata de una vuelta a la situación imperante antes de que comenzara a extenderse el derecho al voto a una mayoría de la población trabajadora. El perfil de altas credenciales educativas de los parlamentos de la Europa actual se asemeja al prevalente a finales del siglo XIX, cuando los niveles mínimos de patrimonio exigidos para acceder al voto censitario de aquel entonces limitaban el derecho de sufragio. En Alemania, Francia, Países Bajos y Bélgica, la mayoría de los escaños de los parlamentos elegidos entre mediados y finales del siglo XIX estaban ocupados por titulados universitarios.[51]

Esto cambió en el siglo XX, cuando el sufragio universal y la ascensión de los partidos socialistas y socialdemócratas democratizó la composición de las cámaras legislativas. Entre las décadas de 1920 y 1950 fueron numerosos los diputados sin carrera, que llegaron a representar entre un tercio y la mitad de los escaños. A partir de los años sesenta, sin embargo, comenzó a crecer la proporción de graduados universitarios, y en la primera década del siglo XXI las personas sin estudios universitarios tenían ya una presencia tan testimonial en los órganos legislativos nacionales como en los tiempos en que estos estaban prácticamente reservados a miembros de la aristocracia y la clase de los terratenientes.[52]

Habrá quien defienda que el hecho de que quienes nos gobiernen sean graduados universitarios con un buen nivel educativo es algo que es muy de agradecer. No cabe duda de que queremos que sean ingenieros cualificados quienes diseñen nuestros puentes, o que sean médicos con una buena formación quienes nos operen de una apendicitis. Entonces ¿por qué no nos iba a interesar que nuestros representantes democráticos hayan ido a las mejores universidades? ¿No es más probable que los dirigentes con un alto nivel educativo decidan y elaboren mejores políticas públicas y articulen un discurso político mejor razonado que otros sin tan distinguidas credenciales?

Pues no, no necesariamente. Un vistazo rápido al lamentable estado del discurso político en el Congreso estadounidense y en los parlamentos europeos da mucho que pensar en ese sentido. Gobernar bien requiere de sabiduría práctica y virtud cívica, es decir, de las aptitudes necesarias para deliberar sobre el bien común y tratar de hacerlo realidad. No obstante, ninguna de esas capacidades es fomentada particularmente bien en la mayoría de las universidades actuales, ni siquiera en las que gozan de la máxima reputación. Y la experiencia histórica reciente nos induce a creer que es escasa la correlación entre la capacidad para el buen juicio político —que implica la posesión de carácter moral, además de conocimiento y perspicacia— y la capacidad para obtener buenas puntuaciones en los test estandarizados y ser admitido en una universidad de élite. La idea de que «los mejores y los más brillantes» son preferibles como gobernantes a sus conciudadanos con menores credenciales educativas es un mito nacido de la soberbia meritocrática.

Dos de los cuatro presidentes emblemáticos cuyos rostros figuran esculpidos en el monte Rushmore (George Washington y Abraham Lincoln) no tenían ninguna carrera universitaria. El último presidente estadounidense sin titulación superior, Harry S. Truman, también suele ser incluido entre los mejores presidentes que el país ha tenido.[53]

Franklin D. Roosevelt, un graduado de Harvard, concibió y puso en práctica el New Deal en colaboración con un ecléctico equipo de asesores más capacitados —aunque mucho menos «acreditados» desde el punto de vista académico— que los que han ejercido sus funciones en los gabinetes de los presidentes demócratas recientes. Esto se debió en parte a que, en los años treinta del siglo xx, la profesión económica no ejercía el dominio sobre las decisiones políticas adoptadas en Washington que ha adquirido en las últimas décadas.[54] Thomas Frank describía así los variados orígenes de quienes impulsaron el New Deal:

Harry Hopkins, el más estrecho confidente de Roosevelt, era un trabajador social de Iowa. Robert Jackson, el fiscal general de Estados Unidos al que Roosevelt nominó luego para el Tribunal Supremo, era un abogado que no se había graduado en derecho. Jesse Jones, que dirigió el programa de rescate de Roosevelt, era un hombre de negocios de Texas a quien no le tembló el pulso a la hora de poner a las más destacadas instituciones financieras del país en liquidación por bancarrota. Marriner Eccles, un visionario a quien Roosevelt escogió para que se encargara de la Reserva Federal, dirigía un pequeño banco de una pequeña localidad de Utah y no poseía ninguna titulación de posgrado. Henry Wallace, que probablemente haya sido el mejor secretario de Agricultura de la historia de este país, estudió en la modesta Universidad Estatal de Iowa.[55]

El credencialismo creciente de estas últimas décadas tampoco ha mejorado la acción de gobierno en Reino Unido. En la actualidad, solo un 7 por ciento de la población británica estudia o ha estudiado en institutos de secundaria privados (*private schools*) y menos del 1 por ciento estudia o ha estudiado en las universidades de Oxford o Cambridge («Oxbridge»). Pese a ello, una parte desproporcionada de la élite que gobierna la integran personas que sí han estudiado en esas instituciones. Cerca de dos tercios de los ministros del gabinete de Boris Johnson de 2019 habían estudiado en institutos privados, y casi la mitad eran graduados de Oxbridge. Desde la Segunda Guerra Mundial, la mayoría de los ministros de gobiernos conservadores británicos, y en torno a un tercio de los de gabinetes laboristas, se han educado en institutos privados.[56] Aun así, uno de los gobiernos británicos más exitosos tras la guerra fue el que tenía un menor nivel de credenciales educativas entre sus miembros y una mayor representatividad en términos de su composición por clases sociales.

En 1945, el Partido Laborista encabezado por Clement Attlee derrotó a los conservadores de Winston Churchill. Attlee era un graduado de Oxford, pero solo uno de cada cuatro de sus ministros se había educado en institutos privados, la proporción más baja registrada en un Gobierno británico desde entonces. Siete de sus ministros incluso habían trabajado como mineros del carbón.[57]

El ministro de Exteriores de Attlee, el muy reconocido Ernest

Bevin, que fue uno de los arquitectos del mundo de la posguerra, dejó los estudios a los once años de edad y ascendió los peldaños de la política desde su condición de dirigente sindical. Herbert Morrison, viceprimer ministro y ministro para la Cámara de los Comunes, también había abandonado los estudios a los catorce años y había progresado políticamente en el gobierno municipal, donde contribuyó a crear el sistema de transporte público de Londres. El ministro de Sanidad, Aneurin Bevan, que dejó el colegio a los trece años y trabajó de minero en Gales, dirigió la creación del Servicio Nacional de Salud británico. El Gobierno de Attlee, considerado en nuestros días como «la administración reformista más significativa de la Gran Bretaña del siglo xx», empoderó a las clases trabajadoras y, según el biógrafo del primer ministro, «fijó los términos éticos en los que se fundó el nuevo contrato social británico».[58]

Convertir el Congreso y los parlamentos en un ámbito casi exclusivo de las clases «acreditadas» no ha servido para que el gobierno de los países sea más eficaz; solo lo ha vuelto menos representativo. También ha alejado a la población trabajadora de los partidos tradicionales, sobre todo de los de centroizquierda, y ha traído consigo una polarización de la política por niveles educativos. De hecho, una de las más hondas divisiones en la política actual es aquella que separa a quienes poseen un título universitario de quienes no lo tienen.

LA BRECHA DE LOS DIPLOMAS

En 2016, dos terceras partes de los votantes blancos sin carrera universitaria votaron por Donald Trump. Hillary Clinton recibió el apoyo de más del 70 por ciento de los votantes con al menos un título universitario de posgrado. En varios análisis electorales se descubrió que el nivel educativo, más que el de renta, era el mejor predictor estadístico del apoyo a Trump. Entre votantes de renta similar, los de mayor nivel educativo tendieron a votar a Hillary Clinton, mientras que aquellos con menos estudios tendieron a optar por Trump.[59]

Esta brecha de los diplomas sirve también para explicar los cambios más significativos del partido ganador con respecto a las elecciones presidenciales previas. Así, en cuarenta y ocho de los cincuenta condados del país con la mayor proporción de graduados universitarios, Hillary Clinton obtuvo de hecho resultados incluso mejores que Barack Obama cuatro años antes. Por su parte, en cuarenta y siete de los cincuenta condados con menor proporción de graduados universitarios del país, los resultados que cosechó fueron notablemente peores. No es de extrañar, pues, que Trump exclamase en una ocasión, a modo de celebración por una de sus primeras victorias en las primarias: «¡Adoro a la gente sin estudios!».[60]

Durante buena parte del siglo XX, los partidos de la izquierda atrajeron a los electores con menor nivel educativo, mientras que los de la derecha hicieron lo propio con aquellos que tenían mayor formación. En la era de la meritocracia, ese patrón se ha invertido. Hoy en día las personas con más estudios votan a partidos de centroizquierda y aquellas otras con menor nivel educativo apoyan a los de derecha. El economista francés Thomas Piketty ha mostrado que dicha inversión de la tendencia anterior se ha producido también, y de forma sorprendentemente paralela, en Estados Unidos, Reino Unido y Francia.[61]

Desde la década de 1940 hasta la de 1970, el electorado sin carrera universitaria votó de forma mayoritaria y consistente al Partido Demócrata en Estados Unidos, al Partido Laborista en Gran Bretaña y a los diversos partidos de izquierda y centroizquierda en Francia. Durante los años ochenta y noventa la brecha de los diplomas se estrechó considerablemente, y desde comienzos del siglo XXI y durante la década de 2010 los partidos de izquierda han perdido el apoyo de los votantes sin estudios universitarios.[62]

Esa inversión de los términos resulta difícil de apreciar por el hecho de que los electores ricos todavía votan generalmente a partidos de derecha, aun cuando la mayoría de los que poseen un nivel educativo elevado se inclinen por el centroizquierda. Además, en Estados Unidos el electorado afroamericano, latino y asiaticoamericano de toda condición educativa continúa apoyando al Partido Demócrata. De todos modos, a partir de la década de 2010, el nivel de estudios ha pasado a ser el factor de segmentación política más decisivo, y ahora muchos de los partidos que antaño representaban a los trabajadores son cada vez más representativos de las élites meritocráticas.[63]

En Estados Unidos, a medida que el Partido Demócrata ha pasado a ser identificado con la clase de los profesionales con un alto nivel de estudios, se ha visto progresivamente abandonado por los votantes blancos sin carrera universitaria. Esta tendencia ha continuado tras la elección de Trump. En los comicios al Congreso de 2018, el 61 por ciento de los votantes blancos sin estudios universitarios apoyaron a los republicanos, y solo el 37 por ciento votaron demócrata. La cada vez más profunda brecha de los diplomas también es visible cuando se examinan las treinta circunscripciones electorales para la Cámara de Representantes en las que vive un porcentaje más alto de graduados universitarios. En 1992, cuando Bill Clinton fue elegido presidente, esos distritos se repartían a partes iguales entre un partido y otro; la mitad eligieron a congresistas demócratas y la otra mitad, a republicanos. En 2018 los demócratas vencieron en todos ellos salvo tres.[64]

En Reino Unido, la base del apoyo al Partido Laborista ha registrado un desplazamiento similar. No hace mucho, a principios de los años ochenta, aproximadamente un tercio de los parlamentarios laboristas procedían de entornos de clase obrera. En 2010 eran ya menos de uno de cada diez los que tenían esos orígenes. Según Oliver Heath, la disminución del número de diputados de clase obrera en las filas laboristas tuvo un «impacto sustancial en la popularidad relativa del partido entre los votantes de clase trabajadora», entre quienes cundió la sensación de que el partido estaba «dirigido por una élite metropolitana [londinense] alejada de la realidad».[65]

La desafección se tradujo, en primer lugar, en un descenso de la participación electoral entre el electorado con un menor nivel educativo. Luego, en 2016, se expresó mediante el voto favorable a abandonar la Unión Europea. La probabilidad de estar a favor del Brexit fue mayor entre los votantes de renta baja que entre los de renta alta, pero las diferencias en el signo de ese voto medidas por diferentes niveles educativos fueron aún más pronunciadas. Más del 70 por ciento de los votantes sin estudios universitarios votaron a favor del Brexit, mientras que más del 70 por ciento con alguna titulación universitaria de posgrado votaron a favor de la permanencia en la Unión Europea.[66]

El patrón también es apreciable en las disparidades de voto regionales. De los veinte municipios del país con el menor porcentaje de graduados universitarios, quince votaron a favor de abandonar la Unión Europea. Las veinte zonas con mayores niveles educativos votaron todas ellas a favor de la permanencia.[67]

En Francia, a pesar de su diferente sistema de partidos, también se ha ido ampliando en las últimas décadas esa misma brecha por niveles educativos. Desde los años ochenta, los votantes sin carrera universitaria se han ido alejando de los socialistas y de otras formaciones políticas de izquierda, que se han ido convirtiendo en los partidos de la élite con estudios. En los años cincuenta y sesenta, los de izquierda eran partidos de clase obrera; el porcentaje de votantes sin carrera universitaria que los apoyaban era unos veinte puntos porcentuales superior al de graduados universitarios que votaba por esos mismos partidos. Ya en la década de 1980 esa diferencia se había enjugado, y en la de 2010 la tendencia se había invertido; ahora, el porcentaje de licenciados universitarios que votan a la izquierda es diez puntos porcentuales superior al de no graduados que lo hace (un vuelco de treinta puntos porcentuales en total).[68]

Piketty ha especulado con la posibilidad de que la transformación de las formaciones de izquierda de partidos de los trabajadores en partidos de las élites intelectuales y profesionales explique por qué no han dado respuesta a la desigualdad en aumento de las últimas décadas. Mientras tanto, quienes carecen de unas credenciales educativas extraordinarias se sienten agraviados por la globalización que promueven esas élites y recurren a candidatos populistas «nativistas», como Donald Trump o la francesa Marine Le Pen, líder de un partido nacionalista antiinmigración.[69]

En 2017 Emmanuel Macron, un liberal centrista, derrotó a Le Pen en la contienda electoral por la presidencia de Francia. La elección de Macron fue recibida con júbilo por algunos analistas, que la consideraron un buen ejemplo de cómo un candidato joven y atractivo, que ofrecía un programa de globalización favorable al mercado que recordaba mucho a los de Clinton, Blair y Obama, podía apaciguar la revuelta populista. Como sus homólogos meritocráticos de Estados Unidos y Reino Unido, Macron también obtuvo su apoyo más fuerte entre votantes con formación universitaria de grado o de posgrado.[70]

Pero la popularidad de Macron no tardó en disminuir y su Gobierno se tuvo que enfrentar a una serie de protestas callejeras de ciudadanos ataviados con los chalecos amarillos (*gilets jaunes*) de seguridad que los automovilistas están obligados a ponerse cuando efectúan una parada de emergencia. Los manifestantes, principalmente de clase media y obrera y residentes fuera de París, estaban indignados por el aumento de los impuestos a los combustibles, el estilo distante de Macron y unas políticas económicas que poco hacían por aquellos a quienes la globalización había dejado atrás. Cuando, en medio de la crisis desatada, a uno de los principales políticos del partido de Macron se le preguntó qué errores del Gobierno habían provocado las protestas, su respuesta fue: «Probablemente fuimos demasiado inteligentes, demasiado sutiles».[71]

El implacable credencialismo de nuestros días ha atraído a los votantes de clase trabajadora hacia partidos populistas y nacionalistas, y ha ahondado la división entre quienes tienen título universitario y quienes no poseen ninguno. También ha traído consigo una creciente polarización de las visiones partidistas sobre la educación superior, la institución más emblemática del proyecto meritocrático. En 2015, hace bien poco, tanto el electorado republicano como el demócrata opinaban que las universidades tenían un efecto positivo para el país. Hoy ya no es así. Actualmente, un 59 por ciento de los republicanos creen que las universidades tienen un efecto negativo sobre cómo van las cosas en el país, y solo un 33 por ciento tienen una opinión positiva de la educación superior. Por el contrario, los demócratas consideran de forma abrumadoramente mayoritaria (un 67 por ciento frente a un 18 por ciento) que las universidades son positivas.[72]

Una de las víctimas del triunfo de la meritocracia tal vez esté siendo el (antaño generalizado) apoyo público a la educación superior. La universidad, que en tiempos era considerada una fábrica de oportunidades, se ha convertido —para algunos al menos— en un símbolo de privilegio credencialista y soberbia meritocrática.

La retórica del ascenso social, con su foco monotemático en la educación como respuesta a la desigualdad, tiene parte de la culpa. Construir una ideología política alrededor de la idea de que un título universitario es una condición necesaria para tener un trabajo digno y estima social es algo que termina ejerciendo un efecto corrosivo en la vida democrática. Devalúa las contribuciones de quienes carecen de un diploma superior, alimenta el prejuicio contra los miembros con menos estudios de una sociedad, excluye en la práctica del sistema de gobierno representativo a la mayoría de la población trabajadora y suscita una fuerte reacción política adversa.

EL LENGUAJE TECNOCRÁTICO

En estrecha conexión con estos males credencialistas, nos encontramos también con el giro tecnocrático que ha dado el discurso público. Cuantas más decisiones políticas se explican alegando que son la forma «inteligente» de actuar en vez de otras opciones «estúpidas», más justificado está que sean personas «inteligentes» (expertos y élites) las que tomen las decisiones en vez de dejar que la ciudadanía debata y decida qué políticas poner en práctica. La élite meritocrática está convencida de que la retórica de «lo inteligente» y «lo estúpido» ofrece una alternativa no partidista al desacuerdo moral e ideológico, pero dicha discrepancia es una base fundamental de la política democrática. Cuando nos empeñamos con demasiado ahínco en elevarnos por encima del escabroso terreno en el que se dirime el desacuerdo entre partidos, podemos fomentar un discurso público tecnocrático que desvíe la política en general apartándola de las cuestiones relacionadas con la justicia y el bien común.

Barack Obama es un buen ejemplo de lo que digo. Cuando hablaba de cumplir la promesa de extender la igualdad de derechos a todos los estadounidenses, su retórica podía elevarse a alturas de elocuencia que ninguna de las figuras políticas de su tiempo llegaba a igualar. Su panegírico en Charleston (Carolina del Sur) para honrar la memoria de los fieles asesinados en aquella iglesia por un pistolero henchido de odio, y que concluyó entonando el conocido himno

«Amazing Grace», fue uno de los discursos más conmovedores jamás pronunciado por un presidente estadounidense en la era moderna.

Y sin embargo, en lo que a su concepción de la acción de gobierno democrático respecta, Obama era un tecnócrata por naturaleza. Dado que esta puede parecer una afirmación demasiado contundente acerca de un presidente tan popular como él fue, permítanme que me explique. Gobernar una sociedad democrática exige lidiar con la discrepancia, y esto último presupone tener cierta concepción de cómo surgen los desacuerdos y de cómo pueden superarse en un momento u otro con una finalidad pública u otra. Pues bien, Obama creía que la fuente primordial del desacuerdo democrático radica en que los ciudadanos corrientes carecen de información suficiente.

Si la falta de información es el problema, la solución obvia es que quienes tengan un mejor conocimiento de los hechos se encarguen de tomar las decisiones en nombre de sus conciudadanos, o cuando menos que los ilustren, que les digan lo que tienen que saber para tomar por sí mismos decisiones sensatas. El liderazgo presidencial no consiste así tanto en un ejercicio de persuasión moral como en uno de recopilación y promulgación de hechos y datos.

Obama explicó con una claridad admirable esa forma de concebir el gobierno en un discurso que pronunció en 2007 ante un público de empleados de Google, en la fase inicial de su campaña para llegar a la presidencia. Una de las cosas que había comprobado al recorrer el país, les dijo, es que «los estadounidenses son en esencia buena gente. Hay aquí una gran generosidad de espíritu y mucho sentido común, pero no se está aprovechando». ¿El motivo?

> Básicamente, la gente solo está mal informada, o está demasiado ocupada; bastante tienen con llevar a los niños al colegio, con trabajar. Sencillamente, no disponen de suficiente información, o no son profesionales expertos que sepan procesar toda la información disponible, con lo que se distorsiona nuestro proceso político. Pero si les damos buena información, sus instintos son buenos y tomarán buenas decisiones. Y el presidente dispone de un púlpito privilegiado desde el que darles buena información.[73]

Desde que Theodore Roosevelt acuñara la expresión un siglo antes, el «púlpito privilegiado» había aludido a la presidencia como lugar de inspiración y exhortación morales. Sin embargo, de pronto era como si el púlpito privilegiado fuera a convertirse en una tribuna para la difusión de los datos y los hechos, para la buena información. He ahí la esencia de una concepción tecnocrática de la política (envuelta en un más que leve aroma a soberbia meritocrática). Si entre la gente corriente que puebla el país, por «buena» que sea, no hay «profesionales» que sepan procesar información, entonces ese procesamiento hay que dejarlo en manos de auténticos profesionales, que serán los encargados de proveer a la gente de los datos que necesita.

Obama consideraba que esa era la vía para sanar el «distorsionado» proceso político estadounidense. El reto no consistía en disgregar las grandes concentraciones de poder económico que lastraban el proceso político, ni en fomentar entre la población un sentido más agudo del bien común. No, el reto era proporcionar información mejor y más precisa. «Tengo muchas ganas de hacer esto, porque soy un gran creyente en la razón, los hechos, las pruebas, la ciencia y la evaluación crítica —dijo a su público de Google de aquel día—. Quiero restablecer en la Casa Blanca esa sensación de que las decisiones se toman basándose en los hechos.»[74]

Podría pensarse que semejante profesión de fe tecnocrática iba dirigida principalmente a conquistar apoyos en el sector de las nuevas tecnologías, pero lo cierto es que, durante toda su presidencia y también después de esta, Obama se ha mantenido fiel a esa visión de la política. Hay más ejemplos de esa mentalidad que ponen de relieve la afinidad entre la política tecnocrática y el neoliberalismo. Obama, en mucha mayor medida que los presidentes que lo precedieron, recurrió a la jerga habitual de los economistas académicos y los ejecutivos de empresa. Así, para justificar su propuesta de reforma de la sanidad, por ejemplo, no expuso tanto una defensa moral de la cobertura universal como una explicación económica de la necesidad de «inclinar la curva de costes», es decir, de reducir la creciente factura del gasto sanitario. Aunque la idea de «inclinar la curva de costes» no era un mensaje que levantara muchas pasiones en campaña, él la mencionó (con diferentes variantes) en más de sesenta ocasiones para justificar las virtudes de su plan para la sanidad.[75]

En años recientes, son muchos los economistas que han defendido el uso de incentivos de mercado para fomentar aquellos comportamientos juzgados como deseables. Este énfasis en los incentivos se ha generalizado hasta tal punto que ha dado origen a un nuevo verbo, «incentivar». Al igual que numerosos científicos sociales, consultores de gestión y ejecutivos de empresa de los albores del siglo XXI, Obama adoptó el término «incentivar» como un modo de describir cómo los mecanismos de mercado podrían producir los resultados deseados. Propuso políticas para «incentivar» el desarrollo tecnológico, la contratación de pequeñas empresas, el desarrollo de las energías limpias, una mejor gestión del agua, unas buenas prácticas de ciberseguridad, la sostenibilidad ecológica de las viviendas, una nutrición más saludable, una prestación de servicios sanitarios más eficiente, unos ambientes escolares positivos, una conducta empresarial responsable y otros muchos fines.

«Incentivar» era un concepto tecnocrático que encajaba con ese instinto de Obama de rehuir las disputas partidistas o ideológicas. Significaba crear alicientes económicos para inducir un objetivo de interés público, por lo que parecía propiciar un cómodo punto medio entre una acción de gobierno directa y una preferencia por el mercado sin límites. Mientras que otros presidentes apenas habían usado ese verbo, Obama habló en más de cien ocasiones sobre «incentivar» un comportamiento u otro.[76]

Más que ningún otro aspecto de su retórica política, fue esa constante alusión de Obama a las políticas «inteligentes» lo que más resaltó el vínculo entre tecnocracia y meritocracia. Para Obama, «inteligente» era el cumplido supremo: «diplomacia inteligente», «política exterior inteligente», «regulaciones inteligentes», «crecimiento inteligente», «recortes de gasto inteligentes», «inversiones inteligentes en educación», «política de inmigración inteligente», «obras de infraestructuras inteligentes», «acción policial y judicial inteligente», «gobierno inteligente», «política comercial inteligente», «política energética inteligente», «política climática inteligente», «reforma inteligente de las prestaciones sociales», «reformas de mercado inteligentes», «regulaciones medioambientales inteligentes», «política anti-terrorista inteligente», «agricultura climáticamente inteligente», «desarrollo inteligente», «innovación inteligente orientada al mercado» y, sobre todo, «redes inteligentes». Durante su presidencia, Obama se refirió elogiosamente a las «redes inteligentes» o a las «tecnologías de red inteligentes» en más de un centenar de ocasiones. En total, usó más de novecientas veces el adjetivo «inteligente» en sus diversas variantes, referido a políticas y programas.[77]

Uno de los defectos del enfoque tecnocrático de la política es que deposita la toma de decisiones en manos de las élites y, con ello, desempodera a los ciudadanos corrientes. Otro es que implica el abandono del proyecto de la persuasión política. Incentivar que las personas actúen con responsabilidad —para ahorrar energía, para vigilar su peso o para cumplir con unas prácticas empresariales éticas— no solo es una vía alternativa a coaccionarlas, es también una vía alternativa a convencerlas.

TECNOCRACIA FRENTE A DEMOCRACIA

Esta jerga economicista, evasiva desde el punto de vista ideológico, que emana de las élites meritocráticas ha coincidido con una época en la que el discurso público se ha ido volviendo cada vez más grosero y estridente, con los partidarios de uno y otro bando político gritándose y tuiteándose reproches sin hacer caso del rival. Lo que tienen en común el discurso tecnocrático y esas peleas a gritos es la ausencia de una activación sustantiva de las convicciones morales que alientan a la ciudadanía democrática; ni el primero ni las segundas cultivan hábito alguno de razonamiento conjunto en torno a las concepciones diversas de la justicia y el bien común.

Las turbulencias populistas de 2016 —el referéndum del Brexit en Gran Bretaña y la elección de Trump en Estados Unidos— significaron un rechazo a las élites meritocráticas y al enfoque neoliberal y tecnocrático de la política. En respuesta a las previsiones de los economistas, que apuntaban a que abandonar la Unión Europea generaría serias dificultades económicas para Reino Unido, un destacado valedor del Brexit declaró: «La gente en este país está ya cansada de expertos».[78]

A Obama, por su parte, le costó entender el terremoto político que se estaba produciendo en esos instantes finales de su mandato. En 2018, dos años después de que Trump fuera elegido como su sucesor, Obama reconoció que los defensores de la globalización «no se adaptaron con la suficiente prontitud al hecho de que mucha gente se estaba quedando atrás». El llamado «consenso de Washington» se «confió en exceso. En particular, tras la Guerra Fría, hubo un periodo de excesiva petulancia de Estados Unidos y de la élite estadounidense, convencidos como estábamos de que esto lo teníamos controlado y sabíamos todo lo que había que saber».[79]

Aun así, el diagnóstico principal que ha hecho Obama de la polarización política que se observa en la era de Trump ha sido atribuirla a la incapacidad de la ciudadanía para ponerse de acuerdo sobre los hechos básicos concretos. La razón de que estemos «presenciando tanto estancamiento, tanta ponzoña y tanta polarización en nuestro debate político», dijo, hay que buscarla en parte en que «no tenemos una base común de hechos e información». Quienes ven Fox News y quienes leen *The New York Times*, proseguía, viven en «realidades por completo diferentes», con «no solo opiniones diferentes, sino realidades también diferentes [...]. Es algo, digamos, epistemológico».[80]

Incluso ofreció un ejemplo gráfico de lo que él entiende que son esas realidades que chocan entre sí:

> El mayor desafío al que nos vamos a enfrentar en los próximos diez, quince o veinte años es el de retomar la senda de una conversación cívica en la que, si yo digo que esto es una silla, todos estamos de acuerdo en que es una silla. Podemos discrepar sobre si es una buena silla, sobre si deberíamos cambiarla o no, sobre si queremos moverla hacia aquí o hacia allí, pero no podemos decir que es un elefante.[81]

Por supuesto, las disputas fácticas que se observan en el debate político no son sobre aspectos tan simples como ponerle nombre a un mueble. De hecho, el «elefante» en la habitación que Obama estaba insinuando en esas palabras suyas era el cambio climático. Lo que quería decir es que es difícil mantener un debate razonado sobre el cambio climático con personas que niegan que esté teniendo lugar o que, aun reconociendo su existencia, niegan que se deba a causas humanas.

Obama seguramente tenía en mente en ese momento que su sucesor, instigado por los negacionistas del cambio climático, había retirado a Estados Unidos del Acuerdo de París sobre el clima que él había firmado en su día. Obama atribuía esa decisión de Trump no solo a un desacuerdo ideológico, sino a que su sucesor y los partidarios republicanos de este rechazaban las evidencias científicas.

De hecho, el eslogan «Creo en la ciencia» se ha convertido en una especie de grito de guerra para los demócratas. Hillary Clinton lo citó en su discurso de aceptación de la nominación como candidata en 2016; Obama lo usó durante su presidencia, y varios candidatos aspirantes a la nominación para las presidenciales de 2020 lo han convertido en un lema de su campaña. Que el eslogan relegue implícitamente la ciencia al terreno de la fe no parece haber disminuido su popularidad.[82]

Para apoyar su ya tradicional creencia en la primacía de los hechos, Obama se aficionó a citar al senador Daniel Patrick Moynihan, quien en una ocasión le dijo a un obstinado oponente: «Está en su derecho de tener una opinión propia, pero no su propia realidad». Cuando contaba la anécdota, Obama añadía a veces a modo de coletilla que Moynihan «era muy inteligente» y su oponente «no tanto».[83]

Con todo, atribuir el desacuerdo político a una simple negativa a enfrentarse a la realidad o a aceptar la base científica es entender mal la interrelación entre los hechos y la opinión en la persuasión política. La idea de que todos deberíamos estar de acuerdo en los hechos, como punto de partida prepolítico, para luego proceder a debatir sobre nuestras opiniones y convicciones, es un concepto tecnocrático. El debate político gira a menudo en torno a cómo identificar y caracterizar los hechos relevantes para la controversia en cuestión. Quien consigue enmarcar de antemano los hechos tiene mucho ganado de cara a imponerse en el debate. Pese a lo que dijera Moynihan, nuestras opiniones dirigen nuestras percepciones;

no hace falta que los hechos estén ya claros y definidos para que aquellas intervengan.

El debate sobre el cambio climático

Si la fuente primordial de oposición a la acción contra el cambio climático fuera la ausencia de información o la negativa a aceptar lo que dice la ciencia, cabría esperar que esa oposición fuera más fuerte entre quienes poseen un menor nivel educativo y de conocimiento científico. Pero esto no es así. Los estudios de opinión pública muestran que, cuanto más saben de ciencia las personas, más se polarizan sus opiniones a propósito del cambio climático.

Los republicanos muestran un mayor escepticismo que los demócratas acerca del calentamiento global, y esa división partidista se incrementa cuanto mayor es el nivel educativo de los encuestados. Entre los republicanos con un nivel de estudios no superior a la enseñanza secundaria, el porcentaje de quienes creen que el calentamiento global está por lo general exagerado es del 57 por ciento. Sin embargo, entre los republicanos que son graduados universitarios, quienes así opinan son el 74 por ciento. Entre los demócratas, a mayor nivel educativo, mayor es la preocupación por el cambio climático. De los demócratas que no han estudiado más allá de la educación secundaria, un 27 por ciento consideran que se exagera el calentamiento global; entre los demócratas con carrera universitaria, solo un 15 por ciento opinan eso.[84]

La brecha partidista en cuanto a la preocupación por el cambio climático es, pues, casi el doble de amplia (59 puntos porcentuales) entre quienes tienen estudios universitarios que entre quienes han estudiado solo hasta la secundaria (30 puntos). La misma pauta se detecta a propósito de las opiniones sobre el papel del ser humano como causante del cambio climático. A la pregunta de si «el cambio climático está causado por variaciones naturales en el medioambiente», la mayoría de los republicanos responden que «sí» y la mayoría de los demócratas responden que «no». Pero la brecha partidista entre los graduados universitarios (53 puntos porcentuales) es muy superior a la que se aprecia entre quienes tienen un nivel educativo menor (19 puntos).[85]

En otros estudios más detallados, se ha descubierto que la polarización política a propósito del cambio climático aumenta proporcionalmente no solo con el nivel general de estudios del público encuestado, sino también con el de su saber científico. Las personas con mayores conocimientos científicos —medidos según la cantidad de asignaturas de ciencias que hayan estudiado y según sus puntuaciones en pruebas de conocimiento de esas materias— evidencian una mayor probabilidad de adherirse a las opiniones de su partido sobre el cambio climático que las que saben menos de ciencia.[86]

Estos datos ponen en entredicho la idea de que quienes menos dispuestos se muestran a apoyar medidas para mitigar el cambio climático sean simplemente aquellas personas peor informadas en materia de ciencia. La división partidista a propósito del cambio climático no es principalmente una cuestión de hechos y de información, sino de política. Es un error suponer que, cuantas más personas sepan de ciencia, más probable será que converjan en unas mismas medidas con las que combatir el cambio climático. La creencia del tecnócrata en que, si nos pusiéramos de acuerdo en los hechos, podríamos entonces mantener un debate razonado sobre políticas, se basa en una concepción errónea del proyecto de la persuasión política.

En unas palabras que pronunció en el MIT en 2018, Obama imaginó así el debate racional que el país podría mantener acerca del cambio climático si todos y todas estuvieran de acuerdo en una misma base fáctica:

> Ustedes y yo podemos mantener entonces un debate sobre el cambio climático en el que uno de ustedes llegase a la conclusión de que «no vamos a poder convencer a los chinos ni a los indios de que dejen de consumir un montón de carbón, esto lleva así ya mucho tiempo, vamos a tener que adaptarnos, y a lo mejor inventamos alguna fuente de energía nueva justo a tiempo; por eso me opongo al Acuerdo de París».
>
> Yo repondría entonces que «no, pues resulta que si invertimos en tecnologías inteligentes y creamos un marco regulatorio inteligente

que incentive las inversiones en energías limpias, podemos resolver este problema ahora mismo, y si no lo hacemos, esto va a ser una catástrofe».[87]

Obama deseaba que pudiéramos mantener un debate sano y honesto como ese, y se lamentaba de que los negacionistas lo hubieran hecho imposible.[88]

El problema es que un debate así, aun en el caso de ser posible, supondría una forma empobrecida de debatir sobre política. Significaría asumir que nuestra única alternativa es entre la resignación sumada a la imprudencia, por un lado, y una solución tecnocrática neutra en valores, por el otro. No obstante, esto pasa por alto las consideraciones morales y políticas más profundas que subyacen a la controversia sobre el cambio climático.

El atractivo de la postura tecnocrática —pero también su punto débil— reside en su aparente neutralidad sin fricciones en el terreno de los valores. Cuando se hace mención de cosas como las «tecnologías inteligentes» o los «marcos regulatorios inteligentes», se pasa de puntillas por las cuestiones morales y políticas que hacen del cambio climático un tema tan desbordante y difícil: ¿qué se necesitaría para contrarrestar la desmesurada influencia de la industria de los combustibles fósiles en la política democrática?; ¿deberíamos reconsiderar las actitudes consumistas que nos llevan a tratar de forma instrumental a la naturaleza, como si fuera un vertedero de aquello que el papa Francisco ha llamado nuestra «cultura del descarte»?;[89] ¿qué ocurre con quienes se oponen a la acción de los estados para reducir las emisiones de carbono, no porque nieguen la ciencia sino porque no creen que el Estado actúe en interés de los individuos, sobre todo cuando se trata de proceder a una reconfiguración a gran escala de la economía, y tampoco se fían de las élites tecnocráticas que se encargarían de diseñar e implementar esa reconfiguración?

Ninguna de las anteriores es una pregunta científica que pueda ser respondida sin más por expertos. Son preguntas sobre el poder, la moral, la autoridad y la confianza, que es lo mismo que decir que son preguntas que les corresponde responder a los ciudadanos democráticos.

Uno de los fallos de las élites meritocráticas con potentes credenciales educativas que nos gobiernan desde hace cuatro décadas es que no se les ha dado muy bien plantear preguntas como esas que laten en el corazón mismo del debate político. Ahora que nos estamos preguntando incluso por la supervivencia de las normas democráticas mismas, tal vez parezca que estas quejas sobre la soberbia de las élites meritocráticas y sobre la estrechez de su visión tecnocrática de las cosas son poco más que una nimiedad. Pero la de esas élites ha sido la política que nos ha llevado hasta aquí, la que ha producido el descontento del que los autoritarios populistas actuales sacan partido. Enfrentarse a los fallos de la meritocracia y la tecnocracia es un paso indispensable para abordar ese descontento y volver a concebir una política del bien común.

5

La ética del éxito

Consideremos el caso de dos sociedades, ambas desiguales en idéntico grado. De cada cien dólares de renta nacional, el 20 por ciento más rico de la población recibe 62, mientras que el 20 por ciento más pobre recibe solo 1,70. Si sumáramos toda la renta que percibe la mitad más pobre de la sociedad, solo reuniríamos 12,50 dólares, que es mucho menos que la cantidad que percibe por sí solo el 1 por ciento más rico (20,20 dólares). Y las disparidades en cuanto al nivel de riqueza son aún mayores.[1]

Si a ustedes les preocupan las desigualdades acusadas de renta y riqueza, bien podría ser que consideraran ambas sociedades injustas, pero antes de emitir su veredicto tal vez pedirían algo más de información. Quizá querrían saber, por ejemplo, cómo se originaron esas dos distribuciones desiguales.

MERITOCRACIA FRENTE A ARISTOCRACIA

Imaginémonos, entonces, que la primera de esas sociedades es una aristocracia, en que la renta y la riqueza vienen determinadas por la casualidad de la familia en la que se nace y son heredadas directamente de generación en generación. Quienes nacen en familias nobles son ricos y quienes nacen en familias campesinas son pobres. Lo mismo ocurre con sus hijos y con los hijos de sus hijos. Imaginemos, por otra parte, que la segunda sociedad es una meritocracia. Sus desigualdades de renta y riqueza no se deben a que el privilegio sea hereditario, sino a lo que las personas han ganado con su esfuerzo y su talento.

Saber esto probablemente haría que prefirieran la segunda sociedad a la primera. Una aristocracia es injusta, porque confina a las personas en la clase en la que nacen. No les deja ascender. Una meritocracia, sin embargo, permite que las personas mejoren su situación aplicando su talento y su ingenio. Este es un argumento poderoso a su favor. Está claro que la meritocracia no pone fin a la desigualdad. Precisamente porque las personas difieren en cuanto a sus destrezas y aspiraciones, algunas ascienden más que otras. Pero, cuando menos, puede decirse que estas desigualdades reflejan méritos propios de las personas y no circunstancias puramente relacionadas con su nacimiento.

Aquellos de ustedes para quienes la desigualdad en sí sea un motivo de preocupación quizá no se conformen y quieran un poco más de información. Sospecharán que, incluso en la sociedad meritocrática, habrá al menos unos cuantos de los individuos situados en la cima que se habrán beneficiado de haber tenido un punto de partida favorable en sus vidas: unas familias donde recibieron cariño y apoyo (y que posiblemente ya eran más ricas que otras), unos buenos colegios con docentes entregados a su trabajo, etcétera. Antes de juzgar justa esta sociedad meritocrática, estos escépticos de entre ustedes querrán saber si se aplican en ella políticas que garanticen que todos los niños y niñas, con independencia de sus orígenes familiares, disfrutan de las mismas oportunidades educativas y culturales de alcanzar su pleno potencial humano.

Un modo de reflexionar sobre la justicia de una sociedad es preguntándose qué clase de sociedad elegiríamos si no pudiéramos saber de antemano si nos iba a tocar criarnos en el seno de una familia rica o de una pobre. Según ese criterio, la mayoría de las personas estarían de acuerdo en que una meritocracia con una verdadera igualdad de oportunidades es más justa que una aristocracia. Pero dejemos a un lado, por el momento, la cuestión de la justicia y consideremos otra característica de las dos sociedades desiguales que hemos imaginado. Supongamos que supiéramos de antemano si iríamos a parar a la cima o al fondo de la sociedad. ¿En cuál de esas dos sociedades preferiríamos vivir si fuéramos ricos y en cuál si fuéramos pobres?

Recordemos que ambas sociedades son muy desiguales en el plano interno. Si vamos a parar al 1 por ciento más rico, nuestra renta media será (imaginemos) 1,3 millones de dólares anuales; si nos toca estar entre el 20 por ciento más pobre, tan solo será de 5.400 dólares al año.[2] Es una diferencia considerable. Podríamos llegar entonces a la conclusión de que, puesto que la distancia entre ricos y pobres es igual de abismal en ambas sociedades, saber de antemano qué posición ocuparíamos no nos ayuda a decidir qué sociedad es preferible.

Sin embargo, la renta y la riqueza no serían el único factor que tendríamos en cuenta. Si fuéramos ricos, tal vez preferiríamos la sociedad que nos permitiera legar nuestra riqueza y nuestros privilegios a nuestros hijos. Este sería entonces un argumento a favor de la sociedad aristocrática. Si fuéramos pobres, no obstante, quizá nos parecería mejor la sociedad que nos brindara —a nosotros o a nuestros hijos— una oportunidad para prosperar. Ese sería un argumento a favor de una sociedad meritocrática.

Cuando reflexionamos más a fondo sobre la cuestión, sin embargo, aparece un factor que puede contrarrestar esos argumentos en cada uno de los casos. Y es que a las personas no solo les preocupa cuánto dinero tienen, sino también lo que la riqueza o la pobreza significan para su estatus social y su autoestima. Si yo naciera en los estratos más altos de una aristocracia, sería consciente de que mi privilegiada situación sería atribuible al azar y no a mis acciones. En cambio, si ascendiera, a base de esfuerzo y talento, hasta la cúspide de una meritocracia, podría sentirme orgulloso de haberme ganado mi éxito en vez de haberlo heredado sin más. A diferencia del privilegio aristocrático, el éxito meritocrático reporta una sensación de logro personal, de que uno se ha ganado el lugar que ocupa. Desde ese punto de vista, es mejor ser rico en una meritocracia que en una aristocracia.

Aun así, por razones similares, ser pobre en una meritocracia es desmoralizador. Si, dentro de una sociedad feudal, naciera siervo mi vida sería dura, pero no estaría lastrada por la convicción de que nadie más que yo sería el responsable de que estuviera ocupando esa posición subordinada. Tampoco tendría que trabajar agobiado por la idea de que el terrateniente a quien sirvo ha adquirido su posición por ser más capaz e ingenioso que yo. Sabría que no es alguien más meritorio que yo, sino solo un tipo con más suerte.

Si, por el contrario, me encontrara en el estrato más bajo de una sociedad meritocrática, me costaría resistirme a pensar que mi desfavorecida situación es (al menos en parte) culpa mía, una consecuencia de no haber desplegado el talento y la ambición suficientes para progresar. Una sociedad que posibilita que las personas asciendan, y que exalta esa ascensión, está emitiendo al mismo tiempo un duro veredicto contra aquellas que no lo hacen.

EL LADO OSCURO DE LA MERITOCRACIA

El término «meritocracia» lo inspiró precisamente esa preocupación. Michael Young era un sociólogo británico afiliado al Partido Laborista. En 1958 escribió un libro titulado *El triunfo de la meritocracia*.[3] Para Young, la meritocracia no describía ningún ideal, sino una distopía. Escribió esa obra en un momento en que el sistema de clases británico se estaba descomponiendo y estaba dando paso a un sistema de promoción educativa y profesional basada en el mérito. Esto era positivo, porque permitía que los hijos talentosos de las familias obreras desarrollaran sus capacidades y huyeran de una vida circunscrita al trabajo manual.

Pero Young también vio el lado oscuro de la meritocracia. Narrado como si fuera un historiador que evaluara el pasado desde el año 2033, su libro describía con asombrosa clarividencia la lógica moral de la sociedad meritocrática que ya empezaba a desplegarse en la Gran Bretaña de posguerra. Sin defender en ningún momento el orden de clases cerradas que estaba desapareciendo, Young reconocía que la arbitrariedad moral y la inequidad manifiesta de aquel tenía al menos un efecto deseable: moderaba la autoestima egoísta de la clase alta e impedía que la clase trabajadora considerara su estatus subordinado como un fracaso personal.

Quienes eran «catapultados» hacia la cima por la riqueza y la influencia de sus padres «no podían decirse a sí mismos con verdadera convicción "soy el mejor hombre para este trabajo", porque sabían

que no se habían ganado la posición que ocupaban de forma abierta-
mente competitiva y porque, si eran sinceros consigo mismos, debían
reconocer que un puñado de sus propios subordinados lo habrían hecho igual de bien, si no mejor».[4]

> El hombre de clase alta tenía que ser muy insensible para no
> darse cuenta, en algún momento de su vida, de que un soldado raso
> de su regimiento, un mayordomo o una «limpiadora» de su mansión,
> un conductor de taxi o de autobús, o el humilde obrero de rostro
> arrugado y mirada perspicaz con quien coincidía en el vagón del fe-
> rrocarril o en el pub, eran personas en las que se advertía una inteli-
> gencia, un ingenio y una sabiduría, como mínimo, equivalentes a los
> suyos.[5]

Incluso aunque algunos «hombres de clase alta» se engañaran a sí
mismos creyendo que se merecían estar donde estaban, en la cima,
sus subordinados no eran prisioneros de ese mismo engaño. Sabían
que «muchos jefes estaban ahí no tanto por lo que sabían, sino por a
quiénes conocían y por quiénes eran sus padres». Saber que el sistema
estaba amañado de ese modo fue lo que dio a la clase obrera la fuerza y el poder para desafiarlo políticamente. (De ahí el sentido de tener un partido «laborista».) Igualmente importante era el hecho de
que la arbitrariedad del sistema de clases eximía a los trabajadores
de juzgarse a sí mismos por el estatus inferior que la sociedad les había asignado.[6]

> El trabajador se decía a sí mismo: «Este soy yo, un trabajador. ¿Por
> qué soy esto? ¿Es que no valgo para otra cosa? Por supuesto que sí. Si
> me hubieran dado una oportunidad en condiciones, bien que lo ha-
> bría demostrado. ¿Un médico? ¿Un cervecero? ¿Un prelado? Podría
> haber hecho cualquier cosa. Nunca tuve la posibilidad. Y por eso soy
> un trabajador. Pero no creo que, en el fondo, sea peor que nadie».[7]

Young da a entender, pues, que tener clara la arbitrariedad moral
del rango social que se ocupa tiene sus ventajas; impide que tanto los
ganadores como los perdedores crean que se merecen la suerte que
les ha tocado en la vida. No se trata de justificar el sistema de clases,

pero sí de arrojar luz sobre una característica paradójica del orden meritocrático. Y es que asignar trabajos y oportunidades en función del mérito no reduce la desigualdad, sino que solo la reorganiza alineándola con la aptitud. Pero esta reorganización genera la suposición de que las personas tienen lo que se merecen, y ese es un supuesto que ensancha la brecha entre ricos y pobres.

> Ahora que a las personas se las clasifica según su aptitud, la brecha entre las clases se ha ampliado inevitablemente. Las clases altas ya no [...] sienten ese peso de la duda de sí mismas y de la autocrítica. Hoy en día, los que están arriba saben que su éxito es un justo premio a su capacidad, a sus esfuerzos y a sus innegables logros. Merecen pertenecer a una clase superior. Saben asimismo que no solo traían un calibre intelectual superior de serie, sino que también han sabido labrarse una formación educativa de primera sobre el fértil terreno de sus dones naturales.[8]

Young no solo supo predecir la soberbia meritocrática de las élites, sino que también previó la afinidad de estas con el conocimiento experto tecnocrático, su tendencia a mirar por encima del hombro a quienes no poseyeran sus luminosas credenciales y el efecto corrosivo de estas actitudes en el discurso público. Nadie mejor que unas élites en ascenso como esas «para comprender la enorme y creciente complejidad de nuestra civilización técnica. Poseen formación científica y ya se sabe que los científicos son los nuevos bienaventurados, los herederos de la Tierra». Su superioridad intelectual y educativa no les da motivos ni oportunidades para entablar ninguna conversación seria con quienes carecen de carrera universitaria.

> ¿Cómo podrían conversar de tú a tú con la clase baja cuando [los miembros de la élite] hablan otro idioma, más rico y más exacto? Hoy en día, la élite sabe que [...] sus inferiores sociales son también inferiores en otros sentidos; básicamente, en aquellas dos cualidades vitales, la de la inteligencia y la del nivel educativo, a las que se les otorga el lugar de honor en el sistema de valores, ya más consolidado, del siglo XXI.[9]

«Uno de los problemas modernos característicos», observaba Young (y, recordemos, estaba «observando» la escena como si estuviera en el año 2033), es que «algunos miembros de la meritocracia [...] están tan impresionados con su propia importancia que han perdido capacidad de empatizar con las personas a quienes gobiernan». Añadía sardónicamente que algunos meritócratas mostraban «tan poco tacto que incluso muchas personas de menor categoría se han sentido ofendidas de manera totalmente innecesaria».[10] (Vienen aquí a la mente, por ejemplo, las declaraciones de Hillary Clinton durante la campaña de 2016 en las que acusaba a la mitad de los partidarios de Donald Trump de ser «un hatajo de deplorables».)[11]

El resentimiento contra la élite se veía agravado por esa desconfianza en sí mismos que la meritocracia inflige a quienes no ascienden socialmente.

> Hoy todas las personas, por humilde que sea su situación, saben que disponen de toda clase de oportunidades [...]. ¿No las obliga eso a admitir que su estatus es inferior no como en el pasado, es decir, no porque las hayan privado de oportunidades, sino porque realmente son inferiores? Por primera vez en la historia humana, el hombre que está en situación inferior no dispone de una fortaleza en la que refugiar su autoestima.[12]

Young ya previó entonces que este cóctel tóxico de soberbia y resentimiento alimentaría una reacción política adversa. De hecho, ponía fin a su cuento distópico prediciendo que en 2034 las clases menos formadas se alzarían en una revuelta populista contra la élite meritocrática. Esa revuelta llegó en 2016, dieciocho años antes de lo previsto, cuando Gran Bretaña votó a favor del Brexit y Estados Unidos eligió a Trump.

REVALUACIÓN DE LA MERITOCRACIA

Las dos sociedades que he descrito en el apartado anterior no son puramente hipotéticas. Las desigualdades de renta que sufren son equivalentes a las que hoy se observan en Estados Unidos.[13] Cuando alguien defiende que existan tales desigualdades, lo hace por lo general recurriendo a justificaciones más o menos meritocráticas. Nadie sostiene que los ricos deberían ser ricos porque sus padres lo son. Los críticos con la desigualdad acusan a veces a quienes propugnan la abolición del impuesto de sucesiones de que eso significa respaldar implícitamente la existencia de privilegios hereditarios, pero nadie defiende sin tapujos los privilegios hereditarios ni cuestiona el principio de que los cargos y las profesiones deberían estar abiertos al talento de las personas, más que a su origen.

La mayoría de nuestros debates sobre el acceso al empleo, la enseñanza y la administración pública tienen como premisa de partida la igualdad de oportunidades. Nuestros desacuerdos no son tanto sobre el principio en sí como sobre su correcta puesta en práctica. Por ejemplo, quienes critican la discriminación positiva en la contratación laboral y en el acceso a las universidades sostienen que esta clase de políticas son incongruentes con la igualdad de oportunidades, pues valoran a los candidatos conforme a factores distintos de sus méritos. Los defensores de la discriminación positiva, por su parte, responden a ello que tales políticas son necesarias para que exista una igualdad de oportunidades real para miembros de grupos sociales que han sido tradicionalmente discriminados o desfavorecidos.

En lo tocante a los principios (y a la retórica política), pues, la meritocracia es la vencedora indiscutible. En las democracias de todo el mundo, los políticos de centroizquierda y de centroderecha se reclaman defensores de políticas que permitirán que todos los ciudadanos, cualquiera que sea su raza, etnia, género o clase, compitan en iguales términos y asciendan hasta donde su esfuerzo y su talento los lleven. Cuando la gente se queja de la meritocracia, suele hacerlo no porque esté en contra del ideal, sino porque entiende que no se está llevando a la práctica: que los ricos y los poderosos han amañado el sistema para perpetuar sus privilegios; que los profesionales con alta cualificación educativa han hallado el modo de transferir directamente su ventajosa posición a sus hijos y, de ese modo, han convertido la meritocracia en una aristocracia hereditaria; que las universidades que afirman seleccionar a sus estudiantes según los méritos de estos dan ventaja a los hijos e hijas de los ricos y de los que tienen contactos en las altas esferas. Lo que esas quejas vienen a decir es que la meritocracia es un mito, una promesa distante que aún estamos lejos de haber materializado.[14]

Se trata de una queja muy válida. Pero ¿y si el problema fuera más profundo? ¿Y si el verdadero problema de la meritocracia no es que no la hayamos conseguido todavía, sino que el ideal en sí es defectuoso? ¿Y si la retórica del ascenso ha dejado ya de inspirarnos, no solo porque la movilidad social se ha estancado sino, y de manera más fundamental, porque el de ayudar a que las personas puedan escalar los dificultosos peldaños que llevan al éxito en una meritocracia competitiva es un proyecto político vacío que evidencia una concepción empobrecida de la ciudadanía y la libertad?

Para ahondar en esta cuestión más amplia, es preciso que examinemos dos objeciones que se plantean a la meritocracia como proyecto moral y político. Una tiene que ver con la justicia; la otra, con las actitudes ante el éxito y el fracaso. En la primera objeción, se duda de que ni la más impecable meritocracia —una en la que los trabajos y los salarios reflejaran a la perfección los esfuerzos y los talentos de las personas— pueda ser realmente una sociedad justa. En la segunda objeción, lo que preocupa es que, aunque llegara a ser equitativa, una meritocracia nunca podría ser una sociedad buena, pues tiende a generar soberbia y ansiedad entre los ganadores y humillación y resentimiento entre los perdedores, actitudes discordantes con el florecimiento humano y corrosivas para el bien común.

Las críticas filosóficas a la meritocracia se centran principalmente en la primera de esas objeciones. Por motivos que analizaremos aquí, la mayoría de los filósofos contemporáneos rechazan la idea de que la sociedad deba asignar empleos y remuneraciones en función de lo que las personas se merezcan. Esto hace que los filósofos entren en conflicto con las intuiciones morales en las que se inspira la opinión común, y merece la pena tratar de dilucidar quién tiene razón, si ellos o la mayor parte de la población.

Sin embargo, aunque la primera objeción, la referida a la justicia, es aquella con la que estamos más familiarizados en los círculos filosóficos, la segunda, la relativa a la soberbia y la humillación, tal vez sea más relevante para entender nuestra situación política actual. La protesta populista contra las élites meritocráticas no viene motivada solamente por una cuestión de justicia, sino también por un anhelo de estima social. Para comprender esta protesta, hay que identificar y valorar los agravios y los rencores que la alimentan. ¿Son legítimos o van desencaminados? Y si son legítimos, ¿qué se podría hacer para abordarlos correctamente?

¿Sería justa una meritocracia perfecta?

Imaginemos que un día lográramos suprimir todos los obstáculos injustos para alcanzar el éxito, de manera que todas las personas, incluidas las de orígenes humildes, pudieran competir con los hijos e hijas de los privilegiados en verdadera igualdad de condiciones. Imaginemos que consiguiéramos en la práctica lo que defendemos en el terreno de los principios: que todos los ciudadanos tuvieran las mismas oportunidades de ascender según su talento y su esfuerzo lo permitiesen.

Desde luego, hablamos de una sociedad que costaría mucho hacer realidad. No bastaría con superar la discriminación. La institución misma de la familia complica el proyecto de dar las mismas oportunidades a cada individuo. No es fácil compensar las ventajas que unos padres ricos proporcionan a sus hijos, y no me refiero solo, ni principalmente, a la riqueza heredada (un impuesto de sucesiones contundente podría resolver ese problema), sino a las muchas formas en que unos padres concienciados y con medios ayudan constantemente a sus descendientes. Ni el mejor y más inclusivo de los sistemas educativos lo tendría nada sencillo para facilitar a los alumnos de entornos pobres herramientas que les permitieran competir en pie de igualdad con hijos de familias que les dedican abundantes cantidades de atención, recursos y contactos.

Pero supongamos que pudiera materializarse. Supongamos que pudiéramos cumplir la promesa de dar a todo niño y niña las mismas oportunidades para competir por tener éxito en los estudios, en el trabajo y en la vida. ¿Equivaldría esto a una sociedad justa?

Tal vez nos sintamos tentados a decir: «Sí, claro. ¿No es precisamente en eso en lo que consiste el "sueño americano", en crear una sociedad abierta y móvil en la que el hijo de un bracero o de un inmigrante sin blanca pueda ascender hasta convertirse en director general de una gran empresa?». Y este es un sueño que no solo ejerce una atracción muy especial en los estadounidenses, sino del que también hallamos fuertes resonancias en otras sociedades democráticas de todo el mundo.

Una sociedad que presente un grado de movilidad perfecto es un ideal inspirador por dos motivos. En primer lugar, expresa cierta noción de lo que entendemos que es la libertad. Nuestro destino no debería venir fijado por las circunstancias azarosas de dónde hemos nacido, sino que deberíamos ser nosotros mismos quienes pudiéramos decidirlo. En segundo lugar, evoca la esperanza de que lo que lleguemos a ser sea un reflejo de lo que nos merecemos. Si tenemos libertad para prosperar sobre la base de nuestras decisiones y aptitudes, parece justo afirmar entonces que quienes tienen éxito merecen ese éxito.

Sin embargo, pese a su poderoso atractivo, hay razones para dudar de que ni siquiera una meritocracia materializada al cien por cien fuera una sociedad justa. Para empezar, conviene destacar que la esencia del ideal meritocrático no es la igualdad, sino la movilidad. No dice que haya nada de malo en que existan diferencias abismales entre ricos y pobres; solo pone el acento en que los hijos de los ricos y los de los pobres tengan la posibilidad, a lo largo del tiempo, de intercambiar posiciones en función de sus respectivos méritos; es decir, de avanzar o retroceder como consecuencia de su esfuerzo y su talento. Nadie debería estar a perpetuidad atrapado en el fondo ni instalado en la cima por una razón de prejuicios o de privilegios.

Lo que le importa a una meritocracia es que todo el mundo disfrute de idénticas oportunidades de subir la escalera del éxito; nada dice sobre lo distantes que deban estar entre sí los escalones. El ideal meritocrático no es un remedio contra la desigualdad; es, más bien, una justificación de esta.

Por sí mismo, esto no puede considerarse un argumento contra la meritocracia, pero hace que nos planteemos una pregunta: ¿está justificada la desigualdad fruto de la competencia meritocrática? Los defensores de la meritocracia dicen que sí; si todo el mundo compite en un terreno de juego igualado y bajo las mismas reglas, el resultado del partido es justo. Toda competición, por justa que sea, tiene ganadores y perdedores. Lo importante es que todos y todas comiencen la carrera desde una misma línea de salida, y tras contar con las mismas oportunidades de entrenarse, prepararse, alimentarse, etcétera. Si es así, el vencedor de la carrera se merece el premio. No hay injusticia alguna en que unos corran más rápido que otros.

¿NOS MERECEMOS NUESTROS TALENTOS?

Lo convincente que ese argumento pueda ser depende del estatus moral que atribuyamos al talento. Recordemos la retórica del ascenso que tan prominente lugar ocupa en el discurso público actual. Por humildes que sean nuestros orígenes, proclaman los políticos, todos deberíamos poder ascender tan alto como nuestro talento y nuestro esfuerzo nos impulsen a hacerlo. Pero ¿por qué exactamente así de alto? ¿Por qué suponer que nuestros talentos deberían determinar nuestro destino y que nos merecemos las recompensas que se deriven de ello?

Existen dos motivos para cuestionar ese supuesto. En primer lugar, yo no he hecho nada para tener un talento innato u otro, sino que eso ha sido una cuestión de buena suerte y, por lo tanto, no soy merecedor de los beneficios (o las cargas) que derivan de la fortuna. Los meritócratas ya admiten que no merezco los beneficios resultantes de haber nacido en el seno de una familia rica. Pero, entonces, ¿por qué iban a ser distintas otras formas de suerte, como, por ejemplo, el hecho de contar con un talento natural en particular? Si me tocasen un millón de dólares en la lotería del estado, estaría encantado con mi buena fortuna, pero sería absurdo por mi parte afirmar que me he ganado ese dinero caído del cielo, o que mi premio tiene algo que ver con mi mérito. Tampoco si hubiera comprado un décimo de lotería y no me hubiera tocado, por muy decepcionado que me sintiera por ello, podría yo quejarme de que se me ha negado así algo que me merecía.

En segundo lugar, el hecho de que viva en una sociedad que premia las aptitudes que casualmente tengo no es algo acerca de lo que pueda atribuirme mérito alguno; también es una cuestión de suerte. LeBron James gana decenas de millones de dólares jugando al baloncesto, un deporte de una popularidad enorme. Además de haber sido bendecido con unas dotes atléticas prodigiosas, LeBron es afortunado por vivir en una sociedad que las valora y las recompensa. Él no ha hecho nada para vivir en una época como la actual, en la que a la gente le gusta tanto ese deporte que a él se le da tan bien, en vez de en la Florencia del Renacimiento, cuando los que estaban muy cotizados eran los pintores de frescos y no los baloncestistas.

Lo mismo puede decirse de aquellas personas a las que se les dan muy bien ciertas actividades que la sociedad no valora tanto. El campeón mundial de pulso puede ser tan bueno en lo suyo (echando pulsos) como lo es LeBron jugando al baloncesto. No es culpa suya que, a excepción de unos cuantos clientes de pub, nadie esté dispuesto a pagar por verle doblar el brazo a su adversario.[15]

Gran parte del atractivo de la fe meritocrática radica en la idea de que nuestro éxito es obra nuestra o de que, al menos, lo es si se dan las condiciones correctas. Si la economía es un terreno donde se compite en pie de igualdad, sin privilegios ni prejuicios que lo contaminen, entonces somos responsables de nuestro destino. Tenemos éxito o fracasamos en función de nuestros méritos. Tenemos lo que nos merecemos.

Se trata de una imagen liberadora para nosotros, pues viene a decirnos que podemos ser agentes humanos que se hacen a sí mismos, autores de nuestro futuro, amos de nuestro destino. También nos resulta gratificante desde el punto de vista moral, porque sugiere que la economía puede satisfacer la ancestral demanda de la justicia, la de dar a las personas lo que se merecen.

Aun así, reconocer que nuestros talentos no son obra nuestra complica esa imagen de sujetos que se hacen a sí mismos. Pone en entredicho esa fe meritocrática que nos dice que basta con vencer los prejuicios y los privilegios para crear una sociedad justa. Si nuestras aptitudes son dotes por las que estamos en deuda —con la lotería genética o con Dios—, entonces es un error y un ejercicio de soberbia suponer que nos merecemos los beneficios que de ellas se deriven.

¿El esfuerzo nos hace «merecedores»?

Los defensores de la meritocracia responden a lo anterior invocando el esfuerzo y el trabajo arduo. Sostienen que quienes ascienden a fuerza de trabajar mucho son responsables del éxito que acompaña a sus esfuerzos, y dignos de elogio por su diligencia. Esto es verdad, pero solo hasta cierto punto. El esfuerzo importa, y ninguna persona, por extraordinariamente dotada que esté, tiene éxito si no trabaja para cultivar su talento. Hasta el músico más dotado debe dedicar horas y horas a practicar para ser lo suficientemente bueno para tocar en el Carnegie Hall. Hasta el atleta más dotado debe pasar agotadores años entrenándose para entrar en el equipo olímpico.

No obstante, a pesar de la importancia del esfuerzo, el éxito rara vez surge del trabajo duro sin más. Lo que distingue a los medallistas olímpicos y las estrellas de la NBA del resto de los deportistas no es solo un régimen de entrenamiento más exigente. De hecho, muchos jugadores de baloncesto se ejercitan tanto como LeBron, pero pocos pueden igualar sus hazañas sobre la cancha. Yo podría entrenarme noche y día, pero jamás nadaría más rápido que Michael Phelps. Usain Bolt, el velocista y medalla de oro considerado el corredor más rápido del mundo, reconoció un día que su compañero de entrenamiento, Yohan Blake, otro velocista con grandes dotes de atleta, trabaja más que él. El esfuerzo no lo es todo.[16]

Quienes defienden la meritocracia lo saben, desde luego. No dicen que el deportista más esforzado es el que se merece la medalla de oro, ni que el científico más diligente se merece el Premio Nobel, ni que el trabajador que dedica más esfuerzo a lo suyo se merece el salario más alto con independencia de los resultados producidos.

Saben que el éxito es una amalgama de talento y esfuerzo, y que no es fácil disociar lo uno de lo otro. El éxito genera éxito, y a quienes carecen de las facultades que la sociedad recompensa puede resultarles difícil reunir la motivación necesaria para prosperar. Pero el argumento meritocrático no es tanto una tesis sociológica sobre la eficacia del esfuerzo como, sobre todo, una tesis moral sobre la agencia y la libertad humanas.

El énfasis meritocrático en el esfuerzo y el trabajo duro busca justificar la idea de que, si se dan las condiciones correctas, somos responsables de nuestro propio éxito y, por lo tanto, capaces de ser libres. También pretende justificar la fe en la idea de que, cuando la competencia es de verdad justa, éxito y virtud concuerdan; quienes se esfuerzan y obedecen las normas ganarán las recompensas que merecen.

Queremos creer que el éxito —en el deporte y en la vida— es algo que nos ganamos y no algo que heredamos. Los dones naturales y las ventajas que estos reportan dejan en mal lugar a la fe meritocrática. Arrojan dudas sobre la convicción de que el elogio y la recompensa son producto exclusivamente del esfuerzo, y nosotros reaccionamos entonces exagerando la significación moral del esfuerzo y del afán de triunfo. Somos testigos de esa distorsión, por ejemplo, cuando vemos como la cobertura televisiva de los Juegos Olímpicos se centra menos en las marcas y las proezas de los deportistas que en las conmovedoras historias de las adversidades que tuvieron que vencer, los obstáculos que tuvieron que superar y los esfuerzos que tuvieron que hacer para sobreponerse a una lesión, a una infancia difícil o a una complicada situación política en su país natal.[17]

También lo vemos en la abrumadora mayoría de los estadounidenses (un 77 por ciento) que, pese a lo difícil que es ascender, opinan que «la mayoría de las personas pueden tener éxito si se proponen trabajar mucho para conseguirlo».[18] Yo mismo detecto un énfasis igual de exagerado en el afán de triunfo entre mis alumnos y alumnas de Harvard que, pese a sus aptitudes impresionantes y sus (a menudo) favorables circunstancias vitales, atribuyen indefectiblemente su admisión en la universidad a su esfuerzo y al duro trabajo que hicieron para conseguirlo.

Si el ideal meritocrático es defectuoso porque ignora la arbitrariedad moral del talento y exagera la significación moral del esfuerzo, cabe preguntarse entonces qué conceptos alternativos de justicia existen y qué nociones de libertad y de mérito proponen.

DOS ALTERNATIVAS A LA MERITOCRACIA

Durante el último medio siglo, dos han sido las diferentes concepciones de sociedad justa que más directamente han influido en el debate político de la mayoría de las sociedades democráticas. A una la podríamos llamar «liberalismo de libre mercado» (o «neoliberalismo», como acostumbran a denominarla en Europa) y a la otra «liberalismo de Estado del bienestar» (o «liberalismo igualitario»).* Estas dos filosofías públicas mantienen una relación compleja con la meritocracia. Ambas ofrecen argumentos convincentes contra la idea meritocrática de que una sociedad justa es aquella que distribuye la renta y la riqueza en función de los merecimientos de las personas.

En la práctica, no obstante, cada una de ellas genera actitudes hacia el éxito que son difíciles de distinguir de las meritocráticas. Ninguna ofrece una teoría del bien común lo bastante robusta como para contrarrestar la soberbia y la humillación a las que nos hacen proclives las meritocracias. Pese a rechazar la idea de que los ganadores en una sociedad de mercado competitiva se merecen moralmente sus ganancias, ninguna de esas dos filosofías públicas aporta antídoto alguno contra la tiranía del mérito. Resulta instructivo, pese a todo, analizar como, a pesar de sus discrepancias, ambas rechazan el mérito como base de la justicia.

El liberalismo de libre mercado

Posiblemente, la defensa más influyente del neoliberalismo en el siglo XX fue la propuesta por Friedrich A. Hayek, un economista-filósofo nacido en Austria. Fuente de inspiración para Margaret Thatcher y otros proponentes del capitalismo de *laissez faire*, Hayek se oponía a las iniciativas estatales encaminadas a reducir la desigualdad económica, criticaba la progresividad fiscal y consideraba que el Estado del bienestar era la antítesis de la libertad.

En su libro *Los fundamentos de la libertad* (1960), Hayek sostiene que la única igualdad compatible con la libertad es la igualdad puramente formal de todos los ciudadanos ante la ley. Las profesiones y actividades económicas deben estar abiertas a todas las personas, pero

---

* Equivalente a lo que, en estas páginas, se ha traducido también como «liberalismo progresista» o «de centroizquierda». *(N. del T.)*

el Estado no debe tratar de igualar el terreno de juego proporcionando oportunidades educativas iguales o compensatorias, un proyecto que, para Hayek, no es realista y sí coercitivo en último término. Mientras no se abola la institución familiar, los niños y niñas crecerán inevitablemente en el marco de familias que varían en cuanto a las ventajas que dispensan a sus miembros, y cualquier intento de dar a todos los niños una posibilidad igual de éxito implicará una coacción estatal intolerable. Hayek rechaza la idea de que «hay que asegurar a todos el mismo punto de partida e idénticas perspectivas» para alcanzar el éxito. Un principio así exigiría que el Estado controlase todas «las condiciones relevantes para las posibilidades de cada individuo», una empresa de enorme envergadura que Hayek considera «opuesta a la libertad».[19]

Dada su oposición a la redistribución de la renta, cabría esperar que Hayek insistiera entonces en que el libre mercado da a las personas las recompensas económicas que se merecen. Pero no es eso lo que dice. De hecho, sostiene que los resultados del mercado no son premios a los méritos de sus agentes, sino que simplemente reflejan el valor que los consumidores otorgan a los bienes y servicios que los vendedores ofrecen. Hayek traza así una distinción entre el mérito y el valor. El primero implica un juicio moral sobre aquello de lo que son merecedoras las personas, mientras que el segundo solo es un indicador de lo que los consumidores están dispuestos a pagar por un bien u otro.[20]

Es un error, según Hayek, moralizar en exceso las recompensas económicas dando por supuesto que reflejan el mérito de quienes las reciben. De hecho, uno de los motivos por los que Hayek quiere devaluar esta concepción moralizante es para desacreditar una crítica habitual a las desigualdades de renta y riqueza que los mercados sin restricciones generan. En concreto, la objeción de mayor peso a la desigualdad, según él, es la preocupación por que «las diferencias en las recompensas no correspondan a ninguna distinción reconocible en los méritos de aquellos que las reciben».[21]

La réplica de Hayek a dicha objeción es muy reveladora. En vez de intentar mostrar que quienes obtienen recompensas generosas en el mercado se las merecen desde el punto de vista moral, rechaza la idea de que las recompensas económicas reflejen los méritos de las personas, o el merecimiento moral de estas. Ahí está el meollo de su distinción entre mérito y valor. En una sociedad libre, mi renta y mi riqueza reflejan el valor de los bienes y los servicios que yo ofrezco, pero ese valor está determinado por las contingencias de la oferta y la demanda. No tiene nada que ver con mi mérito ni mi virtud, ni con la importancia moral de mi contribución.

Para ilustrar el argumento de Hayek, pensemos en un ejemplo. Algunas personas sostienen que los gestores de fondos de cobertura (*hedge funds*) no merecen ganar muchísimo más que los maestros y maestras de escuela, como sucede en la actualidad; gestionar dinero es una labor mucho menos admirable e importante que enseñar e inspirar a los jóvenes. Un defensor de los mercados libres podría responder a eso que los gestores de fondos de cobertura tienen la responsabilidad de invertir las pensiones de ese mismo personal docente o de los bomberos, o las dotaciones financieras de las universidades, etcétera, que a esas personas e instituciones tanto les cuesta ganar, y que, por lo tanto, la importancia moral de su trabajo los hace dignos de cobrar las enormes sumas de dinero que perciben. Pero la respuesta de Hayek no va por ahí. Su argumento es más radical. Él rechaza la idea misma de que el dinero que ganan las personas deba ser un reflejo de lo que merecen ganar.

Hayek defiende ese argumento suyo señalando que el hecho de que yo posea las destrezas que la sociedad casualmente valora no es obra mía, sino una condición moralmente contingente, una cuestión de buena suerte.

> Los dones de nacimiento de determinado individuo, así como los que pueda adquirir, tienen claramente para sus semejantes un valor que no depende de ningún crédito que le sea debido por razón de la posesión.
>
> Poco puede hacer un hombre para alterar el hecho de que su privativo talento sea muy común o extremadamente raro. Una buena inteligencia o una magnífica voz, un rostro bello o una mano habilidosa, un cerebro ingenioso o una personalidad atractiva, son en gran medida tan independientes del mérito personal como las oportunidades o las experiencias que el poseedor haya tenido. En todos estos

casos, el valor que la capacidad o los servicios de una persona supongan para nosotros y por los que recibe recompensa tiene poca relación con cualquier cosa que podamos denominar mérito.[22]

Para Hayek, negar que las recompensas económicas son una cuestión de mérito es un modo de rebatir las demandas de redistribución de quienes creen que los gestores de fondos de cobertura no merecen cobrar más por su trabajo que los profesores. Hayek puede responder así que, aunque la vocación de la enseñanza nos parezca más encomiable que la de la gestión financiera, las retribuciones y los salarios no son premios al buen carácter ni a las labores admirables, sino simples pagos que reflejan el valor económico de los bienes y los servicios que los participantes en el mercado ofrecen.

Por el contrario, los defensores del liberalismo de Estado del bienestar sí que están a favor de gravar a los ricos para ayudar a los pobres. Lo sorprendente en su caso, sin embargo, es que comparten el punto de vista de Hayek en cuanto a que la distribución de la renta y la riqueza no debería basarse en lo que las personas merezcan.

El liberalismo de Estado del bienestar

El liberalismo de Estado del bienestar (o «liberalismo igualitario») tiene su expresión filosófica más completa en la obra de John Rawls, célebre filósofo político estadounidense del siglo XX. En su libro clásico *Teoría de la justicia* (1971), Rawls argumenta que ni siquiera un sistema donde se diera una igualdad de oportunidades equitativa, es decir, que compensara por entero los efectos de las diferencias de clase, daría lugar a una sociedad justa. ¿El motivo? Que si las personas compitieran en plena igualdad de condiciones, ganarían aquellas que estuvieran dotadas con el mayor talento, pero las diferencias de talento son tan arbitrarias desde el punto de vista moral como puedan serlo las de clase.[23]

«Aun si funcionase a la perfección eliminando la influencia de las contingencias sociales —sostiene Rawls—, [una meritocracia equitativa] de todas maneras permitiría que la distribución de la riqueza y del ingreso fuese determinada por la distribución natural de capacidades y talentos.»[24] Las desigualdades de renta debidas al talento natural no son más justas que las que surgen de las diferencias de clase. «Desde un punto de vista moral, ambas parecen igualmente arbitrarias.»[25] Por lo tanto, ni siquiera la sociedad que alcanzara un estado de verdadera igualdad de oportunidades sería por ello necesariamente justa. También tendría que abordar las desigualdades que nacen de las diferencias entre las personas en cuanto a las aptitudes innatas.

¿Cómo lidiar con estas, pues? A algunos partidarios de la meritocracia les preocupa que la única alternativa a la igualdad de oportunidades fuese la igualdad de resultados, una especie de igualdad niveladora que lastraría a los talentosos impidiéndoles adquirir una ventaja competitiva. En un relato breve titulado «Harrison Bergeron», el escritor Kurt Vonnegut, Jr. imaginaba un futuro distópico en el que las personas dotadas de una inteligencia, una fuerza física y una belleza superiores estarían obligadas a llevar puestos estorbos y disfraces varios que compensaran sus ventajas naturales.[26]

Pero Rawls muestra que esa no es la única manera de compensar la desigualdad de talentos. «Nadie merece una mayor capacidad natural ni tampoco un lugar inicial más favorable en la sociedad. Sin embargo, esto no es razón, por supuesto, para eliminar estas distinciones. Hay otra manera de hacerles frente.»[27] En vez de poner obstáculos a los talentosos, Rawls se decanta por que los ganadores compartan sus ganancias con aquellos que no son tan afortunados como ellos. No hagamos que los mejores corredores calcen zapatillas de plomo; que corran todo lo rápido que puedan. Pero reconozcamos de antemano que sus ganancias no les pertenecen en exclusiva. Animemos a los talentosos a cultivar y ejercitar sus talentos, pero en el bien entendido de que las recompensas que esos talentos reciban en el mercado deberían compartirse con el conjunto de la comunidad.

Rawls llama «el principio de diferencia» a esta forma de gestionar talentos desiguales. Difiere de la meritocracia no en que se impida a los mejor dotados ejercer sus capacidades, sino en que niega que merezcan las recompensas que estas les reportan en una sociedad de mercado.

«El principio de diferencia representa, en efecto —escribe

Rawls—, el acuerdo de considerar la distribución de talentos naturales, en ciertos aspectos, como un acervo común, y de participar en los beneficios de esta distribución, cualesquiera que sean. Aquellos que han sido favorecidos por la naturaleza, quienesquiera que sean, pueden obtener provecho de su buena suerte solo en la medida en que mejoren la situación de los no favorecidos.» La sociedad debería estar configurada «de modo tal que estas contingencias funcionen en favor de los menos afortunados».[28]

El meritócrata podría reponer a lo anterior que, aun suponiendo que nuestros talentos naturales sean una cuestión de pura suerte, nuestro esfuerzo sí depende de nosotros. Nos merecemos, por tanto, lo que ganamos por mor de nuestro esfuerzo y arduo trabajo. Rawls no está de acuerdo. «Incluso la buena disposición para hacer un esfuerzo, para intentarlo, y por tanto ser merecedor del éxito en el sentido ordinario, depende de la felicidad en la familia y de las circunstancias sociales.» Ni siquiera el esfuerzo puede reflotar la validez de la idea según la cual las recompensas del mercado deberían ser un reflejo del mérito moral.

> Igualmente problemático es el que merezcamos el carácter superior que nos permite hacer el esfuerzo por cultivar nuestras capacidades, ya que tal carácter depende, en buena parte, de condiciones familiares y sociales afortunadas en la niñez, por las cuales nadie puede atribuirse mérito alguno. La noción de mérito no puede aplicarse aquí.[29]

Como Hayek, Rawls también subraya la arbitrariedad moral del talento y rechaza la idea de que los resultados del mercado reflejen méritos o merecimientos, pero, a diferencia de aquel, en el caso Rawls esto justifica la aplicación de un sistema fiscal redistributivo. A quienes le niegan al Estado el derecho a gravarles una parte de la renta que ganan con su esfuerzo porque entienden que se la merecen, Rawls replica que la cantidad de dinero que cobramos depende de factores que son arbitrarios desde el punto de vista moral. No es por nada que haya hecho yo por lo que el mercado valora las aptitudes que poseo ni por lo que yo las posea ya de forma innata. Por lo tanto, no tengo derecho a quejarme si la normativa fiscal me obliga a entregar una parte de mi renta para sufragar escuelas, carreteras o ayudas a la población pobre.

Podría argumentarse que, aunque yo no merezca moralmente los beneficios con que el mercado premia mis facultades, la cuestión de cómo deberían distribuirse esos beneficios pertenece a otro orden de cosas distinto. ¿Debería la sociedad distribuirlos entre la comunidad en su conjunto, solo entre los miembros menos afortunados de la sociedad, o bien (como opina Hayek) dejar que se los queden aquellos y aquellas a quienes vayan a parar ya de entrada? La tesis de Rawls de que las ganancias derivadas del mercado reflejan factores arbitrarios desde una perspectiva moral es un poderoso argumento negativo; mina los fundamentos de la alegación meritocrática de que los ricos se merecen el dinero que ganan. Sin embargo, no demuestra que la comunidad tenga un derecho moral legítimo a disponer de ese dinero, o siquiera de una parte del mismo.

Para ello habría que mostrar que estamos en deuda en diversos sentidos con la comunidad que posibilita nuestro éxito y, por consiguiente, obligados a contribuir a su bien común.[30]

Tanto política como filosóficamente, a los liberales de Estado del bienestar se les suele dar mejor elaborar y propugnar el argumento negativo (la crítica a que el individuo sea el único que tenga derecho legítimo a su propio éxito) que el argumento positivo (la defensa de que el individuo esté en deuda con la comunidad). Recordemos el intento de Barack Obama de evocar la dependencia y la obligación mutua entre los ciudadanos durante su campaña para la reelección en 2012.

Si has tenido éxito, no llegaste ahí solo. No llegaste solo. Siempre me sorprenden las personas que piensan que, en fin, «seguro que esto es porque soy muy inteligente». Hay muchas personas inteligentes por ahí. «Seguro que es porque me esforcé más que nadie.» Pues, mira por dónde, hay un montón de personas trabajadoras en el mundo.

Si has tenido éxito, fue porque alguien te prestó algo de ayuda por el camino. Hubo un gran maestro en algún momento de tu vida. Alguien contribuyó a crear este increíble sistema estadounidense nuestro que te permitió progresar. Alguien invirtió en carreteras y

puentes. Si ahora tienes un negocio, no lo construiste tú. Alguien más
lo hizo posible.[31]

Los republicanos usaron esas dos frases finales para caracterizar a
Obama como un apóstol del intervencionismo estatal y alguien hos-
til a los emprendedores. Desde luego, no quiso decir que el negocio
de nadie lo construyera realmente «alguien más». Lo que pretendía
afirmar era que las personas de éxito no son las únicas responsables
de este último, sino que están en deuda con la comunidad que lo
hace posible, no solo construyendo carreteras y puentes, sino también cultivando nuestras aptitudes y valorando nuestras aportaciones.
«No estás solo; todos estamos juntos en esto», añadió unas frases después.[32]

Más que un lapsus, ese no muy afortunado intento de Obama de
describir la deuda moral que los exitosos han contraído con sus conciudadanos refleja un punto débil de la filosofía del liberalismo de Estado del bienestar, y que no es otro que su fracaso a la hora de proporcionar un sentido de la comunidad que sea adecuado para la
solidaridad que sus principios requieren. Esto podría explicar por qué
flaquea la legitimidad del Estado del bienestar en las últimas décadas,
no solo en Estados Unidos sino también en Europa, donde los servicios públicos y las redes de protección social han sido tradicionalmente más generosas. También podría explicar la incapacidad de las
democracias liberales para resistir la embestida de la desigualdad galopante de estos últimos tiempos y la oleada de espíritu meritocrático
—en la retórica política y en las actitudes públicas— justificador de
dicha desigualdad.

RECHAZO DEL MÉRITO

Tanto Hayek como Rawls rechazan el mérito o el merecimiento
como base de la justicia. Para Hayek, negar que las recompensas económicas son una cuestión de mérito es una forma de repeler las demandas de redistribución.

Para Rawls, la renuncia al mérito y a las recompensas sirve para

apoyar la posición política contraria. Es un modo de repeler las críticas a la redistribución que puedan formular personas ricas que ale-
guen, por ejemplo, que se merecen el dinero que han ganado y que,
por consiguiente, no está bien gravar con fines redistributivos una
parte de esas ganancias. Rawls puede replicar así que ganar mucho dinero no es ningún indicador del mérito o la virtud de una persona,
pues refleja simplemente la feliz casualidad de que las capacidades que
una persona ofrece en el mercado son justamente aquellas para las
que hay demanda en él. Desde el momento en que una sociedad ins-
taura una legislación fiscal justa, sus miembros tienen derecho a quedarse aquella parte de sus ingresos que la ley estipule, pero lo que no
está justificado es que reclamen que la normativa sobre impuestos
deba redactarse como si tuviera que pagar o recompensar sus méritos
y logros.[33]

Aunque Rawls y Hayek difieren en lo político, su rechazo del
mérito como base de la justicia pone de relieve dos principios filosóficos que ambos comparten. Uno tiene que ver con la dificultad de
alcanzar acuerdos, en sociedades pluralistas, sobre qué virtudes y qué
cualidades del carácter son merecedoras de recompensa. El otro está
relacionado con la libertad. «En la práctica, recompensar de acuerdo
con el mérito debe significar premiar de acuerdo con un mérito señalado —escribió Hayek—, mérito que otras gentes pueden reconoc-
cer y estar de acuerdo con él, y mérito que no es meramente juzgado
por un solo y alto poder.» La dificultad de identificar el mérito origi-
na un problema más profundo aún. Dado el inevitable desacuerdo en
torno a qué actividades son meritorias o dignas de elogio, todo intento de basar la justicia distributiva en el mérito moral en vez de en el
valor económico conduciría a la coerción. «Una sociedad en la que
se estatuyese la posición de los individuos en correspondencia con las
ideas humanas de mérito sería el polo más diametralmente contrario
a la sociedad libre.»[34]

Rawls también apunta a las amplias discrepancias a propósito del
mérito y los merecimientos, y le preocupa asimismo que fundamentar la justicia en estos esté reñido con la libertad. Ahora bien, a diferencia de Hayek, Rawls no concibe la libertad en términos de mercado. Para él, la libertad consiste en vivir conforme a nuestra

concepción de lo que es la vida buena respetando el derecho de otras personas a hacer eso mismo. Esto significa observar aquellos principios de justicia en los que tanto nosotros como nuestros conciudadanos coincidiríamos si dejáramos a un lado nuestros intereses y ventajas particulares. Pensar en la justicia desde ese punto de vista —sin saber de antemano si en la vida seremos ricos o pobres, fuertes o débiles, personas sanas o enfermas— no nos llevaría a ratificar cualesquiera de las distribuciones de renta que genere el mercado, sino todo lo contrario; según Rawls, nos llevaría a aceptar únicamente las desigualdades que ayudaran a los miembros menos favorecidos de la sociedad.

Aunque Rawls rechaza la distribución de renta que se genera con un mercado libre, sí tiene algo en común con Hayek: los principios de justicia de Rawls no buscan premiar el mérito o la virtud. En las sociedades pluralistas, las personas mantienen discrepancias y desacuerdos sobre lo que debe considerarse meritorio o virtuoso, pues esos juicios dependen de unas concepciones en disputa sobre cuál es la mejor forma de vivir. Desde el punto de vista de Rawls, basar unos principios de justicia en una cualquiera de esas concepciones supondría socavar la libertad; significaría imponer a unos los valores de otros y, por lo tanto, no respetar el derecho de todas las personas a elegir su concepción de la vida buena y a vivir conforme a ella.

Así pues, pese a sus diferencias, tanto Hayek como Rawls rechazan la idea de que las recompensas económicas deban reflejar lo que se merecen las personas, y son conscientes de que, con ello, van en contra de la creencia más comúnmente aceptada. La idea de que lo justo es dar a las personas lo que se merecen parece estar muy arraigada en la opinión de los no iniciados en la materia. Rawls señala la «tendencia, por parte del sentido común, a suponer» que la renta y la riqueza deberían distribuirse con arreglo al mérito moral, y Hayek admite que su repudio del mérito «puede parecer, a primera vista, tan extraño y chocante» que se ve obligado a «pedir al lector que suspenda su juicio» hasta que se haya explicado.[35]

No obstante, lo cierto es que, aunque el liberalismo de libre mercado y el liberalismo de Estado del bienestar fijaron los términos dentro de los que se ha movido el discurso público durante el pasado medio siglo, nunca llegaron a desanidar la muy extendida convicción de que lo que cobramos las personas debería reflejar lo que nos merecemos.[36] Al contrario: durante estas décadas, las actitudes meritocráticas ante el éxito se han afianzado más todavía, aun a pesar del estancamiento de la movilidad y de la profundización de la desigualdad.

MERCADOS Y MÉRITO

He aquí, pues, una desconcertante característica de la política contemporánea: ¿por qué, a pesar de que las filosofías públicas más importantes de nuestro tiempo rechazan los supuestos meritocráticos, se aferran la retórica política y las actitudes públicas a la idea de que las recompensas económicas concuerdan (o deberían concordar) con el mérito y los merecimientos?; ¿se trata simplemente de que la filosofía está demasiado alejada del mundo como para ejercer influencia alguna en cómo piensan y actúan los ciudadanos corrientes, o bien de que ciertos rasgos de los liberalismos de libre mercado y de Estado del bienestar abren la puerta a que se produzcan esas interpretaciones meritocráticas del éxito que formalmente rebaten?

Yo creo que es lo segundo. Si examinamos más a fondo estas dos variantes de liberalismo, vemos que su repudio del mérito y los merecimientos no es tan taxativo como, de entrada, podría parecer. Ambas rechazan la idea meritocrática según la cual, si la competencia es justa, los ricos son más meritorios que los pobres. Pero las alternativas que ofrecen pueden dar pie, de todos modos, a actitudes características de las sociedades meritocráticas: soberbia entre quienes tienen éxito y resentimiento entre los desfavorecidos.

Donde más claramente se puede apreciar esto es en la distinción que establece Hayek entre el mérito y el valor. Hayek tiene razón en señalar que concebir las desigualdades de renta como el fruto de unas desigualdades de mérito es como añadir sal a la herida de los menoscabados. «Una sociedad en la cual se presumiese que los ingresos elevados son prueba de mérito y los ingresos bajos falta del mismo, en la que se creyese universalmente que la posición y la remuneración se corresponden con el mérito [...], sería, probablemente, mucho más

insufrible para quienes no triunfasen que otra en la que se reconocie-
se francamente que no existe necesariamente conexión entre el mérito y el éxito.»[37] Hayek cita incluso a toda una figura del Partido Laborista británico como fue Anthony Crosland, en cuyo influyente
libro *The Future of Socialism* (1956) también ponía de relieve el desmoralizador efecto que una meritocracia puede tener sobre quienes
no ascienden socialmente.

> Cuando se conoce que las oportunidades son desiguales y la se-
> lección tiende claramente a favorecer la riqueza o el linaje, los humanos
> se conforman con el fracaso diciendo que nunca tuvieron una buena
> oportunidad, que el sistema es injusto y que la balanza está demasiado
> inclinada en su contra. Sin embargo, cuando la selección se realiza
> notoriamente según el mérito, la aludida fuente de alivio desaparece
> y el fracaso provoca un total sentimiento de inferioridad, sin posible
> disculpa o consuelo, lo que, por natural reacción de la naturaleza hu-
> mana, incrementa la envidia y el resentimiento que suscita el éxito de
> los otros.[38]

Hayek sostiene que tener presente la diferencia entre mérito y
valor vuelve menos odiosas las desigualdades de renta. Si todo el
mundo supiera que estas no tuvieron nada que ver con el mérito de
las personas, los ricos serían menos arrogantes y los pobres, menos
rencorosos. Pero si, como dice Hayek, el valor económico es una base
legítima de la desigualdad, no está tan claro que esto vaya a frenar las
actitudes de envidia ante el éxito de otros.

Pensémoslo bien: ¿cuán diferente es en verdad la historia que los
triunfadores se cuentan a sí mismos si creen que su éxito es una medida del valor de lo que aportan, en vez de un indicador de su virtud
o su mérito? ¿Y cuán diferente es la historia que los desfavorecidos se
cuentan a sí mismos si creen que sus dificultades no son un reflejo de
un carácter defectuoso, sino simplemente del nimio valor que tiene
lo que ofrecen?

Tanto moral como psicológicamente, la distinción entre mérito
y valor se vuelve así vaporosamente tenue. Este es sobre todo el caso
en las sociedades de mercado, donde el dinero es la medida de la ma-

yoría de las cosas. En estas sociedades, recordarles a los ricos que su riqueza es un reflejo (tan solo) del valor superior de lo que aportan a la sociedad difícilmente puede ser un antídoto contra la soberbia y la autocomplacencia. Y recordar a los pobres que su pobreza es un reflejo (tan solo) del valor inferior de lo que aportan difícilmente puede ser un tónico vigorizador de su autoestima.

La facilidad con la que los juicios del valor pueden tornarse en juicios del mérito es un reflejo de la conocida (aunque cuestionable) suposición de que el valor de mercado de una persona es un buen indicador de su contribución a la sociedad. Hayek acepta esa suposición de un modo acrítico. Solo se limita a señalar que nuestro valor de mercado está determinado por factores ajenos a nuestro control y, por lo tanto, no es una medida de nuestro mérito. Pero no toma en consideración la posibilidad de que el valor de la aportación de una persona a la sociedad pudiera ser otro que su valor de mercado.

El problema es que, desde el momento en que se toma el valor de mercado como representativo de la contribución social, se vuelve difícil resistirse a la idea de que las personas se merecen —por justicia— la renta que les corresponda por su valor de mercado o su «producto marginal», en el argot de los economistas. Según el análisis económico convencional, los mercados perfectamente competitivos pagan a cada trabajador el valor de su «producto marginal», que es el valor de producción que cabe atribuir a ese trabajador en concreto.

Si, a pesar de la complejidad de la economía, se puede identificar e individualizar de ese modo el valor de mercado de cada persona, y si el valor de mercado es la verdadera medida de la contribución social, entonces no se necesita mucho para concluir también que las personas merecen moralmente que se las remunere conforme a su «producto marginal» (o valor de mercado).

Una reciente versión de este argumento es la que ha propuesto el economista de Harvard N. Gregory Mankiw, que en su día fuera asesor económico del presidente George W. Bush. Mankiw toma como premisa de partida un principio moral muy extendido e intuitivamente atractivo: «Las personas deberían recibir lo que merecen. Una persona que aporte más a la sociedad merece una renta más elevada que refleje esa superior contribución por su parte». Pone como ejemplos a Steve Jobs (el fundador de Apple) y a J. K. Rowling (autora de los popularísimos libros de Harry Potter). La mayoría de la gente está de acuerdo en que estas dos personas se merecen los muchos millones que han ganado, sugiere Mankiw, porque sus elevados ingresos vienen a reflejar el gran valor que para la sociedad tienen los iPhones y las novelas de aventuras cautivadoras.[39]

Mankiw hace extensivo ese razonamiento a todas las rentas en una economía de mercado competitiva: los resultados generados por los mercados competitivos deberían ser considerados morales por ello, da igual si hablamos de personas cuidadoras o de gestores de fondos de cobertura. Dado que «la renta de cada persona refleja el valor de lo que ha aportado a la producción de bienes y servicios de la sociedad —sostiene Mankiw—, se puede extraer fácilmente la conclusión de que, en esas condiciones idealizadas, cada persona recibe lo que justamente se merece».[40]

La afirmación de que las personas se merecen moralmente cualesquiera ingresos que un mercado libre y competitivo les asigne se remonta a los primeros tiempos de la economía neoclásica. Ahora bien, hace tiempo que quienes critican esta idea —entre quienes se incluyen algunos economistas generalmente favorables a los mercados libres— han señalado sus principales defectos. Como ya hemos visto, Hayek la rechaza alegando que lo que las personas ganan depende de unas aptitudes innatas que el individuo dotado de ellas no ha hecho nada por tener. También depende de los caprichos de la oferta y la demanda. Que el talento que yo tenga para ofrecer en el mercado sea raro o frecuente no es culpa mía, pero aun así ese es un factor decisivo para determinar el nivel de renta con el que puede retribuirse en el mercado. La teoría de los «merecimientos justos» de Mankiw ignora todas esas eventualidades.

VALOR DE MERCADO FRENTE A VALOR MORAL

Posiblemente, la crítica más demoledora contra la idea de que los resultados del mercado reflejan el merecimiento moral de sus agentes fue la que propuso en la década de 1920 Frank Knight, uno de los fundadores de la economía neoclásica. Knight, una voz crítica con el New Deal, enseñó en la Universidad de Chicago, donde tuvo como alumnos a Milton Friedman y a otros que se convertirían en destacados economistas libertarios liberales. Aun así, Knight arremetió con incisiva contundencia contra la noción de que los mercados recompensan el mérito. «Es habitual suponer [...] que la contribución productiva es una medida ética del merecimiento», escribió. Pero, «si examinamos la cuestión, veremos enseguida que la contribución productiva puede tener una significación ética escasa o nula».[41]

Knight ofrece dos argumentos contrarios a la atribución de mérito moral a los resultados del mercado. Uno es el talento natural, que recuperarían posteriormente Hayek y Rawls, que no olvidaron citarle como fuente de inspiración.[42] Yo he hecho tan poco por tener unos dones innatos que me permitan satisfacer una determinada demanda del mercado como por heredar una propiedad valiosa. «Cuesta ver en qué sentido [...] estar en posesión de la capacidad de proveer unos servicios que tienen demanda [...] da derecho ético alguno a disponer de una cuota superior del dividendo social, a no ser que la capacidad en sí fuera el producto de un esfuerzo consciente de mi parte por poseerla.» Además, la renta que mis facultades devengan depende del número de otras personas que también las posean. Tener un talento que casualmente sea escaso y, por ello, muy apreciado dispara sin duda mis ingresos, pero no es algo por lo que pueda atribuirme un mérito. «Cuesta ver en qué sentido es más meritorio el mero hecho de ser diferente de otras personas que el parecerse a ellas.»[43]

El segundo argumento de Knight es de mayor alcance. Pone en cuestión un supuesto que Hayek da por sentado. Me refiero a la equivalencia entre valor de mercado y contribución social. Según señala Knight, satisfacer la demanda del mercado no es necesariamente lo mismo que realizar una contribución verdaderamente valiosa a la sociedad.

Atender la demanda del mercado no es más que satisfacer las necesidades y los deseos que las personas tengan en ese momento. Pero la significación ética de satisfacer tales deseos depende de la valía moral de estos, y evaluar tal valía implica juicios morales —discutibles, sin duda— que el análisis económico no puede proporcionar. Por lo tanto, aun después de dejar a un lado la cuestión del talento, es un error suponer que el dinero que las personas ganan complaciendo las preferencias de los consumidores refleja un mérito o un merecimiento moral. Su significación ética depende de consideraciones morales que ningún modelo económico puede suministrar.

> No podemos aceptar la satisfacción de deseos como criterio definitivo del valor porque, en realidad, no consideramos nuestros deseos como algo definitivo; en vez de conformarnos con la idea de que sobre gustos no hay nada escrito, discutimos sobre ellos más que sobre ninguna otra cosa; nuestro problema más difícil a la hora de la valoración es la evaluación de nuestros deseos mismos, y, de todos ellos, el más problemático es el deseo de tener los deseos «correctos».[44]

Esta reflexión de Knight inserta una cuña de separación entre dos conceptos que Hayek fusiona, el valor de una contribución económica según la medida que de él da el mercado y su valor real. Consideremos el caso del profesor de química de secundaria que protagoniza la serie de televisión *Breaking Bad* y que utiliza sus conocimientos como químico para fabricar metanfetamina, una droga muy demandada (aunque ilegal). La «meta» que él «cocina» es tan pura que vale millones en el mercado de la droga, y los ingresos que percibe por ella son infinitamente mayores que el modesto salario que cobra como profesor. La mayoría de nosotros estaríamos de acuerdo, no obstante, en que su aportación como docente tiene un valor infinitamente mayor que su aportación como vendedor de droga.

La razón de esto último no tiene nada que ver con las imperfecciones del mercado ni con que las leyes que prohíben las drogas limitan la oferta y, por tanto, disparan las ganancias de quienes comercian ilegalmente con ellas. Aunque la «meta» fuera legal, es probable que un químico de talento ganase igualmente más dinero produciéndola que enseñando en un instituto. Pero eso no significa que la contribución de un vendedor de «meta» sea más valiosa que la de un profesor.

Pensemos también, si no, en el caso del magnate de los casinos Sheldon Adelson. Es uno de los hombres más ricos del mundo y gana miles de veces más dinero que un enfermero o un médico. Sin embargo, aun en el supuesto de que los mercados en los que operan los magnates de los casinos y los proveedores de atención sanitaria fueran perfectamente competitivos, no habría motivos para creer que el valor de mercado de cada uno de ellos estaría reflejando el auténtico valor de sus respectivas aportaciones a la sociedad. Esto es así porque el valor de sus contribuciones depende de la importancia moral de los fines a los que sirven, y no de la eficacia con la que satisfacen la demanda de los consumidores. Cuidar de la salud de las personas es moralmente más importante que satisfacer su deseo de jugar a las tragaperras.

Knight sostiene, además, que «los deseos que un sistema económico trata de satisfacer mediante su funcionamiento los genera en gran medida el funcionamiento mismo del sistema». El orden económico no satisface simplemente la demanda preexistente; «su actividad se extiende al terreno de la formación, y hasta de la transformación radical —cuando no directamente de la creación—, de los deseos mismos». Toda evaluación ética de un sistema económico debe tener en cuenta, pues, «la clase de deseos que tiende a generar o nutrir», y no solo su eficiencia a la hora de satisfacer «los deseos existentes en un momento dado».[45]

Por todas estas consideraciones, Knight rechaza la noción misma que Mankiw defiende, la de que, en un mercado donde existe competencia perfecta, las personas son merecedoras morales del producto marginal de su trabajo. Knight ridiculiza tales ideas llamándolas «las conocidas conclusiones éticas de la economía apologética».[46]

Aunque Knight, escéptico como pocos ante los proyectos ambiciosos de reforma social, ha pasado a la historia como un destacado partidario de la economía del *laissez faire*, no dudó en cargar con fuerza contra la idea de que los precios del mercado son el indicador del mérito moral o el valor ético.

El producto o la contribución siempre se mide en términos de precios, los cuales no se corresponden ni de cerca con el valor ético o la significación humana. El valor monetario de un producto depende de la «demanda», que a su vez refleja los gustos y el poder adquisitivo del público comprador, así como la disponibilidad de artículos sustitutivos. Todos estos factores han sido creados (y son controlados) en gran parte por el funcionamiento del sistema económico en sí [...]. De ahí que sus resultados no puedan tener en sí mismos ninguna significación ética como criterios para juzgar el sistema.[47]

Aunque Knight no dice en ningún momento que esté ofreciendo una teoría ética que pueda valorar la importancia moral de las diversas necesidades y deseos, sí que rechaza la idea —familiar entre los economistas— de que no se pueden juzgar los gustos, de que es imposible clasificar unos deseos como superiores o más dignos que otros. Un sistema económico debería juzgarse no tanto por su eficiencia para satisfacer la demanda de los consumidores como «por los deseos que genera [y] el tipo de carácter que infunde en las personas que en él participan [...]. Desde un punto de vista ético, la creación de los deseos correctos es más importante que la satisfacción sin más de los deseos».[48]

Al cuestionar el supuesto de que el valor de mercado de las contribuciones productivas tenga significación ética alguna, Knight ofrece una crítica de la meritocracia más exhaustiva que la de Hayek, y menos susceptible de caer en la autocomplacencia. Hayek les dice a los ricos que, aunque su riqueza no es indicativa de su mérito, sí lo es del valor superior de su contribución a la sociedad. Para Knight eso es excederse en el halago. Que se nos dé bien ganar dinero no cuantifica nuestro mérito ni el valor de nuestra contribución. Lo único que la persona de éxito puede en verdad decir es que ha conseguido —mediante alguna insondable combinación de genio o astucia, oportunidad o talento, suerte o coraje o pura determinación— satisfacer con eficacia la amalgama de necesidades y deseos, serios o frívolos, que conforman la demanda de los consumidores en un momento dado. Satisfacer la demanda de los consumidores no es valioso en sí; su valor depende, caso por caso, del estatus moral de los fines a los que esté sirviendo.

¿MERECIMIENTO O DERECHO?

Nos quedaba pendiente la pregunta de cómo el liberalismo igualitario alimenta también la soberbia meritocrática, a pesar de que rechaza la idea de que las personas se merezcan moralmente las recompensas económicas que confieren los mercados. Para empezar, es importante aclarar lo que Rawls quiere decir cuando desestima el merecimiento como base de la justicia. No está postulando que nadie tenga un derecho legítimo a los ingresos o la posición que pueda llegar a adquirir. En una sociedad justa, quienes trabajan mucho y se atienen a las normas tienen derecho a lo que ganan.

En ese punto, Rawls introduce una distinción sutil, aunque importante, entre el merecimiento moral y lo que él llama los «derechos de expectativas legítimas». La diferencia es la siguiente: al contrario de lo que ocurre con un merecimiento, un derecho (*entitlement*) de este tipo solo puede existir a partir del momento en que están implantadas ciertas reglas del juego. No puede indicarnos, sin embargo, cómo fijar de entrada esas reglas. Lo que Rawls viene a decirnos es que no podemos saber quién tiene derecho a qué cosas sin antes identificar los principios de justicia por los que se deben regir esas reglas y, en general, la estructura básica de la sociedad.[49]

Pues bien, esa distinción incide en el debate sobre la meritocracia del modo siguiente. Fundamentar la justicia en el mérito moral equivaldría a fijar las reglas con el fin de recompensar a los virtuosos y los meritorios. Rawls está en contra de eso; considera que es un error concebir un sistema económico —o, para el caso, una constitución— como si fuera un plan destinado a honrar la virtud o a cultivar el carácter bueno. Para él, las consideraciones sobre la justicia son previas a las consideraciones sobre el mérito y la virtud.

Ese es el núcleo de la crítica de Rawls a la meritocracia. En una sociedad justa, quienes se hacen ricos o alcanzan posiciones de prestigio tienen derecho a su éxito, no porque este dé fe de su superior mérito, sino solo porque esos beneficios forman parte de un sistema que es equitativo con todos y todas, incluidos los miembros de la sociedad que están en peor situación.

«Un esquema justo responde a lo que las personas tienen derecho a exigir; este esquema satisface sus legítimas expectativas basadas en las instituciones sociales. Pero lo que tienen derecho a exigir no es proporcional a, ni depende de, su valor intrínseco.» Los principios de la justicia que definen los deberes y derechos de las personas «no mencionan el merecimiento moral, y no hay una tendencia a que las porciones distributivas se correspondan con él».[50]

Hay en juego en este repudio del mérito por parte de Rawls dos cuestiones, una política y otra filosófica. En el plano político, Rawls quiere mostrar que los adinerados no pueden oponerse legítimamente a la tributación progresiva alegando que su riqueza es aquello que en justicia les corresponde, algo que se merecen moralmente. Este sería el argumento relativo a la arbitrariedad moral del talento y de otros factores contingentes que contribuyen al éxito. Si el éxito en una economía de mercado depende en buena medida de la suerte, difícilmente puede justificarse que el dinero que ganamos es una recompensa a nuestro mérito o nuestros merecimientos superiores.

> Ninguno de los preceptos de la justicia está dirigido a recompensar la virtud. Las recompensas de más que obtienen quienes poseen talentos naturales escasos en la sociedad, por ejemplo, deben cubrir los costes de la enseñanza y alentar los esfuerzos de aprendizaje, además de dirigir las distintas capacidades hacia donde mejor se favorezca el interés común. Las porciones distributivas resultantes no están correlacionadas con el valor moral, ya que la dotación inicial de activos naturales y las contingencias de su crecimiento y educación, en las primeras etapas de la vida, son arbitrarias desde un punto de vista moral.[51]

En el plano filosófico, la afirmación de que los principios de justicia deben definirse con independencia de las consideraciones sobre el mérito, la virtud o el merecimiento moral ejemplifica un rasgo más general del liberalismo de Rawls. Me refiero a la tesis de que lo «correcto» (el marco «justo» de los deberes y derechos por los que se rige el conjunto de la sociedad) es previo a lo «bueno» (las concepciones diversas de la virtud y la vida buena por las que trata de regirse cada persona dentro de ese marco). Unos principios de justicia que afirmaran una concepción particular del mérito, la virtud o el merecimiento moral no serían neutros con respecto a las diversas concepciones en disputa sobre cuál debe ser la vida buena a la que los ciudadanos se adhieren en las sociedades pluralistas. Unos principios así impondrían a algunos los valores de otros y, por consiguiente, no respetarían el derecho de todos a elegir su propio estilo de vida y vivir conforme a él.

Rawls explica esa prioridad de la justicia sobre el mérito con una analogía: no instauramos la institución de la propiedad porque creamos que los ladrones tienen un carácter malo y busquemos entonces una institución que nos permita castigarlos por ello. Esa sería una teoría «meritocrática» del castigo, por así llamarla —antepondría lo bueno a lo correcto o lo justo—, pero es algo que interpreta al revés la lógica moral . Lo que hacemos es instaurar la institución de la propiedad por motivos de eficiencia y de justicia; luego, si hay personas que roban, aplicamos la ley y las castigamos. Al infringir los derechos de otros, se convierten en merecedoras de castigo. El objetivo de la punición es penalizar a los ladrones por haber cometido una injusticia, no estigmatizarlos por su supuesta maldad de carácter (aunque este puede ser un efecto secundario de dicho castigo).[52]

Rawls sostiene que un enfoque meritocrático de las recompensas económicas también daría la vuelta a la que debería ser la relación correcta entre lo justo y lo bueno. «Para una sociedad, organizarse a sí misma con la intención de recompensar el merecimiento moral como primer principio sería lo mismo que tener la institución de la propiedad a efectos de castigar a los ladrones.»[53]

ACTITUDES ANTE EL ÉXITO

A simple vista, se diría que la concepción no meritocrática del éxito económico postulada por Rawls debería ser una lección de humildad para los triunfadores y un consuelo para los desfavorecidos. Debería refrenar la tendencia de la élite a la soberbia meritocrática e impedir la pérdida de autoestima de quienes carecen de poder o de riqueza. Si de verdad creo que mi éxito se debe a mi buena suerte más que a mis acciones, es más probable que me sienta obligado a compartir esa buena fortuna con otros.

Con todo, estos no son sentimientos que abunden hoy en día. La humildad de los triunfadores no es una característica sobresaliente de la vida social y económica contemporánea. Precisamente, uno de los factores que ha estimulado la reacción populista es el sentir generalizado entre la población trabajadora de que las élites la miran por encima del hombro. Esto podría estar indicándonos simplemente que el Estado del bienestar contemporáneo no está a la altura de la idea de sociedad justa formulada por Rawls, pero también podría ser una señal de que el liberalismo igualitario no cuestiona realmente la autocomplacencia de las élites.

No cabe duda de que el Estado del bienestar contemporáneo, en particular en Estados Unidos, no está a la altura del concepto de sociedad justa de Rawls. Muchas de las desigualdades de renta y poder de las que hoy somos testigos no son el resultado de un sistema de verdadera igualdad equitativa de oportunidades, ni son en absoluto beneficiosas para quienes están en peor situación. Esto hace que los liberales de centroizquierda interpreten el resentimiento de la clase trabajadora hacia la élite como una queja ante la injusticia. Y si esa es la única base en la que se fundamenta la ira antielitista, la solución pasa por redoblar los esfuerzos dirigidos a implementar el proyecto de ampliación de las oportunidades y de mejora de las perspectivas económicas de los menos favorecidos.

Aun así, esa no es la única manera de interpretar la reacción populista contra la élite. Es muy probable que las actitudes arrogantes ante el éxito que incitan esa reacción estén alimentadas por esa sensación de derecho que se afirma en la misma filosofía rawlsiana que rechaza la idea del merecimiento moral. Y, si no, consideremos la reflexión siguiente. Incluso una sociedad que sea perfectamente justa (en el sentido en que Rawls define la justicia) admite ciertas desigualdades, que serán aquellas que resulten de una igualdad equitativa de oportunidades y que, al mismo tiempo, beneficien a los menos favorecidos. Imaginemos cómo el adinerado consejero delegado de una empresa podría justificar sus ventajas —de forma congruente con los principios rawlsianos— ante un trabajador de una de sus fábricas retribuido con un sueldo mucho menor.

No es que yo valga más que tú ni sea moralmente más merecedor de la posición privilegiada que tengo. Mi generoso paquete retributivo solo es un incentivo necesario para inducir a personas como yo a desarrollar nuestros talentos en beneficio de todos. No es culpa tuya que carezcas de las aptitudes que la sociedad necesita, ni yo he hecho nada por tener tales aptitudes en abundancia. Por eso una parte de mi renta está gravada con impuestos para ayudar a las personas como tú. No merezco moralmente mi sueldo y mi posición superiores, pero tengo derecho a ellos conforme a unas reglas justas de cooperación social. Y recuerda, tú y yo habríamos acordado estas reglas si hubiéramos pensado en cuáles instaurar antes de que supiéramos quién acabaría arriba y quién abajo en la sociedad. Así que, por favor, no me guardes rencor. Mis privilegios hacen que estés mejor de lo que estarías si no los tuviera. La desigualdad que tanto te irrita es por tu propio bien.[54]

Obviamente, esta explicación no justificaría todas las desigualdades de renta, riqueza, poder y oportunidades que existen hoy en día. Lo que sí revela, no obstante, es que las actitudes meritocráticas ante el éxito no se ven necesariamente suavizadas ni desplazadas por las teorías liberales de la justicia distributiva. Los derechos a unas expectativas legítimas pueden ser una fuente de soberbia meritocrática y de resentimiento de los trabajadores tan poderosa como las justificaciones basadas en el mérito, la virtud o los merecimientos.

Recordemos la analogía con el castigo. Aunque la razón de que se castigue el robo sea defender la institución de la propiedad, un efecto secundario característico del castigo es que estigmatiza a los ladrones. De manera parecida, aunque el motivo de que los cirujanos cobren más que los celadores sea que esas diferencias de salario forman parte de una estructura básica justa que beneficia a los menos favorecidos, un previsible efecto secundario de tales disparidades salariales es que las destrezas y las contribuciones de los cirujanos se vean así reconocidas como especiales. Con el paso del tiempo, estos «efectos secundarios» normativos van conformando unas actitudes ante el éxito (y el fracaso) que cuesta mucho distinguir de las típicamente meritocráticas.

La estima social fluye, de modo casi inevitable, hacia las personas que disfrutan de una situación económica y educativa aventajada, sobre todo si se han ganado esas ventajas bajo unos términos equitativos de cooperación social. Los liberales podrían responder a esto que, siempre y cuando todos los miembros de la sociedad reciban igual respeto como ciudadanos, la asignación de estima social no es una cuestión política. Decidir qué capacidades y logros son dignos de admiración es una cuestión de normas sociales y valores personales; es una cuestión de lo que es bueno, no de lo que es justo.[55]

Esta respuesta, sin embargo, pasa por alto el hecho de que la asignación de honores y reconocimientos es una cuestión política de importancia central y hace ya mucho que así se la considera. Aristóteles entendía que la justicia atañía principalmente a la distribución de puestos y honores, no a la distribución de renta y riqueza. La actual revuelta populista contra la élite está alentada en gran parte por las iras que entre los votantes de clase trabajadora despierta lo que ellos entienden que es el desdén de la clase de los profesionales con estudios avanzados hacia quienes no han estudiado una carrera. Insistir en la prioridad conceptual de la justicia sobre el bien convierte la estima social en una cuestión de moral personal, lo que hace que toda esa política de la soberbia y la humillación sea invisible para los liberales.

Con todo, es un sinsentido insistir en que la actitud condescendiente de la clase de los profesionales con alto nivel formativo hacia los trabajadores manuales es un asunto de normas sociales en el que la política no puede o no debe entrar. No se pueden separar con nitidez las cuestiones de honor y reconocimiento de las cuestiones de justicia redistributiva. Esto es especialmente cierto cuando resulta que las actitudes de superioridad hacia los desfavorecidos figuran implícitas en el argumento con el que se justifica que estos sean objeto de compensación. Además, hay ocasiones en las que esas actitudes se expresan de forma explícita. Como bien ha escrito Thomas Nagel, un filósofo liberal igualitario, «cuando se haya reducido la injusticia racial y sexual, todavía nos quedará pendiente la gran injusticia de los inteligentes y los tontos, a quienes tan distintamente se recompensa por un esfuerzo comparable».[56]

Esta de «los inteligentes y los tontos» es una forma muy reveladora de expresarse. Confirma las peores sospechas de los populistas acerca de la élite liberal. Muy alejada de la sensibilidad democrática de Rawls, que aspira a una sociedad en la que convengamos en «compartir el destino común»,[57] esa expresión de Nagel expone en toda su desnudez la soberbia meritocrática a la que tan proclives son algunas versiones del liberalismo de Estado del bienestar.

CASUALIDAD Y ELECCIÓN

La tendencia del liberalismo de Estado del bienestar a alentar la política de la soberbia y la humillación se volvió más explícita en la obra de los filósofos liberales igualitarios de las décadas de 1980 y 1990. Partiendo del argumento rawlsiano de que la distribución de talentos es arbitraria desde el punto de vista moral, estos filósofos defendieron que una sociedad justa debería compensar a las personas que hayan tenido mala suerte en toda clase de sentidos: por haber nacido pobres, discapacitadas o con escasas aptitudes, o por haber sufrido accidentes e infortunios en el transcurso de la vida. Tal como uno de esos filósofos escribió, «la justicia distributiva estipula que los afortunados deberían transferir a los desafortunados una parte (o la totalidad) de aquellas ganancias suyas debidas a la suerte».[58]

A simple vista, esta filosofía del «igualitarismo de la suerte», como se ha dado en conocer, parece una respuesta generosa a los accidentes de la fortuna. Dado su énfasis en la compensación de los beneficios y perjuicios inmerecidos que la lotería de la vida asigna a los individuos, parece brindarnos una alternativa compasiva a la sociedad meritocrática competitiva.

Sin embargo, si la examinamos más de cerca, vemos que la filosofía igualitaria de la suerte también exige unos juicios muy rigurosos del mérito y los merecimientos. Al defender que las personas deben ser compensadas solo en la medida en que su infortunio sea debido a factores ajenos a su control, condiciona la ayuda pública (en forma de prestaciones económicas o sanitarias, por ejemplo) a que el necesitado lo esté por una cuestión de mala suerte y no por sus malas decisiones. Esto obliga a los responsables políticos a determinar qué pobres son víctimas de las circunstancias (y, por lo tanto, merecedores de ayuda) y cuáles son responsables de su propia pobreza (y, por lo tanto, no merecedores de aquella).[59]

Elizabeth Anderson, una crítica mordaz del igualitarismo de la suerte, dice de esa distinción entre pobres merecedores y no merecedores que es una vuelta a la «mentalidad de las Leyes de Pobres».[60]* Pone al Estado en el brete de tener que escrutar a los ciudadanos necesitados para determinar si habrían podido evitar su pobreza si hubieran tomado decisiones mejores. Esta disección de responsabilidades es un sistema muy poco atractivo (desde el punto de vista moral) de concebir las obligaciones que los ciudadanos democráticos se deben mutuamente, y lo es por, al menos, dos motivos.

En primer lugar, hace que nuestro deber de ayudar a las personas necesitadas se base no en la compasión o la solidaridad, sino en cómo han llegado a esa situación de necesidad. En ciertos casos, esto puede tener cierto sentido desde el punto de vista moral. De hecho, la mayoría de las personas estarían de acuerdo en considerar que difícilmente podría justificarse que alguien capacitado que se niega a trabajar por pura indolencia, aun después de que se le ofrezcan empleos dignos, tenga derecho a una ayuda pública. Si ha elegido no trabajar, la persona se convierte en responsable de las consecuencias que de ello se deriven. Pero algunos igualitarios de la suerte propugnan una noción de responsabilidad de un alcance mucho mayor. Sostienen que también el haber optado por no contratar algún tipo de seguro contra diversas adversidades posibles constituye una forma de decisión o elección por parte de una persona que hace que sea responsable de la mayoría de los infortunios que le puedan sobrevenir. Si, por ejemplo, una persona no asegurada sufre lesiones graves en un accidente de tráfico, el igualitario de la suerte querrá saber si tuvo previamente la opción de contratar una póliza de seguro, y solo si tales pólizas no estaban disponibles o no eran asequibles para el individuo accidentado, estaría la comunidad obligada a ayudarlo a costear las facturas de su atención médica.[61]

En segundo lugar, y más allá de su dureza con los imprudentes,

---

* *Poor Laws*: leyes que, desde la Edad Media, habían ido regulando en Gran Bretaña la ayuda a las personas indigentes. Su modificación en el siglo XIX endureció el sistema de la beneficencia social y lo convirtió en una especie de instrumento de disuasión de la pobreza en sí. *(N. del T.)*

el igualitarismo de la suerte también degrada a quienes sí considera con derecho a recibir ayudas públicas porque los categoriza como si fueran víctimas inermes, y esto plantea una paradoja. Los igualitarios de la suerte otorgan un peso moral especial a la capacidad de elección de cada persona. Su propósito es compensar los efectos de la casualidad para que la renta y las perspectivas vitales de los individuos puedan ser el reflejo de lo que ellos verdaderamente han elegido por sí mismos. No obstante, esta exigente ética de la responsabilidad y la elección conlleva una implicación de gran dureza: quienes necesitan ayuda deben poder demostrar que su penuria no es fruto de las decisiones que hayan tomado. Para tener derecho a la asistencia pública, deben presentarse —y concebirse— como víctimas de fuerzas ajenas a su control.[62]

Los efectos de este incentivo perverso se dejan sentir más allá del concepto que los peticionarios de ayuda tienen de sí mismos y afectan también a los términos del discurso público. Los liberales igualitarios que defienden el Estado del bienestar sobre la base del igualitarismo de la suerte se ven condenados, casi inevitablemente, a recurrir a una retórica de la victimización que describe a los perceptores de ayudas como individuos sin agencia, incapaces de actuar de forma responsable.[63]

Sin embargo, ayudar a los desfavorecidos porque son víctimas de circunstancias que escapan a su control tiene un precio moral y cívico elevado. Da pábulo a la idea denigrante de que los perceptores de ayudas públicas tienen poco que contribuir y son incapaces de ser agentes responsables. Además, como bien señala Anderson, negar que quienes necesitan ayuda pública puedan ejercer una libertad de elección significativa es algo muy difícil de conciliar con el hecho de respetar a esos individuos como unos ciudadanos más, en igualdad de condiciones con nosotros, capaces de compartir el autogobierno colectivo.[64]

En definitiva, el igualitarismo de la suerte, como escribe con acierto Anderson, «no ofrece ayuda alguna a quienes tilda de irresponsables y aporta una ayuda humillante a aquellos otros a quienes tilda de inferiores innatos. Como hacía el régimen de las Leyes de Pobres, abandona a su miserable suerte a las personas desfavorecidas que lo son como consecuencia de sus decisiones y define el merecimiento de ayuda para los desfavorecidos en términos de su inferioridad innata en cuanto a talento, inteligencia, capacidad o atractivo social de los perceptores».[65]

Como sucede con otras versiones de liberalismo, la filosofía igualitaria de la suerte toma como punto de partida el rechazo del mérito y los merecimientos como bases de la justicia, pero termina por reafirmar con fuerza las actitudes y las normas meritocráticas. Rawls reintroduce esas normas en forma de unos derechos a unas expectativas legítimas. Los igualitarios de la suerte, por su parte, lo hacen por medio del énfasis en la elección individual y la responsabilidad personal.

La idea de que no somos merecedores de los beneficios ni las cargas que se derivan de la fortuna —incluida la buena o mala suerte de poseer los talentos que la sociedad recompensa o carecer de ellos— parece contrarrestar la noción meritocrática según la cual, cuando se dan unas condiciones de competencia justa, nos merecemos lo que cobramos. Las ventajas atribuibles a la casualidad y no a la elección propia son inmerecidas, pero la línea que separa la casualidad, por un lado, de la elección, por otro, queda desdibujada por el hecho de que, en ocasiones, las personas eligen correr riesgos. Quienes practican el paracaidismo en caída libre arriesgan su vida o su integridad física por la emoción que les produce. Muchos jóvenes se sienten invulnerables y optan por no contratar un seguro médico. Los jugadores continúan llenando los casinos.

Los igualitarios de la suerte dicen que quienes eligen asumir riesgos son responsables de su futuro cuando sus apuestas fracasan. La comunidad solo está obligada a ayudar a las víctimas de un infortunio que no se hayan buscado; por ejemplo, a los damnificados por un desastre meteorológico. Quienes pierden una apuesta que habían realizado previamente por voluntad propia no pueden reclamar derecho alguno a recibir ayuda de los ganadores. Eso es lo que defiende, por ejemplo, Ronald Dworkin al distinguir entre la «suerte bruta» (la de la víctima de un meteoro) y la «suerte opcional» (la del jugador que pierde).[66]

El contraste entre casualidad y elección convierte en inevitable que se juzguen el mérito y los merecimientos. De ahí que, aunque nadie se merezca perder en el juego, se considere entonces que el jugador que pierde no merece ayuda de la comunidad a la hora de pagar sus deudas de juego porque eligió asumir el riesgo. Él es el único responsable de su desdicha.

Por supuesto, hay ocasiones en las que puede no estar claro qué es una elección propiamente dicha. Algunos jugadores padecen una adicción, y no olvidemos que las máquinas tragaperras están programadas para manipular a los jugadores a fin de que sigan jugando. En estos casos, el juego no es tanto una elección como una práctica coercitiva que se ceba con los vulnerables. Pero, si una persona elige libremente correr ciertos riesgos, el igualitario de la suerte la considerará responsable de las consecuencias que ello acarree. Se merece su destino, al menos en el sentido de que nadie le debe ayuda alguna para afrontarlo.

Más allá de los conocidos debates sobre lo que debe entenderse como una verdadera decisión voluntaria, la distinción entre casualidad y elección se ve difuminada también por un factor adicional, la posibilidad de asegurarse. Si mi casa se incendia, será sin duda un incidente desafortunado. Pero ¿y si hubiera disponibles seguros de incendios asequibles y yo no hubiese contratado ninguno, con la esperanza de que no se produjera nunca un incendio y pudiera ahorrarme impunemente la prima anual? Aunque el incendio en sí es «suerte bruta», que yo no me asegurara contra él es una elección que convierte el desafortunado incidente en «suerte opcional». Al haber optado por no contratar una póliza de seguro, soy responsable de las consecuencias de ello y no puedo esperar que los contribuyentes me compensen por la pérdida de mi casa.

Obviamente, no existen seguros para todos los accidentes y contingencias. Algunas personas tienen la buena suerte de nacer dotadas de las aptitudes que más se cotizan en la sociedad y otras nacen con incapacidades que hacen muy difícil que se puedan ganar la vida. Dworkin piensa que el concepto de «seguro» puede ampliarse para que cubra también esas otras contingencias. Como es imposible contratar seguro alguno antes de nacer, Dworkin sugiere que calculemos la cantidad media que las personas estarían dispuestas a pagar para asegurarse frente a la posibilidad de nacer con escaso talento y usemos la cifra resultante para redistribuir renta entre las talentosas y las que no lo son. La idea sería compensar así la distribución desigual de capacidades innatas gravando a quienes hayan salido beneficiados en la lotería genética.[67]

Hay buenas razones para dudar de que sea posible calcular las primas y las compensaciones de una hipotética póliza de seguro que cubriera la ausencia innata de talento. Sin embargo, si pudiera hacerse algo así y los talentosos fueran gravados y los poco talentosos fueran compensados según correspondiera, y si, además, todo el mundo dispusiera de oportunidades equitativas de acceso al empleo y la educación, se haría realidad el ideal de sociedad justa del igualitario de la suerte. Todas las diferencias de renta debidas a dones y hándicaps inmerecidos quedarían compensadas y todas las demás desigualdades reflejarían factores de los que somos personalmente responsables, como el esfuerzo y la elección. Vemos así que el intento del igualitario de la suerte de desterrar los efectos de la casualidad y el infortunio apunta en definitiva a un ideal meritocrático, que no es otro que una distribución de la renta basada no en contingencias arbitrarias desde el punto de vista moral, sino en lo que las personas se merecen.[68]

El igualitarismo de la suerte defiende las desigualdades que nacen del esfuerzo y la libre elección, algo que pone de manifiesto un punto de convergencia con el liberalismo de libre mercado. Ambos inciden en la responsabilidad personal y convierten en un deber de la comunidad ayudar a los necesitados, pero solo a condición de que estos muestren que su necesidad no ha sido culpa suya. Los igualitarios de la suerte pretenden, según ellos mismos explican, defender el Estado del bienestar frente a los críticos liberales de mercado aceptando «la idea más potente del arsenal de la derecha antiigualitaria, la de la libre elección y la responsabilidad personales».[69] Esto reduce la discrepancia entre liberales de libre mercado y liberales igualitarios a un simple debate en torno a las condiciones en las que las elecciones de una persona pueden considerarse verdaderamente libres y no coaccionadas por las circunstancias o la necesidad.

LA VALORIZACIÓN DEL TALENTO

Aunque el liberalismo de libre mercado y el igualitario rechazan ambos el mérito como principio fundamental de la justicia, comparten en última instancia una inclinación meritocrática. Ni uno ni otro son eficaces contra las (moralmente) poco atractivas actitudes ante el éxito y el fracaso a las que las meritocracias son propensas; es decir, la soberbia de los ganadores y la humillación de los perdedores. Esto se debe en parte a su énfasis en el escrutinio de la responsabilidad personal, y también se explica por su valorización del talento. Por mucho que insistan en que las capacidades innatas de una persona son una cuestión de suerte y, por ello, arbitrarias desde una perspectiva moral, ambos se toman el talento —y, en particular, el talento natural o innato— increíblemente en serio.

Esto es cierto sobre todo en el caso de los liberales igualitarios, que atribuyen en gran parte la desigualdad de renta a los resultados de la lotería genética. Elaboran así medidas de suma complejidad, como el hipotético plan asegurador de Dworkin, con las que calcular y compensar diferencias de talento «de nacimiento», «naturales» o «innatas» que, a diferencia de las ventajas sociales y culturales, no pueden resarcirse por medio de una igualdad de oportunidades educativas. Basan la justificación de la redistribución en esta concepción biologicista del talento, como si este fuera un hecho genético dado, previo a los sistemas sociales. Pero ese modo de concebir el talento, como si fuera una especie de brillantez innata, es meritocrático. Por mucho que los liberales igualitarios busquen remediar «la gran injusticia de los inteligentes y los tontos»,[70] lo cierto es que ponen en valor a los primeros a costa de denigrar a los segundos.

No hace falta entrar en el explosivo debate en torno a la base genética de la inteligencia para darnos cuenta de que las enormes desigualdades de renta y riqueza que hoy observamos tienen poco que ver con unas diferencias innatas de capacidad intelectual. La idea de que los desproporcionados ingresos que perciben quienes trabajan en la administración financiera y empresarial o en las profesiones de la élite puedan deberse a la superioridad genética de esas personas es ciertamente descabellada. Aun cuando pudiéramos atribuir los logros de genios como Einstein o de virtuosos como Mozart a sus dotes innatas, sería absurdo pensar que ese genio natural sobresaliente es lo que separa a los gestores de fondos de cobertura de los profesores de secundaria.

Como señala Elizabeth Anderson, es dudoso «que las dotes genéticas inferiores tengan mucho que ver con las desigualdades de renta observadas en las economías capitalistas». La mayoría de las diferencias en cuanto a ingresos «se deben a que la sociedad ha invertido mucho más en desarrollar los talentos de unas personas que los de otras, y eso hace que haya cantidades de capital muy desiguales a disposición de cada trabajador. La productividad está adscrita principalmente a los roles laborales, más que a los individuos que los realizan».[71]

Lo cierto es que los talentos naturales, por inmerecidos que sean, son objeto de elogio en las sociedades meritocráticas. Esto se debe en parte a la admiración que despiertan, pero también a la creencia de que son ellos los que explican las inmensas ganancias de las personas de éxito.

Si una meritocracia posibilita que las personas asciendan «todo lo que las aptitudes que Dios les ha dado les permitan», no podemos por menos que sentirnos tentados a suponer que las más exitosas son las más talentosas. Pero eso es un error. El éxito a la hora de ganar dinero tiene poco que ver con la inteligencia innata, suponiendo que esta exista.[72] Al fijarse en el talento natural como fuente primordial de la desigualdad de renta, los liberales igualitarios exageran el papel de aquel y, sin darse cuenta, magnifican su prestigio.

El auge de la meritocracia

La «meritocracia» nació como un término peyorativo, pero terminó convirtiéndose en un elogio y un objetivo al que aspirar. «El nuevo laborismo está comprometido con la meritocracia —proclamó Tony Blair en 1996, un año antes de que se convirtiera en primer ministro de Gran Bretaña—. Creemos que las personas deben ser capaces de progresar gracias a su talento, no por sus orígenes ni por las ventajas de los privilegios.»[73] En 2001, en la campaña para su primera reelección, dijo que su misión era «derribar las barreras que frenan a las personas, crear una verdadera movilidad ascendente, una sociedad que sea abierta y esté genuinamente basada en el mérito y en la igual valía de todos y todas». Y prometió «un programa estrictamente meritocrático», dirigido a «abrir la economía y la sociedad al mérito y el talento».[74]

Michael Young, que tenía ya ochenta y cinco años en aquel entonces, se mostró consternado. En un artículo en *The Guardian* se quejó de que Blair estuviera exaltando un ideal que él había desacreditado con aquella satírica obra suya de cuatro décadas antes. Young temía que su oscura predicción se hubiera hecho realidad. «Yo preveía que, a estas alturas de la historia, la sociedad menospreciaría a los pobres y los desfavorecidos, y compruebo que, por desgracia, así es [...]. Realmente es muy duro que a una persona se la considere desprovista de mérito alguno en una sociedad en la que a este se le da tanto valor. A ninguna clase marginada se la había dejado nunca tan desnuda moralmente.»[75]

Mientras tanto, los ricos y los poderosos volaban muy alto, montados en su «insufrible engreimiento». «Si los meritócratas creen, como en cada vez mayor número se sienten animados a creer, que su progreso se basa en sus méritos, pueden tener la sensación de que se merecen todo lo que reciban». De ahí que «la desigualdad se haya ido volviendo más dolorosa año tras año, y ello sin que se haya oído queja alguna de boca de los líderes del partido que, en tiempos, abogara tan incisiva y característicamente por una mayor igualdad».[76]

No sabía qué sería «de esta sociedad meritocrática más polarizada», pero deseaba que «el señor Blair destierre algún día esa palabra de su vocabulario público o, al menos, reconozca su lado negativo».[77]

El lenguaje del mérito lleva varias décadas dominando el discurso público sin que apenas se reconozcan sus elementos negativos. Incluso en el contexto de una profundización de la desigualdad tan dramática como la que estamos viviendo, la retórica del ascenso ha seguido sirviendo de base primordial del lenguaje sobre el progreso moral y político empleado por los partidos tradicionales de centroizquierda y centroderecha. «Quienes trabajan mucho y se atienen a las normas deberían poder llegar tan alto como sus talentos lo permitan.» Las élites meritocráticas se habían acostumbrado tanto a entonar este mantra que no se dieron cuenta de que estaba perdiendo su capacidad para inspirar. Haciendo oídos sordos al resentimiento creciente de quienes no estaban participando de la abundancia generada por la globalización, no detectaron lo mucho que se estaba extendiendo una actitud de descontento. La reacción populista les cogió por sorpresa. No vieron la afrenta implícita en la sociedad meritocrática que ofrecían.

6

La máquina clasificadora

Si la meritocracia es el problema, ¿cuál es la solución? ¿Deberíamos contratar entonces a los trabajadores basándonos en el nepotismo, o en algún otro tipo de prejuicio, en vez de en su aptitud para el trabajo en cuestión? ¿Deberíamos volver a los tiempos en que las universidades de la Ivy League admitían como alumnado a los hijos privilegiados de familias blancas y protestantes de clase alta, sin apenas atender a su potencial académico? No. Vencer a la tiranía del mérito no significa que el mérito deje de ser un factor en la asignación de trabajos y roles sociales.

Lo que sí significa es que hay que reconsiderar el modo en que concebimos el éxito y hay que cuestionar la idea meritocrática de que quienes están arriba en la sociedad han llegado ahí por sí mismos. Significa también cuestionar desigualdades de riqueza y de estima social que hoy son defendidas en nombre del mérito, pero que concitan resentimientos, envenenan nuestra política y nos dividen. Asimismo, toda esta reconsideración debería centrarse en los dos ámbitos de la vida más fundamentales para la concepción meritocrática del éxito, el educativo y el laboral.

En el capítulo siguiente, mostraré de qué modo la tiranía del mérito socava la dignidad del trabajo y cómo podríamos regenerar esta última. De momento, en este voy a mostrar cómo la educación superior se ha convertido en una máquina de clasificar que promete una movilidad socioeconómica basada en el mérito, pero que afianza los privilegios y fomenta actitudes ante el éxito que son corrosivas para el espíritu de comunidad que la democracia requiere.

Las universidades presiden el sistema a través del que las sociedades modernas asignan oportunidades. Otorgan las credenciales que determinan el acceso a los empleos bien remunerados y los puestos de prestigio. Para la educación superior en sí, esta función tiene sus ventajas, pero también sus inconvenientes.

Que los centros universitarios sean el corazón en el que laten las aspiraciones meritocráticas les confiere una autoridad cultural y un prestigio enormes. Ello ha convertido el ingreso en las universidades de élite en una ambición febril y ha posibilitado que en Estados Unidos no pocos de estos centros hayan acumulado dotaciones financieras de muchos miles de millones de dólares. Sin embargo, convertir estas instituciones en el baluarte de un orden meritocrático quizá no sea bueno para la democracia, ni para los estudiantes que compiten por estudiar en ellas, ni siquiera para las universidades mismas.

El golpe de Estado meritocrático de James Conant

La idea del ingreso competitivo en las universidades como vía de acceso a las oportunidades nos resulta tan familiar a estas alturas que es fácil que olvidemos lo novedosa que es. La misión meritocrática encomendada a la educación superior estadounidense tiene un origen relativamente reciente; es un producto de los años cincuenta y sesenta del siglo xx. Durante las primeras décadas de la pasada centuria, ser admitido como estudiante en Harvard, Yale o Princeton, las influyentes «tres grandes» de la Ivy League, dependía básicamente de haber estudiado antes en alguno de los internados privados que ofrecía sus servicios a las familias de la élite protestante de clase alta. Las aptitudes académicas no importaban tanto como proceder del entorno social correcto y tener los posibles para pagar la matrícula. Cada universidad tenía sus propios exámenes de acceso, pero incluso este requisito era bastante flexible; muchos de los que no obtenían la nota de corte exigida eran luego admitidos igualmente. Las mujeres estaban excluidas; también los estudiantes negros estaban vetados en Princeton y eran escasos en Harvard y en Yale, y la matriculación de alumnado judío estaba restringida por cuotas (explícitas o implícitas).[1]

La concepción de las universidades de élite como instituciones meritocráticas encargadas de reclutar y formar a los estudiantes de mayor talento —con independencia de sus orígenes— para que sean los líderes de la sociedad tuvo su más influyente formulación allá por los años cuarenta del siglo xx por obra y gracia de James Bryant Conant, rector de la Universidad de Harvard. Conant, un químico que había sido asesor científico del Proyecto Manhattan durante la Segunda Guerra Mundial, estaba preocupado por el surgimiento —en Harvard y en el conjunto de la sociedad norteamericana— de una clase alta hereditaria. Una élite así se contradecía con los ideales democráticos de Estados Unidos, creía él, y poco podía contribuir a gobernar el país en un momento en que este necesitaba inteligencia y pericia científica como nunca antes.

Según Nicholas Lemann, autor de una esclarecedora historia de los test de aptitud en la educación superior estadounidense, Conant entendía que el problema era que, en Harvard y en otras universidades punteras, «jóvenes ricos y despreocupados que siempre habían sido atendidos por criados y cuyas vidas giraban en torno a las fiestas y el deporte, pero no al estudio, habían pasado a marcar la tónica de la vida universitaria». Y eran estos hombres los que luego controlaban los principales bufetes, los bancos de Wall Street, el servicio diplomático, los hospitales dedicados a la investigación y el profesorado universitario.[2]

> Todos los puestos buenos estaban reservados a miembros de un cierto grupo [...] integrado exclusivamente por hombres originarios de la Costa Este, congregantes del protestantismo «alto»* y graduados en escuelas e institutos privados [...]. Los católicos y los judíos estaban excluidos, salvo en muy pocos casos y solo después de ser sometidos a una exhaustiva extirpación de todo acento o expresión apreciable de su ajena cultura de origen. Los que no eran blancos estaban tan lejos de formar parte de la élite que no era necesario excluirlos. Y que

---

* El protestantismo de la Iglesia anglicana y demás iglesias asimiladas al anglicanismo, que era la confesión más habitual entre la clase alta de la Costa Este estadounidense, pese a ser muy minoritaria en comparación con el protestantismo «bajo» de las iglesias disidentes (o «no conformistas»). *(N. del T.)*

las mujeres debieran participar habitualmente en la dirección y administración del país era algo que no les pasaba por la cabeza ni a los más extremos reformadores sociales de aquel entonces.[3]

Conant aspiraba a cambiar totalmente esa élite hereditaria hasta reemplazarla por otra de origen meritocrático. Su meta, según Lemann, era

> deponer a la nada democrática élite estadounidense de entonces y sustituirla por una nueva formada por personas inteligentes, cuidadosamente formadas y con espíritu cívico, unas personas extraídas de todos los sectores y entornos de la sociedad. Esas personas (o, para ser más precisos, esos hombres) serían quienes liderarían el país. Administrarían las grandes organizaciones técnicas que constituirían la columna vertebral del Estados Unidos de la segunda mitad del siglo XX y crearían, por vez primera en la historia, un sistema organizado que abriría oportunidades a todos los estadounidenses.[4]

Se trataba, en palabras de Lemann, de «un audaz plan para organizar un cambio en el grupo dirigente y en la estructura social del país; una especie de golpe de Estado silencioso y planificado».[5]

Para sacar adelante ese golpe de Estado meritocrático, Conant necesitaba un método con el que detectar a los estudiantes de secundaria más prometedores, fueran cuales fuesen sus orígenes familiares, y darles una formación universitaria de élite. Empezó por crear una beca de Harvard para alumnos talentosos de los institutos públicos del Medio Oeste, a quienes se seleccionaba mediante un test de aptitud intelectual. Al encargar la confección de dicho test, Conant puso especial énfasis en que midiera la inteligencia innata, y no el dominio de las materias lectivas, a fin de no dar ventaja a quienes hubieran estudiado en centros de secundaria privilegiados. La prueba que eligió a tal fin fue una versión de un test de inteligencia empleado por el ejército durante la Primera Guerra Mundial llamado «test de aptitud académica» (o SAT).

Con el paso del tiempo, el programa de becas de Conant se fue ampliando a estudiantes de todo el país. El test que empleaba para seleccionarlos, el SAT, terminó convirtiéndose en el usado para decidir la admisión de nuevo alumnado en las universidades de todo Estados Unidos. Según Lemann, el SAT «se convirtió no solo en un método para seleccionar a un puñado de becarios para estudiar en Harvard, sino también en el mecanismo básico para clasificar a la población estadounidense».[6]

El intento de Conant de transformar Harvard en una institución meritocrática formaba parte de una aspiración más amplia, la de rehacer la sociedad estadounidense sobre la base de los principios meritocráticos. Él mismo expuso su idea en «Education for a Classless Society», un discurso que pronunció en la Universidad de California y que se publicó en la revista *The Atlantic* en 1940. Conant quería recuperar para la sociedad de su país el principio de la igualdad de oportunidades, que él veía amenazado por «el desarrollo de una aristocracia hereditaria de ricos», y citó unas palabras de Frederick Jackson Turner, profesor de historia de la propia Harvard que había defendido que la finalización de la conquista del Oeste había cerrado el grifo tradicional de las oportunidades en Estados Unidos (la posibilidad de mudarse a ese territorio, cultivar tierra y prosperar a base de esfuerzo e ingenio sin el lastre de una jerarquía de clases esclerotizada). «El hecho más característico» del periodo temprano de la democracia estadounidense, había escrito Turner, «fue la libertad del individuo para ascender en unas condiciones propicias para la movilidad social».[7]

Turner, que formuló aquellas ideas en las postrimerías del siglo XIX, tal vez fuera el primero en usar el término «movilidad social».[8] Conant dijo de ese concepto que era «el núcleo central de mi argumento» y lo empleó para definir su ideal de una sociedad sin clases.

> Un alto grado de movilidad social es la esencia del ideal estadounidense de una sociedad sin clases. Si un gran número de jóvenes pueden desarrollar sus capacidades sin que importe el estatus económico de sus padres, la movilidad social es elevada. Si, por el contrario, el futuro de un hombre o una mujer joven está determinado casi completamente por los privilegios heredados (o la ausencia de estos), la movilidad social es inexistente.[9]

Si la movilidad social es elevada, explicaba Conant, «los hijos e hijas deben y pueden buscar su propio nivel, obtener sus propias recompensas económicas, dedicarse a cualquier ocupación con independencia de a qué se hayan dedicado sus padres».[10]

Pero, a falta de un Oeste por conquistar, ¿qué podía funcionar como el instrumento de movilidad que una sociedad fluida y sin clases necesitaba? La respuesta de Conant a esa pregunta era la educación. Cada vez eran más los estadounidenses que cursaban estudios de secundaria, por lo que el sistema de institutos de ese nivel educativo se estaba convirtiendo en «un gigantesco motor» que, si se usaba de forma apropiada, podía «ayudarnos a recuperar [...] las oportunidades, aquel don que, en tiempos, nos prometieran los territorios de frontera en el oeste».

Ahora bien, según la idea de Conant, las oportunidades que una matriculación generalizada en el sistema de enseñanza secundaria hacía posibles no consistían tanto en la formación que este proporcionaba como en la posibilidad que brindaba de clasificar y ordenar a sus estudiantes como candidatos a ingresar como alumnado en los centros de educación superior. En una sociedad altamente industrializada, «deben evaluarse las aptitudes, deben desarrollarse los talentos y deben guiarse las ambiciones. Esa es la labor de nuestras escuelas públicas».[11]

Aunque Conant consideraba que era importante educar a todo futuro ciudadano como miembro de una democracia política, esta finalidad cívica de la educación pública ocupaba para él una posición secundaria con respecto a su función clasificadora. Más importante que educar a los jóvenes para la ciudadanía era equiparlos con lo necesario «para subir el primer peldaño de la escalera de oportunidades que más apropiada nos parezca». Conant admitía que ese papel clasificador «tal vez se nos antoje una carga demasiado pesada para nuestro sistema educativo», pero esperaba que los centros de enseñanza públicos pudieran «reconstruirse para ese fin específico».[12] Las escuelas e institutos públicos ofrecían una bolsa de reclutamiento muy amplia de una nueva élite meritocrática.

En apoyo de esa noción de seleccionar de cada generación a los más aptos para la educación superior y el liderazgo público, Conant recurrió en su discurso a un aliado formidable, Thomas Jefferson. Como Conant, Jefferson se había opuesto en su día a que existiera una aristocracia de los ricos y los privilegiados de nacimiento y había abogado por sustituirla por una aristocracia basada en la virtud y el talento. Jefferson creía también que un sistema educativo bien diseñado podría ser el mecanismo adecuado para «seleccionar a los jóvenes de ingenio entre las clases de los pobres». La naturaleza no había depositado talento tan solo en los ricos, sino que lo había «esparcido por igual» entre todos los estratos de la sociedad. El reto consistía en encontrarlo y cultivarlo para que pudieran ser los más talentosos y virtuosos los que fueran educados y preparados para gobernar.[13]

Jefferson había propuesto en su día un sistema de educación pública para Virginia con ese objetivo en mente. Quienes obtuvieran mejores resultados en las escuelas de primaria gratuitas serían luego elegidos para «cursar estudios en un centro de enseñanza de su distrito, con cargo al erario público, para la obtención de un título educativo de mayor grado». Quienes sobresalieran en ese nivel recibirían becas para estudiar en el College of William and Mary* y salir de él convertidos en líderes de la sociedad. «Se habría buscado así la valía y el genio personales en todos los orígenes y condiciones de vida, y la educación los habría preparado plenamente para derrotar a la competencia de la riqueza y la alta cuna en beneficio del público en general.»[14]

Aquel plan de Jefferson no llegó a adoptarse nunca, pero, en opinión de Conant, suponía un inspirador precedente del sistema selectivo de educación superior que él apoyaba, basado en la igualdad de oportunidades y la movilidad social. Jefferson jamás usó ninguno de esos dos términos. Sí que se refirió, sin embargo, a una «aristocracia natural» del talento y la virtud, que él esperaba que algún día se impusiera a la «aristocracia artificial fundada en la riqueza y la cuna».[15] El propio Jefferson describió su plan de becas competitivas empleando un lenguaje que habría resultado impolítico en tiempos de Conant, más democráticos: «Veinte de los mejores genios serán rastrilla-

---

* Segunda universidad más antigua de Estados Unidos y la única que existía en Virginia en la época en que Jefferson escribió sus *Notas sobre Virginia. (N. del T.)*

dos de la morralla todos los años para ser instruidos a cargo del estado».[16]

INDICIOS DE LA TIRANÍA DEL MÉRITO

Visto en retrospectiva, el lenguaje poco delicado de Jefferson ya ponía de relieve dos rasgos criticables de un sistema educativo meritocrático que se esconden bajo nuestro actual vocabulario de la movilidad social y la igualdad de oportunidades. En primer lugar, una sociedad fluida, móvil, basada en el mérito, si bien es antitética a la jerarquía hereditaria, no lo es a la desigualdad; al contrario, legitima las inequidades que nacen del mérito y no de la cuna. En segundo lugar, un sistema que exalta y recompensa a «los mejores genios» está destinado a denigrar al resto, implícita o explícitamente, clasificándolo entre la «morralla». Aunque lo que proponía era un generoso sistema de becas, Jefferson ofrecía en aquellas líneas un ejemplo temprano de nuestra tendencia meritocrática a valorizar a los «inteligentes» y estigmatizar a los «estúpidos».

Conant abordó esas dos críticas potenciales a un orden meritocrático, aunque fue más directo con la primera de ellas que con la segunda. A propósito de la desigualdad, admitió con franqueza que su ideal de sociedad sin clases no perseguía una distribución más igualitaria de la renta y la riqueza. A lo que él aspiraba era a una sociedad más móvil, no a una más igualitaria. Lo que importaba no era reducir la brecha entre ricos y pobres, sino garantizar que las personas intercambiaran posiciones en la jerarquía económica de una generación a la siguiente, que algunas ascendieran y otras descendieran con respecto al estatus de sus padres. «Es posible que existan diferencias considerables de estatus económico y de tipo de empleo durante una generación al menos, y puede que hasta dos, sin que por ello se formen clases.» El poder y el privilegio podían ser desiguales, siempre y cuando «se redistribuyan automáticamente al término de cada generación».[17]

En cuanto a la imagen de mal gusto de rastrillar «genios» de «la morralla», Conant no creía que la clasificación que él proponía valorizara a los seleccionados ni denigrara a los excluidos. «Debemos partir de la premisa de que no hay privilegios educativos, ni siquiera en los niveles de formación más avanzados —escribió—. Ningún canal debería gozar de una posición social superior a los otros.»[18]

Tal como se desarrollaron los acontecimientos, Conant pecó de un exceso de optimismo en ambos aspectos. Hacer que la educación superior pasara a ser meritocrática no trajo consigo una sociedad sin clases, ni tampoco evitó que se despreciara a los excluidos por su falta de talento. Habrá quienes digan que estos resultados simplemente reflejan el hecho de que los ideales meritocráticos nunca llegaron a hacerse realidad, pero lo cierto es que, como ya reconoció Conant, seleccionar el talento y aspirar a la igualdad son dos proyectos bien diferentes.

El ideal meritocrático de Conant era igualitario en tanto en cuanto quería abrir Harvard y otras universidades de élite a los estudiantes de mayor talento del país, por humildes que fueran sus orígenes sociales y económicos. En una época en que las instituciones de la Ivy League estaban dominadas por familias de rancio abolengo, aquella era sin duda una aspiración noble. Pero a Conant no le interesaba ampliar el acceso a la educación superior. No quería incrementar el número de estudiantes universitarios; solo pretendía garantizar que esos estudiantes fueran verdaderamente los más capaces. El país «se beneficiaría si se eliminara a una cuarta parte o incluso a la mitad de los que hoy en día están matriculados en carreras universitarias —escribió en 1938— y se los sustituyera por otros de más talento». Fue ese modo de pensar el que le hizo oponerse a la ley federal de reintegración del personal militar a la vida civil (la conocida como «G. I. Bill») ratificada por Franklin D. Roosevelt en 1944, por la que se subvencionaba la formación universitaria de los veteranos de guerra que se reincorporaban a la vida civil. La nación no necesitaba más estudiantes en sus universidades, pensaba Conant; lo que precisaba era que el alumnado universitario fuera mejor que el que había.[19]

Durante las dos décadas en que Conant fue rector de la universidad, la política de Harvard de admisión de nuevo alumnado no estuvo a la altura de los ideales meritocráticos que él propugnaba. Al término de su mandato, a comienzos de los años cincuenta, Harvard seguía sin rechazar casi nunca a los hijos de exalumnos, pues admitía a más del 87 por ciento de los solicitantes de plaza de ese colectivo.[20] También continuaba favoreciendo a los candidatos procedentes de los internados de élite de Nueva Inglaterra, pues los aceptaba a casi todos, mientras que ponía unas condiciones académicas de acceso más exigentes para quienes solicitaban su ingreso desde institutos de secundaria públicos. Esto se debía en parte a que los alumnos provenientes de los institutos privados eran «huéspedes de pago» que no precisaban ayuda económica de la universidad, pero también a que su pedigrí de «categoría social superior» aportaba a las universidades de la Ivy League ese caché cultural que tanto valoraban todavía.[21] Las restricciones a la admisión de estudiantes judíos habían ido relajándose sin llamar mucho la atención, pero aún no habían sido suprimidas, pues persistía el temor a que un exceso de alumnado judío «espantara a los muchachos protestantes de clase alta a los que Harvard más deseaba incorporar».[22] La admisión de mujeres y las iniciativas para atraer a estudiantes de minorías raciales y étnicas todavía tendrían que esperar.

EL LEGADO MERITOCRÁTICO DE CONANT

Aunque la Harvard de su tiempo no los llevó por completo a la práctica, los ideales meritocráticos preconizados entonces por Conant han sido los que posteriormente han terminado por definir el concepto que la educación superior estadounidense tiene de sí misma. Los argumentos que él ya expusiera en los años cuarenta acerca del papel de las universidades en una sociedad democrática se han convertido en la opinión establecida en nuestro tiempo. Sin que nadie los discuta ya, han devenido en el recurso retórico rutinario en los discursos de las ceremonias de graduación y en las alocuciones públicas de los rectores; a saber, que la educación superior debería estar abierta a estudiantes talentosos de todos los orígenes sociales y económicos, a ser posible, sin que importe su capacidad para pagársela. Aunque solo los centros más ricos pueden permitirse admitir a nuevos alumnos sin fijarse en su capacidad de pago, el consenso casi unánime en la actualidad es que el mérito (y no la riqueza) debería ser el crite-

rio de admisión básico. Aunque la mayoría de las universidades eva-
lúan a los solicitantes de plazas de alumnado conforme a una serie de
factores, entre los que se incluyen lo prometedor de su futuro académico, su talento atlético y el interés de sus actividades extracurriculares, el mérito académico se mide principalmente por sus notas durante la secundaria y por sus puntuaciones en el SAT, el test estandarizado
de aptitud intelectual que el propio Conant patrocinó.

Cierto es que hay un debate muy acalorado en torno a lo que se
entiende por mérito. Entre quienes critican la discriminación positiva, por ejemplo, algunas voces sostienen que valorar la raza y el origen
étnico como factores en las admisiones viola el concepto mismo de
mérito; otros reponen a esto que la capacidad de aportar a un aula (y
a la sociedad en general) una experiencia y unas perspectivas de vida
diferenciadas sí que es un mérito, y muy relevante para la misión de
una universidad. Con todo, el hecho de que nuestros debates sobre las
admisiones de nuevo alumnado universitario tiendan a girar por regla
general sobre el mérito da fe de lo arraigados que están los ideales meritocráticos.

Seguramente más hondo aún ha calado la idea de Conant de que
la educación superior es la puerta principal de acceso a las oportunidades, una fuente de movilidad ascendente que mantiene la fluidez de
la sociedad al ofrecer a todos los estudiantes, sea cual sea su origen social o económico, la opción de progresar hasta donde su talento los
lleve. Inspirados por esa idea, los rectores universitarios nos recuerdan
de forma casi ritual que la excelencia y las oportunidades van de la
mano. Cuantas menos sean las barreras sociales y económicas al acceso a la universidad, mayor será la capacidad de esta para «reclutar» a los
estudiantes más sobresalientes y prepararlos para el éxito. Cada nueva
promoción que llega al campus para recibir su orientación de primer
curso es colmada de elogios por su excelencia y su diversidad, y por
el talento y el esfuerzo que han llevado a esos estudiantes a estar allí.[23]

La ideología meritocrática de Conant ha ganado la partida, tanto
en el plano retórico como filosófico. Pero no ha evolucionado como
él esperaba.

LAS PUNTUACIONES DEL SAT SE CORRELACIONAN
CON LA RIQUEZA

En primer lugar, el SAT no cuantifica la aptitud educacional ni la inteligencia innata de los candidatos con independencia de su origen social y educativo. Al contrario, las puntuaciones del SAT están fuertemente correlacionadas con la riqueza. Cuanto más alta es la renta familiar, mayor tiende a ser la puntuación en el SAT del aspirante. Con cada peldaño que se sube en la escala de la renta, se incrementan también las puntuaciones medias en el SAT.[24] En el caso de puntuaciones que sitúan a los estudiantes en competencia directa por entrar en las universidades más selectivas, esa diferencia se hace especialmente acusada. Si el candidato procede de una familia con unos ingresos de más de 200.000 dólares anuales, su probabilidad de puntuar por encima de 1.400 (sobre un máximo posible de 1.600) es de uno sobre cinco. Si proviene de una familia pobre (con ingresos inferiores a 20.000 dólares anuales), esa probabilidad pasa a ser de uno sobre cincuenta.[25] Y los situados en las categorías de máxima puntuación, también son hijos (en su abrumadora mayoría) de padres o madres con titulación universitaria.[26]

Además de las ventajas educativas generales que una familia acomodada puede conferir, las puntuaciones en el SAT de los hijos e hijas de la clase privilegiada se ven potenciadas porque estos pueden recurrir a cursillos y tutores privados para la preparación de la prueba. En lugares como Manhattan, algunos cobran hasta mil dólares por hora de tutoría individualizada. Con la intensificación de la competencia para el acceso a las universidades en estas últimas décadas, el de las tutorías y la preparación de los test de acceso se ha convertido en todo un sector económico que mueve unos 1.100 millones de dólares.[27]

Durante años el College Board, la institución que administra el SAT, insistió en que su test evaluaba la aptitud y que las puntuaciones no se veían afectadas por el uso de tutores y tutorías. Hace poco ha renunciado a seguir negando la evidencia y ha firmado un acuerdo de colaboración con la Academia Khan para la provisión de test y cursillos de entrenamiento gratuitos en línea para el SAT dirigidos a todos los que vayan a realizar la prueba. Aun así, aunque esa sea una medida digna de elogio, poco ha hecho por igualar el terreno de juego para todos los que realizan el test tal como los directivos del College Board esperaban que hiciera y afirmaban que haría. Como seguramente cabía esperar, también los alumnos de familias con rentas y niveles educativos más altos han utilizado más esos recursos de ayuda en línea que los estudiantes de entornos más desfavorecidos, lo que ha arrojado como resultado una diferencia de puntuación aún mayor entre los privilegiados y el resto.[28]

Conant pensaba que un test de aptitud o de inteligencia era un instrumento prometedor como indicador democrático de la capacidad académica de las personas, no contaminado por las desventajas educativas previas ni por los azares de las calificaciones en los institutos de secundaria. Por eso, optó por el SAT para la selección de sus estudiantes becados. A buen seguro hoy le sorprendería mucho saber que se ha comprobado que las notas obtenidas durante la educación secundaria tienen más probabilidades que las puntuaciones del SAT de detectar a futuros buenos estudiantes universitarios procedentes de entornos de bajo nivel de renta.

La del poder predictivo de las puntuaciones de los test de acceso frente al de las notas de secundaria no es una comparación fácil. En dos tercios del alumnado, uno y otro van bastante parejos, pero en aquel otro tercio en el que las puntuaciones del SAT y las notas de secundaria divergen, se observa que el SAT ayuda a los privilegiados y perjudica a los desfavorecidos.[29]

Aunque las notas de secundaria están correlacionadas hasta cierto punto con la renta familiar, las puntuaciones del SAT lo están aún más. Esto es así, en parte, porque, a diferencia de lo que los responsables de la industria de los test llevan décadas diciéndonos, los resultados del SAT mejoran con entrenamiento y práctica. Las tutorías privadas ayudan, y todo un sector muy rentable ha crecido en torno a la enseñanza de trucos y ardides a estudiantes de secundaria para potenciar sus puntuaciones en el test.[30]

La meritocracia consolida la desigualdad

En segundo lugar, el sistema de admisión meritocrática de nuevo alumnado que Conant promovió no nos condujo a la sociedad sin clases que esperaba que produjera. Las desigualdades de renta y de riqueza se han ahondado desde las décadas de 1940 y 1950, y la movilidad social que Conant creía que pondría remedio a la estratificación de la sociedad de su tiempo no se ha hecho realidad. Ricos y pobres no han ido intercambiándose posiciones de una generación a la siguiente. Como ya hemos visto, son relativamente muy pocos los hijos de pobres que ascienden hasta los estratos de los ricos, y relativamente muy pocos los hijos de ricos que caen por debajo de los niveles de la clase media alta. El sueño americano exalta la idea de que en Estados Unidos cualquiera que se lo proponga puede pasar de mendigo a millonario, pero lo cierto es que la movilidad ascendente es menos habitual en esta nación que en muchos países europeos, y no hay indicios de que eso haya mejorado en décadas recientes.

La educación superior en esta era de la meritocracia no ha funcionado como un motor de movilidad social; al contrario, ha reforzado las ventajas que los padres privilegiados transmiten a sus hijos. No cabe duda de que el perfil demográfico y académico del alumnado de los campus de las universidades de élite ha cambiado para mejor desde los años cuarenta. La aristocracia hereditaria de ricos blancos, anglosajones y protestantes que Conant pretendía apear del pedestal ya no predomina en ellos. Hoy las mujeres son admitidas en igualdad de condiciones que los hombres, las universidades tratan activamente de potenciar la diversidad racial y étnica en sus aulas, y en torno a la mitad de los alumnos y alumnas de los centros de la Ivy League se identifican hoy en día como estudiantes de color.[31] Las cuotas y las prácticas informales que limitaron la matriculación de alumnos judíos durante la primera mitad del siglo XX también han desaparecido ya.

El favoritismo que Harvard, Yale y Princeton mostraron durante mucho tiempo por los jóvenes procedentes de internados de clase alta remitió en las décadas de los sesenta y los setenta. También decayó la admisión rutinaria en las universidades de la Ivy League de los hijos de exalumnos. Los niveles académicos mejoraron y también subieron los promedios de puntuación del SAT. Las universidades mejor dotadas en el apartado financiero adoptaron políticas de admisiones que dejaron de tener en cuenta como criterio la capacidad económica de los solicitantes para sufragarse los estudios y pusieron en práctica políticas de concesión de ayudas y becas generosas para compensarlos, con lo que eliminaron una importante barrera económica al acceso a la universidad de estudiantes prometedores con niveles de renta humildes.

Todos estos son logros innegables, y, aun así, la revolución meritocrática en la educación superior no ha traído consigo la movilidad social y la amplitud de oportunidades que sus proponentes iniciales preveían y que los responsables educativos y los políticos seguían prometiendo que traería. Las universidades más selectas de Estados Unidos expulsaron a aquella complaciente élite hereditaria (y que se creía con el derecho de serlo) que tanto preocupaba a Conant, pero esa aristocracia de privilegios heredados ha dejado su lugar a una élite meritocrática que es hoy tan privilegiada y está tan afianzada en su situación como lo estaba aquella a la que reemplazó.

Pese a ser mucho más inclusiva en cuanto al género, la raza y la etnia, esta élite meritocrática no ha producido una sociedad fluida y móvil. La actual clase de los profesionales con altas credenciales educativas ha hallado el modo de traspasar sus privilegios a sus hijos, no mediante grandes herencias de dinero y propiedades, sino equipándolos con las ventajas que determinan el éxito en una sociedad meritocrática.

Pese a su recién descubierto papel como árbitro de las oportunidades y como motor de la movilidad ascendente, la educación superior no ha actuado como un contrapeso significativo a la desigualdad en aumento de los últimos tiempos. Para comprobarlo, basta con echar un vistazo a la composición de clase de la enseñanza superior en la actualidad, sobre todo en sus espacios más selectivos:

- La mayoría de los estudiantes de las universidades más selectivas provienen de familias adineradas; son muy pocos los que proceden de entornos de niveles de renta bajos. Más del 70 por ciento de quienes estudian en el centenar de universidades de Estados Unidos donde más competitivo es el acceso para el nuevo alumnado provienen del cuartil superior de la escala de renta; solo un 3 por ciento llegan a ellas desde el cuartil más bajo.[32]

- La brecha de riqueza en cuanto a la matriculación en las universidades es más pronunciada aún en las que lideran los rankings. En los centros de la Ivy League, en Stanford, en Duke y en otros campus de prestigio, hay más estudiantes del 1 por ciento de familias más ricas del país que del 50 por ciento de familias más pobres. En Yale y en Princeton, solo uno de cada cincuenta alumnos o alumnas proviene de un hogar del 20 por ciento más pobre del país.[33]

- Si un alumno o una alumna es de familia adinerada (del 1 por ciento más rico), tiene 77 veces más probabilidades de estudiar en un centro de la Ivy League que si es de familia humilde (del 20 por ciento más pobre). La mayoría de los jóvenes de la mitad inferior de la escala de renta estudian en centros donde se imparten grados cortos de solo dos cursos o no siguen estudiando tras la enseñanza secundaria.[34]

Durante las dos últimas décadas, tanto las universidades de élite privadas como el Gobierno federal han incrementado las ayudas y la financiación destinadas a estudiantes universitarios con medios económicos limitados. Harvard y Stanford, por ejemplo, facilitan en la actualidad matrícula gratuita, alojamiento y comidas a todo estudiante cuya familia ingrese menos de 65.000 dólares anuales. Pero, a pesar de estas medidas, la proporción de alumnos y alumnas de familias de renta baja en universidades selectivas ha cambiado muy poco desde 2000, y en algunos casos incluso ha descendido. Hoy en día, el porcentaje de estudiantes «de primera generación» (los primeros de sus familias que van a la universidad) en Harvard no es mayor que el que se registraba en 1960. Jerome Karabel, autor de una historia de las políticas de admisión de nuevo alumnado en Harvard, Yale y Princeton, ha llegado a la conclusión de que «los hijos de la clase trabajadora y los pobres tienen hoy tan pocas probabilidades de estudiar en alguna de las Tres Grandes como en 1954».[35]

POR QUÉ LAS UNIVERSIDADES DE ÉLITE NO INCENTIVAN LA MOVILIDAD

La reputación académica, las contribuciones científicas y la rica oferta educativa de las universidades líderes de Estados Unidos despiertan admiración en todo el mundo. Sin embargo, estas instituciones no estimulan la movilidad ascendente. Hace poco, el economista Raj Chetty y un equipo de colaboradores llevaron a cabo un estudio exhaustivo del papel de las universidades en el favorecimiento de la movilidad intergeneracional y examinaron para ello la trayectoria económica de treinta millones de estudiantes universitarios entre 1999 y 2013. Calcularon —para cada universidad estadounidense— la proporción de estudiantes que habían subido desde el nivel de renta más bajo hasta el más alto (en concreto, desde el quintil inferior hasta el quintil superior). Se preguntaron, por así decirlo, qué porcentaje de estudiantes de cada centro venían de una familia pobre y terminaron ganando suficiente dinero para acabar entre el 20 por ciento de personas con mayores ingresos en el país. ¿Sus resultados? Que la educación superior actual hace sorprendentemente muy poco por promover la movilidad ascendente.[36]

Esto es así sobre todo en las universidades de élite privadas. Aunque estudiar en centros como Harvard o Princeton da a un muchacho o una muchacha pobre una buena oportunidad de ascender, en estas instituciones de enseñanza se matriculan ya de entrada tan pocos jóvenes pobres que su tasa de movilidad es baja. Solo un 1,8 por ciento del alumnado de Harvard (y solo un 1,3 por ciento del de Princeton) asciende del fondo a la cima de la escala de niveles de renta.[37]

Cabría esperar que las cosas fueran distintas en el caso de las grandes universidades públicas, pero también en estas se matriculan de entrada muchos estudiantes de familias ya adineradas, con lo que tampoco contribuyen demasiado a la movilidad ascendente. La tasa de movilidad en la Universidad de Michigan en Ann Arbor es solo del 1,5 por ciento. El sesgado perfil de clase de su alumnado es similar al de Harvard; dos tercios de sus estudiantes proceden de familias acomodadas (del quintil más alto de la escala de renta). Los jóvenes de origen pobre son más escasos incluso en Ann Arbor (donde son menos del 4 por ciento) que en Harvard. Una pauta similar se observa en la Universidad de Virginia, con una tasa de movilidad de solo el 1,5 por ciento, debida en buena medida a que menos del 3 por ciento de su alumnado proviene de familias pobres.[38]

Chetty y su equipo detectaron tasas de movilidad más elevadas en algunas universidades públicas menos famosas. Estos centros son más accesibles para estudiantes de bajo nivel de renta y, además, tienen más éxito ayudándolos a ascender. La Universidad Estatal de California en Los Ángeles, por ejemplo, y la Universidad Estatal de Nueva York en Stony Brook permiten que casi un 10 por ciento de su alumnado ascienda desde el nivel de renta más bajo hasta el más alto, lo que representa una tasa de movilidad que quintuplica la de los centros de la Ivy League y las universidades públicas más selectivas.[39]

Pero esas instituciones son la excepción. Sumadas, las 1.800 universidades estudiadas por Chetty —privadas y públicas, selectivas y no selectivas— posibilitaron que menos del 2 por ciento de sus estudiantes ascendieran desde el quintil más bajo de la escala de renta hasta el quintil más alto.[40] Habrá quien se pregunte si impulsar a los estudiantes, en el espacio de una sola generación, desde el quintil más bajo (el de rentas familiares anuales de 20.000 dólares o menos) hasta el más alto (el de ingresos anuales de 110.000 dólares o más) no será una prueba de movilidad demasiado exigente. El problema es que incluso otros ascensos más modestos son también relativamente infrecuentes. En las universidades de élite privadas, solo alrededor de uno de cada diez alumnos y alumnas logra ascender siquiera dos niveles (dos quintiles) de la escala de renta.[41]

Las universidades estadounidenses posibilitan el ascenso de un porcentaje sorprendentemente escaso de estudiantes, aun cuando el hecho de estudiar en ellas potencia ciertamente las perspectivas económicas del alumno o la alumna. Los titulados universitarios cuentan con una importante ventaja para hacerse con puestos de trabajo bien remunerados, sobre todo si se gradúan en centros de prestigio. Con todo, estas universidades influyen poco en la movilidad ascendente en general, porque la mayor parte de su alumnado ya es rico de entrada. La educación superior estadounidense es como el ascensor de un edificio en el que la mayoría de las personas se suben en el piso más alto.

En la práctica, la mayoría de los centros universitarios ayudan menos a expandir las oportunidades que a consolidar los privilegios. Para quienes esperan que la educación superior sea el principal medio de acceso a las oportunidades, esta es sin duda una noticia descorazonadora. Pone en cuestión todo un artículo de fe de la política contemporánea, el de que la respuesta a la desigualdad creciente es una mayor movilidad y la vía hacia el incremento de la movilidad pasa por enviar a más personas a la universidad.

Aunque esta concepción de las oportunidades es algo que invocan políticos de uno y otro lado del espectro político, cada vez cuadra menos con la experiencia de vida de muchísimas personas, sobre todo de aquellas que carecen de titulación universitaria pero aspiran igualmente a tener un trabajo y una vida dignos. He ahí una aspiración muy razonable que la sociedad meritocrática hace mal en ignorar, pues corre un gran riesgo con ello. Es fácil que los miembros de la clase de quienes tienen buenas credenciales educativas olviden que la mayoría de nuestros conciudadanos no poseen un título universitario. Aconsejarles continuamente que mejoren su situación estudiando una carrera («tanto aprendes, tanto ganas») puede ser más insultante que inspirador.

¿Qué hacemos, entonces, con la enseñanza superior? ¿Debería conservar su actual papel de árbitro de las oportunidades sociales? ¿Y deberíamos seguir suponiendo que por «oportunidades» hay que entender la igualdad de acceso al torneo meritocrático en el que se ha convertido el acceso a las universidades? Hay quienes dicen que sí, siempre y cuando podamos mejorar la equidad de ese torneo. Sostienen que la escasa presencia de estudiantes de familias de renta baja en la enseñanza superior no es indicativa tanto de un defecto en el sistema de admisiones meritocrático como de una aplicación poco sistemática de este. Desde ese punto de vista, la cura a los males de la meritocracia consistiría en una meritocracia más completa que diera a los estudiantes talentosos, fuera cual fuese su origen social y económico, un acceso igualitario a las universidades.

Aumentar la equidad de la meritocracia

A simple vista, esa parecería una postura sensata. Mejorar las oportunidades educativas de los alumnos pobres que muestran talento para el estudio es un bien rotundo. En estas últimas décadas, muchas universidades han dado pasos muy importantes en la incorporación de alumnado afroamericano y latino, pero han hecho muy poco por incrementar la proporción de estudiantes de niveles bajos de renta. De hecho, en un momento en el que tanto se ha debatido sobre la discriminación positiva en favor de las minorías raciales y étnicas, las universidades han venido aplicando lo que, en la práctica, vendría a ser una mal disimulada política de discriminación positiva en favor de los ricos.

Por ejemplo, muchas universidades selectivas dan prioridad a los hijos e hijas de exalumnos (acogidos «por tradición familiar») arguyendo para ello que su admisión fomenta el espíritu de comunidad y genera donaciones para las dotaciones financieras de los centros. En las universidades de élite, los hijos de exalumnos tienen hasta el séxtuple de probabilidades de ser admitidos que los demás solicitantes de plaza de alumnado. En total, Harvard solo admite a un solicitante de cada veinte; entre los candidatos «por tradición familiar», sin embargo, la proporción de admitidos sube a uno de cada tres.[42]

Algunos centros también relajan los criterios académicos para admitir a los hijos de donantes ricos que no son exalumnos, y lo justifican diciendo que vale la pena aceptar a estudiantes que no sean tan excelentes si con ello se recibe financiación para una biblioteca nueva o para un programa de becas. Durante una campaña de recaudación de fondos entre finales de los años noventa y comienzos de la década de 2000, la Universidad Duke reservó en torno a cien de las plazas destinadas cada curso a nuevos estudiantes a hijos e hijas de donantes ricos que, de otro modo, no habrían sido admitidos. Aunque hubo profesores que expresaron su preocupación por que una práctica así pudiera poner en peligro el nivel académico de la institución, aquella política ayudó a fortalecer la dotación financiera de Duke y, de paso, a mejorar su estatus como centro con un sistema de acceso muy competitivo.[43] Por su parte, en unos documentos presentados en una reciente demanda judicial a propósito de la política de admisión de nuevos estudiantes de Harvard, se reveló que casi un 10 por ciento del alumnado es admitido gracias a sus vínculos con donantes de la universidad.[44]

Las preferencias a la hora de incorporar a estudiantes con destrezas deportivas representan otra ayuda para los solicitantes de familias acomodadas. A veces, se supone que rebajando los criterios de exigencia académica para la admisión de buenos deportistas, especialmente en deportes de perfil más popular como el fútbol americano y el baloncesto, se ayuda a que se matriculen más estudiantes de minorías infrarrepresentadas y de entornos de renta familiar más baja. Sin embargo, en general, los solicitantes que más se benefician de esas políticas de incorporación prioritaria de estudiantes que destaquen en algún deporte proceden desproporcionadamente de familias blancas y ricas. Esto se debe a que la mayoría de los deportes para los que las universidades de élite incorporan a nuevos alumnos y alumnas son practicados ante todo por jóvenes de familia adinerada: squash, lacrosse, vela, remo, golf, waterpolo, esgrima o incluso hípica.[45]

La admisión preferente de deportistas no es exclusiva de las universidades con grandes equipos de fútbol americano como Michigan o la Estatal de Ohio, que llenan grandes estadios y son habituales en las finales de los grandes torneos. En el Williams College, un pequeño centro universitario de Nueva Inglaterra, el 30 por ciento del alumnado ha sido incorporado por su talento para algún deporte.[46] Pocos de esos estudiantes-deportistas provienen de entornos familiares desfavorecidos. En un estudio de diecinueve universidades selectivas que contó entre sus autores con un antiguo rector de Princeton, se descubrió que los deportistas admitidos como estudiantes gozan de mayor ventaja en el proceso de admisión que los miembros de minorías infrarrepresentadas o incluso que los hijos de exalumnos, y que solo un 5 por ciento de ellos provienen de familias del cuartil inferior de la escala de renta.[47]

Las universidades podrían tratar de solucionar esta inequidad por varias vías. Podrían aplicar una política de discriminación positiva en cada promoción otorgando a los estudiantes de familias pobres el mismo grado de preferencia que ahora conceden a los de «tradición familiar», los conectados con donantes o los deportistas. O podrían reducir las ventajas que dispensan a los solicitantes ricos poniendo fin a todas esas preferencias. Además, las universidades podrían compensar las ventajas de las que disfrutan los solicitantes ricos gracias a sus puntuaciones en el SAT (infladas por las tutorías y los cursos de preparación privados que estos reciben) si dejaran de exigir estos test estandarizados como requisito de acceso, como ya han hecho en fecha reciente la Universidad de Chicago y otros centros. Los estudios han mostrado que las puntuaciones del SAT son más proclives que las notas de la secundaria a ser distorsionadas por el origen socioeconómico como potenciales predictores del rendimiento académico de un alumno o alumna; además, fiarse menos de ellas permitiría a las universidades matricular a más estudiantes de entornos humildes sin que apenas notaran una disminución de sus tasas de éxito académico.[48]

Todas las anteriores son medidas que las universidades podrían tomar por su cuenta, pero el Estado también podría intervenir para que la admisión de nuevos estudiantes en las universidades no tuviera el sesgo favorable a los privilegiados que presenta en la actualidad. El senador Edward Kennedy, él mismo uno de esos estudiantes admitidos en Harvard por «tradición familiar», propuso en una ocasión obligar a las universidades privadas a publicar las tasas de admisión y el perfil socioeconómico de los hijos e hijas de exalumnos. Daniel Markovits, un profesor de derecho de Yale muy crítico con la desigualdad meritocrática, iría más lejos aún: ha propuesto negar a las universidades privadas la exención fiscal de la que gozan actualmente a menos que incorporen a, como mínimo, la mitad de su alumnado de entre familias de los dos tercios más pobres de la escala nacional de renta familiar, y lo ideal, según él, sería que lo hicieran aumentando el número de plazas.[49]

Estas medidas, tanto si las adoptaran las universidades por sí mismas como si las ordenara el Estado, mitigarían la desigualdad que hace que hoy en día la enseñanza superior sea una promotora tan débil de la movilidad social. Reducirían la inequidad del sistema al mejorar el acceso para los menos privilegiados. Y estas son razones más que convincentes para tenerlas en cuenta.

Con todo, el hecho de centrar el problema exclusivamente en la inequidad del sistema actual nos lleva a plantearnos un interrogante más general que late en el corazón mismo de la revolución merito-crática soñada por Conant: ¿deberían asumir las universidades el papel de clasificar a las personas sobre la base de su talento para determinar quién progresa en la vida y quién no?

Dos son, como mínimo, las razones para dudar de que deban hacerlo. La primera tiene que ver con las denigrantes valoraciones que una clasificación así conlleva para quienes salen peor parados de ella, y con las perjudiciales consecuencias que ello tiene para una vida cívica en común. La segunda atañe al daño que la pugna meritocrática inflige a quienes sí son seleccionados y al riesgo de que esa misión clasificadora lo invada todo hasta tal punto que aparte a las universidades de su misión educativa fundacional. En definitiva, transformar la enseñanza superior en un concurso clasificatorio hipercompetitivo es insano para la democracia y para la educación por igual. Vamos a considerar por separado cada uno de esos dos peligros.

LA CLASIFICACIÓN Y SUS EFECTOS EN LA ASIGNACIÓN DE LA ESTIMA SOCIAL

Conant era consciente de que al convertir las universidades en mecanismos clasificadores se corría el peligro de sembrar discordia social, pero pensaba que era un riesgo evitable. Lo que se proponía era usar los test y el seguimiento para encaminar a cada persona hacia el rol social en el que mejor pudiera aprovechar sus aptitudes (aunque él trabajaba todavía bajo el supuesto de que solo había que examinar y monitorizar las de los hombres), sin que con ello se diera a entender que la gente de más talento valía más que el resto. Conant no creía que esa ordenación por la vía educativa fuese a generar juicios de superioridad o prestigio social, como sí los había engendrado el antiguo sistema del privilegio heredado.[50]

La fe de Conant en la posibilidad de clasificar a las personas sin por ello juzgarlas ignora la lógica moral y el atractivo psicológico del régimen meritocrático que él ayudó a poner en marcha. Una de las justificaciones primordiales de las bondades de una meritocracia con respecto a una aristocracia hereditaria es que quienes ascienden en la escala social merced a sus propios méritos se han labrado su éxito y, por consiguiente, se merecen las recompensas que sus méritos les reporten. La clasificación meritocrática está entrecruzada de juicios valorativos sobre lo que las personas se han ganado y se merecen, y se trata de juicios inevitablemente públicos, referidos a cuáles son los individuos cuyos talentos y logros son dignos de honor y reconocimiento.

La convicción de Conant de que la educación superior debía retirar el poder a la clase alta hereditaria y recabar el concurso de científicos e intelectuales de talento no solo apelaba a un nuevo método de asignación de personal al desempeño de roles socialmente necesarios, sino que era también un argumento justificativo de qué cualidades intelectuales y de carácter debían ser valoradas y premiadas por una sociedad moderna y tecnológicamente avanzada. Así que no era muy realista suponer que el nuevo sistema de clasificación no constituiría también una nueva base para la asignación de estatus y estima sociales. Ese era el sentido del libro de Michael Young *El triunfo de la meritocracia* (1958), publicado apenas unos años después de que Conant dejara de ser rector de Harvard. Young supo ver aquello que Conant no vio (o se negó a ver): que la nueva meritocracia comportaba una base nueva y muy exigente para juzgar quiénes eran merecedores y quiénes no.

Quienes, tras Conant, ayudaron a llevar a cabo la transformación meritocrática de la enseñanza superior ya no tuvieron reparos en explicitar el nexo entre clasificar y juzgar. En un libro titulado *Excellence* (1961), John W. Gardner, presidente de una fundación y posteriormente secretario de Sanidad, Educación y Bienestar Social en la Administración del presidente Lyndon Johnson, puso de manifiesto el espíritu de la nueva era meritocrática. «Somos testigos de una revolución en la actitud de la sociedad hacia los hombres y las mujeres de altas capacidades y formación avanzada. Por primera vez en la historia, existe una gran demanda, y a muy amplia escala, de estos hombres y mujeres.» A diferencia de lo que ocurría en sociedades anteriores, que eran dirigidas por «los pocos» y que podían permitirse por tanto desperdiciar talento, una sociedad tecnológica moderna gobernada

por organizaciones complejas necesitaba instaurar un sistema implacable de detección de talento allí donde este se encontrara. Los imperativos de esta «gran búsqueda de talento» son los que marcan ahora
la misión de la enseñanza, que es la de convertirse en un «riguroso
proceso de clasificación».[51]

Gardner, a diferencia de Conant, sí asumía la faceta dura de esa
ordenación meritocrática. «A medida que la educación consigue de
forma cada vez más eficaz aupar a los jóvenes brillantes a la cima, se
va convirtiendo también en un proceso progresivamente más áspero
de clasificación de todos los implicados [...]. Los centros de enseñanza son el acceso dorado a las oportunidades para los jóvenes capaces;
pero, por ello mismo, son también el ámbito en el que los jóvenes no
tan capaces descubren sus limitaciones.» Ese era el lado negativo de la
igualdad de oportunidades; aunque hacía posible que «toda persona
joven llegue tan lejos como su capacidad y su ambición la lleven, sin
que el dinero, la posición social, la religión o la raza sean obstáculo
para ello», también había «dolor para quienes carecieran de la aptitud
necesaria».[52]

Este dolor era inevitable, según Gardner, y un precio que merecía
la pena pagar por la urgente necesidad de seleccionar y cultivar el talento. Reconocía que el dolor era especialmente agudo cuando algunos estudiantes demostraban tener el nivel para estudiar en la universidad y otros no. «Si una sociedad selecciona a las personas de manera
eficiente y equitativa según sus talentos, el perdedor sabe que el verdadero motivo de su estatus más desfavorable es que no es capaz de
más. Y ese es un trago amargo para cualquiera.»[53]

Para Young, esa reflexión era el núcleo de la crítica contra la meritocracia. Para Gardner, no pasaba de ser un desafortunado efecto secundario; admitía que, «como la educación universitaria ha adquirido
un extraordinario prestigio», había pasado a ser un elemento definitorio del éxito. «En la actualidad, estudiar en la universidad se ha convertido prácticamente en un prerrequisito para que el mundo juzgue
como elevado el nivel alcanzado por una persona, hasta tal punto que
se convierte para esta, dentro del falso marco de valores que hemos
creado, en el único pasaporte de entrada a una vida valiosa.» A Gardner no le dolían prendas en defender que «el nivel alcanzado no de-

bería confundirse con la valía humana» y que los individuos eran merecedores de respeto con independencia de sus logros, parecía entender que la sociedad meritocrática que estaba ayudando a instaurar dejaba poco margen para la distinción entre el éxito educativo y la estima social.[54]

> La verdad pura y dura es que la enseñanza universitaria está sólidamente relacionada en la mente de la gente con la progresión personal, la movilidad social ascendente, el valor de mercado y la autoestima. Y si un número suficiente de estadounidenses creen que hay que ir a la universidad para obtener reconocimiento en forma de respeto y confianza, entonces la propia unanimidad de opiniones hace que esa generalización sea verdad.[55]

Unos años después, Kingman Brewster, rector de Yale, reconoció también el estrecho vínculo entre la clasificación de los estudiantes en función de sus méritos y la transformación del acceso a las universidades en una especie de sello de reconocimiento y estima sociales. Brewster, que condujo a Yale hacia la era meritocrática, se topó con la resistencia de algunos miembros influyentes de su consejo de gobierno a sus iniciativas para que la admisión de nuevos estudiantes se basara menos en la tradición familiar y más en el talento académico. En 1966, Yale adoptó una política de admisiones *need-blind*, en virtud de la cual en la selección de nuevo alumnado se dejó de tener en cuenta como factor la necesidad de ayuda económica de los solicitantes, ya que a partir de entonces se proveerían los instrumentos de apoyo financiero necesarios para que ningún candidato se quedara sin entrar en dicha universidad porque no se la pudiera pagar. Brewster se justificó utilizando el astuto (aunque también perspicaz) argumento de que aquella nueva política no solo permitiría a Yale atraer a buenos estudiantes de orígenes humildes, sino que también incrementaría el atractivo de la universidad para los estudiantes ricos, que se sentirían atraídos a estudiar en un centro que fuera conocido por admitir a su alumnado en función de su mérito y no de su dinero. Desde el momento en que «la cartera dejó de ser relevante para la admisión —escribió—, los privilegiados se sintieron más orgullosos al sentir que, si estaban allí, era por sus méritos y no por sus ambiguamente llamados "orígenes"».[56]

Antaño la gente se enorgullecía de enviar a sus hijos a sitios en los que podían codearse con los retoños de la clase alta de sangre azul. Hogaño se enorgullecía de enviar a sus hijos a sitios indicativos de la superioridad de sus méritos.

El cambio a un sistema de admisiones meritocrático acentuó el prestigio de las universidades que podían atraer a los estudiantes más sobresalientes. Dicho prestigio solía medirse en función de las puntuaciones medias en el SAT de los alumnos y alumnas que admitían, así como (en una dinámica más perversa) por el número de solicitantes de plaza a los que denegaban finalmente el acceso. Cada vez más, las universidades pasaron a ser clasificadas por su nivel de selectividad, y la selectividad pasó a ser un factor cada vez más importante en la elección de universidades en las que solicitar la admisión.

Hasta los años sesenta, los estudiantes de secundaria que proseguían sus estudios en una universidad solían matricularse en centros próximos a sus domicilios de origen. De ahí que la aptitud académica estuviera muy repartida entre un amplio número de universidades. No obstante, a medida que se fue produciendo la mencionada reconversión de la enseñanza superior, la elección de las universidades en las que solicitar el ingreso se fue volviendo más estratégica. Los estudiantes, y en especial los de familias de renta alta, comenzaron a buscar ser admitidos en el centro más selectivo posible.[57]

Caroline M. Hoxby, una economista especializada en el ámbito universitario, llama a esta tendencia la «reclasificación de la enseñanza superior». La brecha entre las universidades muy selectivas y las que lo son menos se ensanchó. Los estudiantes con puntuaciones altas en el SAT ansiaban ser admitidos en alguna de las primeras junto con otros estudiantes de puntuación elevada, con lo que la admisión en las universidades se convirtió en una competición en la que los aspirantes se jugaban su futuro a todo o nada. Aunque está muy extendida la suposición de que acceder hoy en día a la universidad es más difícil que nunca, no se puede decir que sea así en general. La mayor parte de los centros universitarios estadounidenses admiten a la mayoría de los alumnos o alumnas que solicitan estudiar en ellos.[58]

Solo en unas pocas universidades de élite se han desplomado las tasas de admisión en décadas recientes. Estos son, precisamente, los centros que copan los titulares de prensa y que alimentan la histeria del acceso a la universidad que arruina los años de adolescencia de los hijos e hijas de familias adineradas que quieren estudiar una carrera. En 1972, cuando esa «reclasificación» estaba ya muy avanzada, Stanford admitía a un tercio de quienes solicitaban plaza de estudiante de primer curso; en la actualidad, acepta a menos del 5 por ciento. Johns Hopkins, que aceptaba a la mayoría de los solicitantes (el 54 por ciento) en 1988, admite ahora a solo el 9 por ciento. La Universidad de Chicago ha experimentado una de las caídas más acusadas, pues de una tasa de aceptación de solicitudes del 77 por ciento en 1993 ha pasado a una de solo el 6 por ciento en 2019.[59]

En total, 46 universidades aceptan actualmente a menos del 20 por ciento de los alumnos y alumnas que solicitan plaza de primer curso en ellas. Varios de esos centros eran el destino deseado por los estudiantes cuyos padres protagonizaron el escándalo de las admisiones universitarias en 2019. Aun así, solo un 4 por ciento de los estudiantes de grado universitario que hay en Estados Unidos cursan su carrera en alguna de esas instituciones hiperselectivas. Más del 80 por ciento están matriculados en universidades que aceptan a más de la mitad de quienes solicitan ingresar en ellas.[60]

¿Qué explicación puede tener esa reclasificación que, durante los pasados cincuenta años, ha llevado a concentrar a los estudiantes que puntúan alto en los test en un puñado de universidades sumamente selectivas? Hoxby aporta una típica de economista: la reducción de los costes del transporte facilitó los viajes a universidades distantes del domicilio de origen, y la disminución paralela de los costes de información también hizo más fácil comparar la puntuación en el SAT de cualquier alumno o alumna con la de cualesquiera otros. Además, las universidades más prestigiosas gastan más dinero en formación por estudiante, por lo que, para quienes pueden acceder a ellas, matricularse en esos centros es una inversión sensata en su propio «capital humano», aun contando con las donaciones que esas universidades esperan que sus exalumnos les hagan en algún momento posterior de sus vidas.[61]

Sin embargo, el hecho de que esta «reclasificación» coincidiera con la transformación meritocrática de la educación superior sugiere la existencia de una explicación adicional: las universidades selectivas se volvieron irresistiblemente atractivas porque se situaron en la cúspide misma de la emergente jerarquía del mérito. Animados por sus padres, unos estudiantes ambiciosos, de entornos acomodados, comenzaron a llegar en oleadas a los campus de los centros más prestigiosos, no solo porque quisieran estudiar en compañía de otros alumnos y alumnas con grandes dotes para el estudio, sino porque esas universidades conferían el mayor prestigio meritocrático posible. Es algo que va más allá de quién tiene derecho a presumir y quién no; la gloria asociada a estudiar en una universidad muy selectiva se traduce también en oportunidades profesionales tras la graduación. No se trata tanto de que los empleadores crean que los estudiantes aprenden más en los centros universitarios de élite que en otros lugares menos selectivos, sino de que tienen fe en la función clasificadora de esas universidades y valoran el honor meritocrático que conceden.[62]

GANADORES HERIDOS

Esta reclasificación de la educación superior en una competición con vencedores y vencidos tuvo dos grandes efectos poco deseables. En primer lugar, reforzó la desigualdad, pues las universidades favorecidas por la lotería de la selectividad fueron también, por lo general, aquellas que contaban con una mayor proporción de estudiantes de renta alta. En segundo lugar, a los ganadores les pasó una factura muy lesiva. Y es que, a diferencia de la antigua élite hereditaria, que ocupaba sin grandes aspavientos ni molestias el lugar que tenía reservado en la cima, la nueva élite meritocrática se gana ese lugar de privilegio a base de afanosos esfuerzos.

Aunque la nueva élite ha adoptado también cierto carácter hereditario, sabe que la transmisión de los privilegios meritocráticos no está garantizada. Depende de que «consiga entrar». Esto confiere al éxito una psicología moral paradójica. Vistos en conjunto y en retrospectiva, sus resultados casi parecen estar predestinados habida cuenta del abrumador predominio de los jóvenes de familias acomodadas en los campus de élite. Pero, para los protagonistas individuales de la hipercompetitiva pugna por el acceso a cualquiera de esas universidades, es imposible concebir el éxito como otra cosa que no sea el resultado del esfuerzo y el buen rendimiento personales. Es bajo este punto de vista como se genera entre los ganadores el convencimiento de que se han ganado su éxito, de que han triunfado por sí mismos. Esta creencia es una criticable forma de soberbia meritocrática; atribuye más protagonismo de lo debido al afán individual y pasa por alto las ventajas previas que ayudan a convertir el esfuerzo en éxito. Pero hay también cierta conturbación en dicho convencimiento, pues se forja a partir del dolor, a partir de las desmoralizadoras exigencias que el afán meritocrático impone a los jóvenes.

Los padres que han logrado prosperar tienen la capacidad de dar a sus hijos un fuerte empujón en su esfuerzo por ser admitidos en universidades de élite, pero a menudo lo hacen a costa de transformar sus años de instituto en un calvario de clases de nivel avanzado, tutorías para la preparación de test, entrenamientos deportivos, clases de danza y música, y mil y una actividades extracurriculares y de servicio público, con frecuencia bajo la asesoría y tutela de consultores privados especializados en admisiones universitarias cuyos honorarios pueden ascender a más que cuatro años de matrícula en Yale. Algunos de esos consultores aconsejan a los padres que consigan diagnósticos de alguna discapacidad en sus hijos con el fin de que dispongan de un tiempo adicional para completar el test estandarizado al que se presenten. (En un barrio suburbano rico de Connecticut, el 18 por ciento de los estudiantes de secundaria han recibido diagnósticos de ese tipo, más del séxtuple que la media nacional.) Otros consultores se especializan en crear programas de viaje personalizados para el verano, dirigidos a producir material convincente para los trabajos de redacción que los solicitantes normalmente adjuntan en sus solicitudes de ingreso en las universidades.[63]

Esta carrera de armamentos meritocrática inclina la balanza de la competición del lado de los ricos y posibilita que los padres adinerados transfieran su situación de privilegio a sus hijos. Esta forma de transmitir privilegios es criticable por dos motivos. Para quienes carecen de toda esa maquinaria otorgadora de ventajas, es injusto; para los muchachos atrapados en dicha maquinaria, es opresivo. La lucha meritocrática engendra una cultura de la crianza de los hijos invasiva, ambiciosa y orientada al éxito que no ayuda mucho a los adolescentes. Este auge de los padres y madres «helicóptero» ha coincidido en el tiempo con las décadas en que se ha intensificado la competencia meritocrática. De hecho, el uso en inglés del verbo *to parent*, formado a partir del sustantivo *parent* (el genérico neutro que tanto puede referirse al padre como a la madre), no se volvió habitual hasta la década de 1970, cuando la necesidad de preparar a los hijos para el éxito académico pasó a considerarse una responsabilidad paterna y materna de primerísimo orden.[64]

La cantidad de tiempo que los padres y madres estadounidenses dedicaron a ayudar a sus hijos e hijas con los deberes se multiplicó por más de cinco entre 1976 y 2012.[65] A medida que aumentaba lo que estaba en juego con la admisión de sus hijos en una universidad de élite, la ansiedad y la intromisión pasaron a ser un sello común del estilo de crianza impuesto por los padres y las madres. En 2009, el reportaje de portada de la revista *Time* hacía sonar la voz de alarma: «Contra la "sobrecrianza". Por qué ha llegado la hora de que papá y mamá se relajen un poco». Nos habíamos «obsesionado tanto con el éxito de nuestros hijos —señalaba la revista— que la crianza se ha convertido en una especie de desarrollo de producto». Ese afán de gestionar la infancia comienza ahora mucho antes. «Entre los niños y niñas de seis a ocho años de edad, el tiempo libre para jugar descendió un 25 por ciento entre 1981 y 1997, mientras que el dedicado a hacer deberes pasó a ser más del doble.»[66]

En un interesante estudio, los economistas Matthias Doepke y Fabrizio Zilibotti han ofrecido una explicación económica del auge de los padres y madres helicóptero, cuyo estilo de crianza los autores definen como «esa manera implicadísima, intensiva en tiempo y muy controladora de enfocar la educación de los hijos que se ha generalizado en las tres últimas décadas». Sostienen que esa forma de criar a los hijos es una respuesta racional a la desigualdad creciente y a que también han aumentado los réditos de la educación. Aunque la crianza intensiva ha ido al alza en numerosas sociedades en décadas recientes, su pujanza ha sido mayor en aquellos países donde la desigualdad es mayor, como Estados Unidos y Corea del Sur, mientras que está menos extendida en naciones como Suecia y Japón, donde la desigualdad no es tan acentuada.[67]

Por comprensible que resulte, ese impulso que lleva a padres y madres a administrar y encauzar la vida de sus hijos por la vía del éxito meritocrático se ha cobrado un fuerte peaje psicológico, sobre todo entre los adolescentes preuniversitarios. A comienzos de la primera década del siglo XXI, Madeline Levine, una psicóloga que trata a jóvenes en el condado californiano de Marin, una zona suburbana de San Francisco con un elevado nivel de renta, comenzó a notar que muchos adolescentes de familias acomodadas, exitosos de puertas para fuera, se sentían muy infelices, desconectados y poco independientes. «Si escarbas un poco, ves que muchos están [...] deprimidos, angustiados y enfadados [...]. Dependen en exceso de las opiniones de sus padres, maestros, entrenadores e iguales, y recurren con frecuencia a otros, no solo para que les allanen el camino cuando de realizar tareas difíciles se trata, sino también para que les engrasen los engranajes de la vida cotidiana.» Levine empezó a darse cuenta de que, lejos de aislar a esos jóvenes de las dificultades de la vida, tanto la riqueza de sus familias como el elevado nivel de intromisión de sus padres y madres no hacían más que contribuir a su infelicidad y su fragilidad.[68]

En un libro titulado *El precio del privilegio*, Levine describió lo que, según ella, era un «estado de salud mental epidémico entre los jóvenes de familias privilegiadas». Los psicólogos siempre habían asumido que los jóvenes «en situación de riesgo» eran muchachos y muchachas de entornos familiares desfavorecidos en barrios marginales, que tenían que «criarse en unas circunstancias duras e implacables».[69] Sin negar ese problema, Levine añadía que en Estados Unidos había un nuevo grupo de riesgo formado por adolescentes de familias ricas y de elevado nivel educativo.

A pesar de sus ventajas económicas y sociales, registran unas de las mayores tasas de depresión, consumo abusivo de sustancias estupefacientes, trastornos de ansiedad, problemas psicosomáticos e infelicidad de todos los grupos de menores de edad de este país. Cuando los investigadores estudian a chicos y chicas de todo el espectro socioeconómico, descubren que, a menudo, los adolescentes con mayores problemas proceden de hogares de nivel económico elevado.[70]

Levine se refería a una investigación de Suniya S. Luthar, quien ha constatado el «fenómeno, contrario a la creencia general, de que los jóvenes de clase media alta, destinados en principio a estudiar en las universidades más prestigiosas y a ejercer las profesiones mejor pagadas de Estados Unidos», sufren unos índices más elevados de angustia emocional que otros adolescentes, una pauta que se mantiene incluso después de acceder a la universidad. En comparación con el conjunto de la población, los estudiantes universitarios a tiempo completo tienen «2,5 veces más probabilidades de ajustarse a los criterios diagnósticos del consumo abusivo (o la dependencia) de sustancias (un 23 por ciento frente a un 9 por ciento)», y la mitad de todos los estudiantes universitarios a tiempo completo dicen cometer excesos alcohólicos y abusar de drogas o fármacos de algún tipo.[71]

¿Qué explica los exorbitantes niveles de angustia emocional observados entre los jóvenes de familias acomodadas? La respuesta tiene mucho que ver con el imperativo meritocrático: la incesante presión para rendir, lograr cosas, tener éxito. «Tanto para los hijos como para los padres —escribe Luthar—, resulta casi imposible ignorar el omnipresente y penetrante mensaje grabado a fuego desde sus primeros años de vida: solo hay un camino para la felicidad suprema, que es tener dinero, y a eso solo se llega a su vez estudiando una carrera en una universidad de prestigio.»[72]

Quienes vencen en el campo de batalla del mérito salen de este triunfadores, pero también heridos. Yo lo veo en mis alumnos. Cuesta mucho desterrar en ellos el hábito de vivir los estudios como una carrera de obstáculos, una sucesión de aros por los que han de pasar. Muchos continúan sintiéndose tan impelidos a afanarse en sus estudios que les resulta muy difícil aprovechar sus años de universitario como un periodo durante el que pensar, profundizar y reflexionar críticamente sobre quiénes son y sobre qué es lo que de verdad debería importarles. Es alarmante el número de los que lidian con problemas de salud mental. El precio psicológico del vía crucis meritocrático no es un problema exclusivo de la Ivy League. En un reciente estudio sobre 67.000 estudiantes de grado de más de cien universidades estadounidenses, se comprobó que «los universitarios padecen unos niveles de estrés sin precedentes» que se traducen en problemas como un aumento de la incidencia de las depresiones y los trastornos de ansiedad. Uno de cada cinco alumnos y alumnas de grado universitario afirmó haber tenido pensamientos suicidas durante los doce meses previos, y a uno de cada cuatro se le había diagnosticado —o había sido tratado por— algún trastorno de salud mental.[73] La tasa de suicidios entre personas jóvenes (de edades comprendidas entre los veinte y los veinticuatro años) se incrementó un 36 por ciento entre 2000 y 2017; actualmente son más los que mueren por suicidio que por homicidio.[74]

Además de esas afecciones clínicas, los psicólogos han detectado otra dolencia más sutil que también aflige a esta generación de estudiantes universitarios: una «epidemia oculta de perfeccionismo». Tantos años de ansioso afán de excelencia dejan en los jóvenes el poso de una frágil autoestima, demasiado dependiente del éxito académico y demasiado vulnerable a los exigentes juicios de los padres, los profesores, los comités de admisión y, en último término, de ellos mismos. «Unos ideales irracionales acerca de lo que es la persona perfecta se han convertido en algo deseable —necesario incluso— en un mundo en el que el rendimiento, el estatus y la imagen definen la utilidad y el valor de un individuo», explican Thomas Curran y Andrew P. Hill, autores del mencionado estudio. Tras encuestar a más de cuarenta mil universitarios de grado de Estados Unidos, Canadá y Gran Bretaña, los autores dicen haber detectado un notable incremento del perfeccionismo entre 1989 y 2016, con aspectos como un aumento del 32 por ciento de las actitudes perfeccionistas vinculadas a las expectativas de la sociedad y de los padres.[75]

El perfeccionismo es el mal meritocrático por excelencia. En una época en la que los jóvenes son implacablemente «clasificados, cribados y ordenados por facultades, universidades y empresas, la meritocracia neoliberal pone la necesidad imperiosa de afanarse, rendir y tener éxito en el centro mismo de la vida moderna».[76] El éxito o el fracaso a la hora de cumplir con la exigencia de triunfar, de lograr objetivos, termina definiendo el mérito y la autoestima de la persona.

Quienes se ocupan de activar los mecanismos de la máquina de la meritocracia no son desconocedores, ni mucho menos, de los costes humanos que esta tiene. En un franco y esclarecedor trabajo sobre el riesgo que los estudiantes corren de acabar «quemados», los administradores del proceso de admisión de nuevos alumnos y alumnas de grado en Harvard expresaron hace ya unos años su preocupación por la posibilidad de que quienes viven sus años de instituto y universidad pasando por los aros de una sucesión de hitos académicos como atletas en una carrera de obstáculos terminen convertidos en «supervivientes aturdidos de una especie de confuso campamento de instrucción permanente». Este trabajo, elaborado originalmente en 2000, continúa publicado (diríase que a modo de advertencia) en el sitio web de la Universidad de Harvard dedicado a la admisión de nuevo alumnado.[77]

LA CARRERA DE OBSTÁCULOS CONTINÚA

Tras fomentar y premiar la obsesión por los logros académicos con sus propias políticas de admisión, las universidades de élite hacen bien poco por rebajar el tono de aquella una vez que los alumnos de secundaria pasan a ser estudiantes de sus campus. El instinto clasificador y competitivo invade la vida universitaria, en la que los estudiantes reproducen el ritual de la aceptación y el rechazo. He aquí un ejemplo. El Harvard College* cuenta con más de cuatrocientos clubes y organizaciones extracurriculares. Algunos de ellos, como la orquesta o el equipo universitario de fútbol americano, requieren ciertas apti-

---

* La parte de la Universidad de Harvard encargada de impartir y administrar los estudios de grado. Está separada del resto de los centros de esa misma universidad que se encargan de impartir estudios de posgrado (másteres y doctorados), como es el caso de las «escuelas profesionales» de derecho o medicina o de la «escuela de posgrado de artes y ciencias», que se encarga de los doctorados de disciplinas más puramente académicas, como la filosofía, la literatura, la física, la psicología o la sociología. (N. del T.)

tudes de sus miembros y, por consiguiente, tienen establecidas unas justificadas pruebas de acceso. Sin embargo, hoy en día el llamado *comping*, la competición por ingresar en las organizaciones estudiantiles con independencia de si en estas se realizan actividades que requieran destrezas especiales previas o no, se ha convertido en algo común y corriente. La cultura del *comping* ha alcanzado tales extremos que algunos estudiantes viven su primer curso en la universidad como una especie de asignatura de «Introducción al rechazo», toda una lección de cómo afrontar la decepción de no pasar el corte.[78]

Como las universidades, las organizaciones estudiantiles también presumen de bajas tasas de admisión de nuevos miembros. El Grupo Consultor del Harvard College, por ejemplo, se anuncia como «el grupo estudiantil preprofesional más selectivo de todo el campus de Harvard», con una tasa de aceptación de nuevos miembros situada por debajo del 12 por ciento. La Sociedad Crimson Key, que se encarga de organizar la semana de orientación para los nuevos alumnos de primer curso, así como los recorridos guiados para quienes visitan el campus, también promociona su selectividad; solo un 11,5 por ciento de quienes solicitan entrar en ella son admitidos. «No queremos poner a cualquiera ante los visitantes», explica el director de *comping* de dicha sociedad. Pero el motivo de fondo de esa selectividad no parece ser tanto la necesidad de talento como la voluntad de reproducir el trauma (y el ajetreo) de la competencia meritocrática. «Saltas ese enorme obstáculo para entrar en Harvard —comentó un estudiante de primer curso a *The Harvard Crimson*— y luego solo quieres seguir saltando más para que la adrenalina no deje de fluir.»[79]

El auge de la cultura del *comping* ilustra a las claras la conversión de los estudios universitarios de grado (los que se imparten en los *colleges*) en un entrenamiento básico para una meritocracia competitiva, una formación en cómo exponerse personalmente con el mejor envoltorio posible y en cómo presentar solicitudes para lo que sea. Esto evidencia, a su vez, un cambio más general en el papel de las universidades; su función otorgadora de credenciales ha adquirido tal importancia que ahora mismo ahoga su función educativa. La clasificación y el afán de logros desplazan a la enseñanza y el aprendizaje. Los decanos y rectores son cómplices de esa tendencia cuando aseguran

—diríase que llevados de una falsa modestia— que los alumnos aprenden más fuera de las aulas que en ellas. Esto podría significar (y quizá significara alguna vez) que los estudiantes aprenden de sus compañeros de clase conversando y debatiendo de modo informal y continuo sobre cuestiones y temas que van surgiendo en sus asignaturas y sus lecturas. Pero lo cierto es que se refiere cada vez más a la necesidad de que construyan una buena red de contactos.

Una obsesión muy parecida a las del *comping* y la construcción de redes es la que hoy existe por las notas. Aunque no puedo demostrar que la preocupación de los estudiantes por sus calificaciones se haya intensificado en estas últimas décadas, sí que puedo decir que sin duda esa es mi sensación. En 2012 estalló uno de los mayores escándalos por amaño de exámenes de la historia de la Ivy League; una setentena de estudiantes tuvieron que abandonar el Harvard College por haber copiado en un examen para hacer en casa.[80] En 2017, la Junta de Honor del Harvard College se vio desbordada de casos de presunto fraude académico cuando más de sesenta alumnos de una asignatura de introducción a la informática fueron denunciados ante ella acusados de haber copiado.[81] Pero hacer trampas no es la única forma que esa obsesión por las notas tiene de manifestarse. En una conocidísima facultad de derecho, los profesores han recibido instrucciones explícitas de no anunciar a los estudiantes cuándo se publicarán las notas del semestre, pues la experiencia ha demostrado que cuando se informa por adelantado de cuándo estarán disponibles, se genera una ansiedad excesiva en los alumnos. La publicación de las notas se programa ahora con sumo cuidado para dejar a los afligidos estudiantes un margen de tiempo prudencial para que busquen la ayuda que necesiten en los servicios de atención psicológica.

SOBERBIA Y HUMILLACIÓN

Dudo que, cuando Conant impuso a Harvard (y a la enseñanza superior en general) la tarea de examinar y clasificar a la población estadounidense, imaginara la implacable competencia meritocrática que su proyecto desataría. En la actualidad, el papel de las universidades como árbitros del acceso a oportunidades en la vida está tan consolidado que cuesta imaginar alternativas. Pero ha llegado la hora de hacerlo. Replantearse el papel de la enseñanza superior es importante, no ya para reparar las dañadas psiques de los privilegiados, sino para reparar la polarizada vida cívica que la clasificación meritocrática ha generado.

A la hora de desmantelar la máquina clasificadora que Conant puso en marcha, conviene señalar que el régimen del mérito ejerce su tiranía en dos direcciones simultáneas. Entre quienes sitúa arriba del todo, induce ansiedad, un perfeccionismo debilitador y una soberbia meritocrática que a duras penas oculta una frágil autoestima. Entre aquellos y aquellas a quienes relega, impone una desmoralizadora (humillante incluso) sensación de fracaso.

Estas dos tiranías comparten una fuente moral común: la persistente fe meritocrática en que nosotros, los individuos, somos totalmente responsables de nuestro destino. Si tenemos éxito es gracias a nuestras acciones, y si fracasamos, a nadie podemos echarle la culpa más que a nosotros mismos. Por inspiradora que pueda parecer, esta agotadora concepción de la responsabilidad individual hace que resulte muy difícil invocar ese sentido de solidaridad y obligación mutua que podría prepararnos para hacer frente a la creciente desigualdad de nuestro tiempo.

Sería un error pensar que la enseñanza superior es la única responsable de las desigualdades de renta y estima social de las que hoy somos testigos. El proyecto de una globalización impulsada por el mercado, el giro tecnocrático visible en la política contemporánea y la captura oligárquica de las instituciones democráticas han contribuido también a esta situación. No obstante, antes de pasar —como haremos en el capítulo 7— a la controvertida cuestión del trabajo en una economía globalizada, merecerá la pena que reflexionemos un poco sobre qué podríamos hacer para aliviar los duros efectos de la clasificación meritocrática, y que lo hagamos desde las dos direcciones mencionadas, tratando de curar las heridas que inflige en aquellos a quienes declara ganadores y las indignidades que obliga a sufrir a aquellos a los que señala como perdedores.

Consideremos primero una modesta propuesta de reforma del

sistema de admisión de nuevo alumnado de primer curso en las universidades, aunque solo sea a modo de ejemplo de cómo podríamos comenzar a relajar el debilitador ciclo de clasificación y de afán por quedar bien clasificados.

UNA LOTERÍA DE LOS CUALIFICADOS

Una forma de enfocar esa reforma sería tratando de mejorar el acceso a las universidades de élite mediante una reducción de la importancia del SAT y la eliminación de toda preferencia por tradición familiar, capacidad deportiva o parentesco con donantes.[82] Aunque estas reformas reducirían la inequidad del sistema, no servirían por sí mismas para poner en cuestión la noción de la enseñanza superior como un proyecto clasificador encargado de detectar talento y de asignar oportunidades y recompensas a los talentosos. Y, sin embargo, el proyecto clasificador es precisamente el problema. Haciendo que sea más auténticamente meritocrático no contribuiremos sino a afianzarlo más todavía.

Así que pensemos en otra alternativa. Cada año, más de cuarenta mil estudiantes solicitan ser admitidos en alguna de las aproximadamente dos mil plazas para alumnado nuevo de primer curso que Harvard y Stanford ofrecen. Los encargados de admisiones de ambas universidades dicen que muchos de esos solicitantes están perfectamente cualificados para hacer bien el trabajo que se les pide a los estudiantes en Harvard o Stanford. Cabe suponer que lo mismo sucede con las decenas de universidades selectivas que atraen a muchos más solicitantes cualificados que los que pueden aceptar. (En 2017, 87 universidades admitieron a menos del 30 por ciento de los candidatos a formar parte del alumnado de primer curso.)[83] Ya en 1960, cuando el número de esos solicitantes no era tan exagerado, alguien que había sido durante mucho tiempo miembro del comité de admisión de nuevos estudiantes de Yale dijo: «A veces, tiene uno la desagradable sensación de que podría coger las miles de [solicitudes] [...], tirarlas escaleras abajo, escoger mil al azar y formar una promoción de alumnos tan buena como la que escogerá el comité en sus reuniones».[84]

Mi propuesta se toma en serio esa sugerencia. De los cuarenta y pico mil solicitantes, separemos a aquellos que es improbable que progresen adecuadamente en Harvard o Stanford, es decir, los que no estén cualificados para rendir bien y contribuir a la educación de sus compañeros de clase. Esto tal vez dejaría a los comités de admisión con, digamos, unos treinta mil candidatos cualificados (o veinticinco mil o veinte mil, como poco). En vez de perder el tiempo con la sumamente complicada e incierta misión de intentar predecir quiénes de esos miles serán los más meritorios, ¿por qué no elegir por sorteo a toda la promoción entrante? Dicho de otro modo, tiremos los expedientes de los solicitantes cualificados escaleras abajo, escojamos dos mil al azar y que sea lo que la suerte decida.[85]

Esta propuesta no ignora en absoluto el mérito —solo se admitiría a estudiantes cualificados para serlo—, pero lo que sí hace con él es tratarlo como un umbral para la cualificación, y no como un ideal que haya que maximizar.[86] Este es un modo sensato de obrar, de entrada, por una razón práctica. Ni siquiera los más inteligentes y sagaces responsables de las admisiones pueden evaluar, con una precisión exquisita, quiénes de esos chicos y chicas de dieciocho años de edad serán los que hagan finalmente las contribuciones (académicas o de otro tipo) más sobresalientes. Aunque pongamos en valor el talento, lo cierto es que se trata, en el contexto de la admisión de nuevo alumnado universitario, de un concepto muy vago y poco preciso. Tal vez sea posible detectar a un prodigio precoz de las matemáticas, pero el talento en general es algo más complejo, menos predecible.

Pensemos, si no, en lo difícil que resulta valorar talentos y destrezas más específicamente definidos. Nolan Ryan, uno de los más grandes lanzadores de la historia del béisbol, posee el récord absoluto en las grandes ligas profesionales estadounidenses de *strikeouts* conseguidos por un jugador a lo largo de toda su carrera y fue elegido para ingresar en el Salón de la Fama de dicho deporte ya en el primer año en que fue elegible para ello. Sin embargo, cuando tenía dieciocho años no lo seleccionó ningún equipo hasta la duodécima ronda del *draft* del béisbol profesional; los equipos eligieron a otros 294 jugadores, aparentemente más prometedores, antes que a él.[87] Tom Brady, uno de los mejores *quarterbacks* de la historia del fútbol americano, fue el número 199 del *draft* de su año.[88] Si hasta un talento tan específico como la capacidad de lanzar una pelota de béisbol o un balón de fútbol es tan difícil de predecir con demasiada certeza, es un disparate pensar que la capacidad de tener un impacto grande y significativo en la sociedad, o en algún otro campo de actividad futura, pueda ser predicha lo bastante bien como para justificar tan minuciosas clasificaciones de los estudiantes de último curso de secundaria.

Con todo, las razones más convincentes para realizar una selección por sorteo entre los cualificados son las relacionadas con el objetivo de luchar contra la tiranía del mérito. Fijar un umbral de cualificación mínima y dejar que la suerte decida el resto restablecería cierta cordura en los años de la enseñanza secundaria, y haría más liviana —hasta cierto punto, al menos— la desmoralizadora experiencia en la que estos se han convertido, con toda esa obsesión por llenar de contenido los currículums y por aspirar a la perfección. También desinflaría la soberbia meritocrática, pues pondría de manifiesto algo que ya sabemos que es verdad, a saber, que quienes terminan en la cima no han llegado allí solo por sí mismos, sino que deben su buena fortuna a sus circunstancias familiares y sus dones innatos previos, que son análogos desde el punto de vista moral a la suerte de una lotería como esta.

Puedo imaginarme, al menos, cuatro potenciales objeciones a este método.

1. *¿Qué pasa entonces con la calidad académica?*

Eso dependerá de que se fije el umbral correcto. Tengo la impresión de que, al menos en el caso de las sesenta u ochenta universidades más destacadas, la calidad de los debates en clase y el rendimiento académico no serían apreciablemente diferentes. Tal vez sea una impresión equivocada, pero sería fácil averiguarlo. Empecemos con un experimento: admitamos a la mitad de una promoción nueva valiéndonos del sistema existente y a la otra mitad mediante un sorteo entre los solicitantes cualificados, y luego comparemos el rendimiento académico mostrado por ambos grupos cuando llegue el momento de su graduación (e incluso su éxito profesional en los años que sigan). De hecho, Stanford estuvo muy cerca de llevar a cabo ese experimento a finales de los años sesenta, pero el plan fue desechado ante la oposición mostrada por el decano de admisiones.[89]

2. ¿Qué pasa con la diversidad?

En principio, el sorteo podría ajustarse para garantizar la presencia de suficiente diversidad en uno o más aspectos que una universidad considerara importantes, asignando dos o tres números en el sorteo a cada candidato de una categoría que se quisiera favorecer. Esto podría generar la diversidad deseada sin renunciar al aspecto de la aleatoriedad. También hay una posible variante que merecería la pena considerar: para contrarrestar la tendencia hereditaria del sistema de admisiones tal como se practica hoy en día, las universidades podrían admitir primero a cierto número de solicitantes cualificados cuyos padres y madres carecieran de estudios universitarios y, luego, proceder con el sorteo entre los restantes.

3. ¿Qué pasa con las tradiciones familiares y los hijos e hijas de donantes?

Lo ideal sería que las universidades dejasen de dar prioridad a los hijos e hijas de exalumnos, pero si algunos centros quisieran seguir haciéndolo, podrían asignar a cada uno de ellos dos números en el sorteo en vez de uno (como en el caso de las categorías de diversidad antes mencionado), o más si la universidad en cuestión lo juzgara necesario. Vale la pena señalar que, para reproducir la actual tasa de aceptación de nuevos alumnos por tradición familiar, algunas universidades tendrían que asignar a cada hijo o hija de exalumno cinco o seis números en el sorteo. Esto, al menos, pondría de manifiesto la ventaja que ya están otorgando a los jóvenes de esas familias privilegiadas y tal vez suscitaría un debate sobre la conveniencia de que continúen dándose esas preferencias.

También debería erradicarse el favoritismo hacia los hijos e hijas de grandes donantes que no son exalumnos, pero si las universidades no pudiesen resistirse al beneficio económico que les reporta la venta de algunas plazas en la promoción entrante, simplemente podrían reservar un puñado de ellas para su subasta o, incluso, su venta directa. Esta sería una forma más honesta de reconocer las concesiones que algunos centros universitarios realizan hoy en día al amparo de la idea del mérito. Como ya ocurre en el sistema actual, los beneficiarios de las plazas compradas no serían identificados públicamente, pero, cuando menos, ya no estarían comprando una falsa presunción de superioridad de mérito.

4. *Las admisiones por sorteo, ¿no restarían relevancia a la selectividad de las universidades líderes y no harían con ello que se erosionara su prestigio?*

Sí, quizá. Pero ¿habría realmente algo que objetar? Solo si se cree que la «reclasificación» que la enseñanza superior ha experimentado en décadas recientes para orientarla hacia la conquista de prestigio ha mejorado de verdad la calidad de la enseñanza y el aprendizaje, lo cual es harto dudoso. Concentrar un alumnado que puntúa alto en los test (y que antaño estudiaba en un conjunto más amplio de universidades de todo el país) en un círculo más reducido de centros hiperselectivos ha agravado la desigualdad pero ha hecho muy poco (o nada) por mejorar la formación recibida. El angustioso afán por superar obstáculos que la ordenación clasificadora meritocrática ha inducido en los estudiantes los ha vuelto menos abiertos al carácter exploratorio tradicional de la educación «en artes liberales» típica de las universidades anglosajonas. Atenuar tanta clasificación y tanta obsesión por el prestigio sería una virtud, que no un inconveniente, del sistema de sorteo.

Si un número notable de universidades de élite comenzaran a admitir por sorteo a alumnos cualificados, reducirían —hasta cierto punto como mínimo— el estrés de los años de la enseñanza secundaria. Los adolescentes que quisieran ir a la universidad y sus padres y madres se darían cuenta de que, más allá de demostrar su capacidad para rendir bien en las asignaturas de una carrera universitaria, los estudiantes ya no necesitarían dedicar su adolescencia a participar en una escalada armamentista de actividades y logros dirigidos a impresionar a los comités de admisión de nuevo alumnado. También podría relajarse el estilo de crianza de los padres y madres «helicóptero», para descargo del bienestar emocional de los progenitores y los hijos por igual. Sin las cicatrices sufridas en el campo de batalla del mérito, los jóvenes seguramente llegarían a la universidad con una menor proclividad a superar obstáculos y un mayor grado de apertura a la exploración personal e intelectual.

Estos cambios reducirían el daño que la tiranía del mérito inflige a los ganadores. Pero ¿y el que sufren todos los demás implicados? Solo el 20 por ciento de los estudiantes que están en el último curso de secundaria son absorbidos por la vorágine de la competencia por entrar en universidades de prestigio. ¿Qué pasa con el 80 por ciento restante que estudian grados en centros menos competitivos o diplomaturas de dos cursos en *community colleges*, o que simplemente no siguen estudiando? Para ellos, la tiranía del mérito no se deja notar en forma de una competencia descorazonadora por el acceso a unas instituciones determinadas, sino como un descorazonador panorama laboral que ofrece recompensas económicas escasas y una exigua estima social a quienes carecen de credenciales meritocráticas.

Desmantelar la máquina clasificadora

No habrá una respuesta adecuada sin un proyecto ambicioso que la sustente; deberíamos apagar la máquina de clasificación meritocrática haciendo que sea mucho menos lo que esté en juego cuando los aspirantes se esfuercen por ser admitidos en las universidades altamente selectivas. Por decirlo en un sentido más general, deberíamos hallar el modo de conseguir que el éxito en la vida no dependa tanto de poseer un grado universitario de cuatro cursos.

Cualquier intento de dignificar el trabajo debe empezar por tomarse en serio las diversas formas de aprendizaje y formación que preparan a las personas para realizarlo. Esto significa dejar de desinvertir en la enseñanza superior pública, dejar de desatender la formación técnica y profesional, y poner fin a la distinción tajante, en materia de financiación y prestigio, entre las universidades que imparten grados de cuatro cursos y otros entornos e instituciones de educación postsecundaria.

Un obstáculo para poner coto a la función de clasificación meritocrática ejercida por la enseñanza superior es que (en Estados Unidos al menos) buena parte de esta la desarrollan universidades privadas. De todos modos, aun siendo privadas, estas instituciones dependen en buena medida de la cuantiosa financiación que reciben de la Administración federal, sobre todo en lo relativo a la ayuda económica a los estudiantes y a la investigación patrocinada por el Estado. En algunos casos, poseen ingentes dotaciones financieras que generan una renta que, tradicionalmente, ha estado exenta de impuestos. (La reforma fiscal impulsada por los republicanos en 2017 impuso un gravamen a la renta de las dotaciones de un pequeño número de universidades acaudaladas.)[90] En principio, el Gobierno federal podría usar esa influencia para obligar a las universidades privadas a ampliar sus plazas de alumnado, admitir a más estudiantes de entornos desfavorecidos o incluso adoptar alguna versión de la admisión por sorteo aquí propuesta.[91]

No es probable, en cualquier caso, que tales medidas logren por sí solas reducir lo que hay ahora en juego en el hecho de estudiar o no en una universidad selectiva. Más significativas serían las iniciativas que buscaran, por un lado, ampliar el acceso a las universidades que ofrecen grados de cuatro cursos y, por otro, ofrecer más apoyo a los *community colleges*, a los centros de formación técnica y profesional, y al adiestramiento en los propios lugares de trabajo. A fin de cuentas, estos otros son los entornos formativos en los que la mayoría de los estadounidenses aprenden las competencias que necesitan para ganarse la vida.

La financiación pública de las universidades estatales ha caído en estas últimas décadas al tiempo que aumentaba la cuantía de las matrículas, hasta el punto de que el carácter público de estas instituciones está hoy en duda.[92] En 1987, las universidades públicas obtenían directamente de las administraciones estatales y locales unos fondos por alumno que triplicaban a los recabados gracias a las matrículas, pero a medida que esa financiación de las administraciones públicas cayó, fue aumentando lo cobrado en concepto de matrículas. En 2013, la enseñanza superior pública ingresaba por estas últimas una suma equivalente a la que recibía en forma de apoyo de los estados, los condados y los municipios.[93]

Muchas de las universidades públicas punteras son hoy solo públicas sobre el papel.[94] En la Universidad de Wisconsin en Madison, por ejemplo, solamente un 14 por ciento del presupuesto proviene de partidas asignadas por el estado.[95] En la Universidad de Virginia, la financiación del estado representa tan solo un 10 por ciento del presupuesto.[96] En la Universidad de Texas en Austin, las partidas asignadas por el estado sufragaban el 47 por ciento del presupuesto a mediados de los años ochenta; hoy en día solo costean el 11 por ciento. Mientras tanto, el porcentaje cubierto con los ingresos vía matrículas se ha multiplicado por más de cuatro.[97]

Al remitir el sostén público y aumentar la cuantía de las matrículas, la deuda del alumnado se ha disparado. Los estudiantes de la generación actual se inician en el mundo laboral lastrados por una pesada montaña de deuda. Durante los últimos quince años, el volumen total de endeudamiento por préstamos al estudio se ha multiplicado por más de cinco. En 2020, sobrepasaba ya los 1,5 billones de dólares.[98]

La señal más flagrante de las inclinaciones meritocráticas de la financiación de las universidades es la diferencia entre el apoyo federal que recibe la enseñanza superior y el destinado a la formación técnica y profesional. Isabel Sawhill, una economista de la Institución Brookings, aporta unas impactantes cifras de esa disparidad.

Comparemos la pequeña cantidad que se gasta en empleo y formación con la que se dedica a la enseñanza superior en forma de becas, préstamos y beneficios fiscales. Durante el curso académico 2014-2015, se gastaron un total de 162.000 millones de dólares para ayudar a que los alumnos fueran a la universidad. Como contrapunto, el Departamento de Educación [del Gobierno federal] destina unos 1.100 millones anuales a la formación profesional y técnica.[99]

Sawhill añade que, aun sumando la financiación destinada a formación profesional y técnica y el gasto dedicado a ayudar a buscar trabajo a los trabajadores que se quedan sin empleo, «solo estamos gastando del orden de 20.000 millones de dólares al año a escala federal en esos programas relacionados con la formación laboral».[100]

La cantidad que el Gobierno estadounidense gasta en la formación o el reciclaje formativo de los trabajadores no solo es pequeña en comparación con la que dedica a la enseñanza superior, sino que también es minúscula en relación con la que gastan otros países. Los economistas llaman «políticas activas de empleo» a los programas públicos que ayudan a equipar a los trabajadores con las destrezas que se necesitan en el mercado laboral. Estas políticas obedecen a la constatación de que el mercado de trabajo no funciona con total fluidez por sí solo; son precisos a menudo programas de formación y de recolocación para ayudar a los trabajadores a encontrar empleos que se ajusten a sus aptitudes. Sawhill recuerda que los países económicamente avanzados gastan una media del 0,5 por ciento del PIB en políticas activas de empleo. Francia, Finlandia, Suecia y Dinamarca dedican más del 1 por ciento del PIB a esa clase de programas; Estados Unidos, solo en torno al 0,1 por ciento, menos de lo que gastamos en prisiones.[101]

La indiferencia estadounidense ante las políticas activas de empleo podría deberse a cierta fe de mercado en que la oferta y la demanda (de trabajo en este caso) siempre terminan por encontrarse automáticamente, sin ayuda externa, pero también refleja la convicción meritocrática de que la enseñanza superior es la vía de acceso primordial a las oportunidades. «Uno de los motivos por los que tal vez Estados Unidos ha desatendido las políticas de empleo y formación profesional —escribe Sawhill— es que se ha puesto más énfasis en financiar la enseñanza superior. Es como si se trabajara desde el supuesto de que todo el mundo tiene que ir a la universidad.»[102]

Sin embargo, como hemos visto, solo un tercio aproximadamente de los estadounidenses se saca un título universitario de grado. Para todos los demás, el acceso a un puesto de trabajo bien remunerado depende de unas modalidades educativas y formativas que, por desgracia, tenemos muy abandonadas. Pese al atractivo «aspiracional» que encierra, esa insistencia meritocrática en los grados universitarios de cuatro cursos como si fueran la puerta de entrada al éxito nos distrae de la necesidad de tomarnos en serio las necesidades educativas de la mayoría de las personas. Esta desatención no solo perjudica a la economía; denota también una falta de respeto hacia el tipo de labores que desempeña la clase trabajadora.

LA JERARQUÍA DE LA ESTIMA

Reparar el daño infligido por la máquina clasificadora requiere algo más que incrementar la financiación de la formación laboral. Exige que nos replanteemos nuestro modo de valorar diferentes tipos de trabajo. Una forma de empezar a hacerlo sería desmantelando la jerarquía de niveles de estima por la que se otorga un mayor honor y prestigio a los estudiantes que se matriculan en universidades de renombre que a quienes estudian en *community colleges* o siguen un programa de formación técnica o profesional. Aprender a ser un fontanero, un electricista o un higienista dental debería ser algo respetado por su valiosa contribución al bien común, y no visto como un premio de consolación para quienes no han obtenido la puntuación necesaria en el SAT o no poseen los medios económicos necesarios para estudiar en la Ivy League.

Buena parte del prestigio de la enseñanza superior deriva de la suposición de que sirve a una finalidad preferente, que no solo es la de equipar a los estudiantes con conocimientos para el mundo laboral, sino también la de prepararlos para ser unos seres humanos con buenas dotes de reflexión moral y unos ciudadanos democráticos efectivos, capaces de deliberar sobre el bien común. Tras toda una vida académica enseñando filosofía moral y política, yo desde luego creo en la importancia de la educación moral y cívica, pero ¿por qué tenemos que suponer que las universidades tienen (o deberían tener) el monopolio en lo que a esa misión respecta? Si manejáramos una noción más amplia de la formación ciudadana para la democracia, sería más difícil confinar la educación cívica en el restringido ámbito de las universidades.

De hecho, habría que reconocer, para empezar, que las universidades de élite no están cumpliendo demasiado bien con esa función.[103] Por lo general, ponen un énfasis curricular relativamente reducido en la educación moral y cívica o en los estudios históricos que mejor preparan al alumnado para tener un juicio práctico bien informado sobre los asuntos públicos. El creciente protagonismo de las ciencias sociales presuntamente neutras en materia de valores, unido a la proliferación de asignaturas de ámbitos limitados y concretos, muy especializados, ha ido dejando muy poco margen a aquellas otras materias que adentran a los estudiantes en las grandes cuestiones de la filosofía moral y política y que los invitan a reflexionar críticamente sobre sus convicciones morales y políticas.

Hay excepciones, por supuesto, y son muchas las universidades que obligan a sus alumnos y alumnas a participar en alguna asignatura o actividad que trate temas éticos o cívicos. Sin embargo, en la mayoría de los casos, a las universidades actualmente líderes se les da mejor inculcar destrezas y orientaciones tecnocráticas que fomentar la capacidad de razonar y deliberar a propósito de cuestiones morales y cívicas fundamentales. Este énfasis tecnocrático bien podría haber contribuido al fracaso de las élites gobernantes de estas dos últimas generaciones y al empobrecimiento moral de los términos del discurso público.

No niego que mi valoración del estado de la educación moral y cívica en las universidades de élite pueda ser un poco demasiado dura, pero, aun así, seguiría sin haber motivos suficientes para justificar que los centros de enseñanza donde se imparten grados universitarios de cuatro cursos sean los únicos escenarios apropiados donde estudiar asignaturas y temarios de razonamiento moral y debate cívico. Después de todo, la educación cívica «extramuros» (por así llamarla) tiene una larga tradición tras de sí.

Un inspirador ejemplo de ello fue la reivindicación que en su momento hicieran los Knights of Labor («Caballeros del Trabajo»), uno de los primeros grandes sindicatos de Estados Unidos, para que se instalaran salas de lectura en las fábricas a fin de que los trabajadores se pudieran informar por sí mismos sobre los asuntos públicos. Esta demanda nació de una tradición republicana que concebía el aprendizaje cívico como un elemento integrado con el mundo laboral.[104]

Según el historiador de la cultura Christopher Lasch, los extranjeros que visitaban Estados Unidos en el siglo XIX se sorprendían mucho al comprobar lo equitativas que, en sentido general, eran las condiciones de la población en el país. Con ello no querían decir que les pareciera que la distribución de la riqueza era igualitaria o que lo fueran siquiera las oportunidades de ascender, sino más bien que apreciaban una independencia generalizada de pensamiento y de juicio que situaba más o menos en pie de igualdad a todos los ciudadanos.

> La ciudadanía parecía haber proporcionado, incluso a los miembros más humildes de la sociedad, acceso a un conocimiento y una cultura reservados en otros lugares a las clases privilegiadas. [...] [L]os trabajadores contribuían al bien común con la mente además de con el músculo. Se decía que los mecánicos americanos «no son operarios incultos sino personas ilustradas, reflexivas, que no solo saben usar las manos sino que también conocen los principios». Las revistas de mecánica trataban este tema una y otra vez.[105]

Lasch llega a argumentar incluso que el carácter igualitario de la sociedad estadounidense en el siglo XIX tenía menos que ver con la movilidad social que con la difusión general de la inteligencia y el aprendizaje por todas las clases y ocupaciones.[106] Esta forma de igualdad es la que acaba destruida cuando entra en juego la clasificación meritocrática, que busca concentrar la inteligencia y el aprendizaje en la ciudadela de la enseñanza superior y que promete acceso a dicha ciudadela a través de un mecanismo de competencia equitativa. No obstante, esta manera de asignar el acceso al aprendizaje socava la dignidad del trabajo y corrompe el bien común. La educación cívica puede desarrollarse muy bien en los *community colleges*, en los centros y entornos de formación laboral, y en las salas y locales de los sindicatos, igual o mejor que entre los muros de hiedra de los campus universitarios de élite. No hay razón para suponer que los aprendices de enfermería o de fontanería serán menos aptos para el arte de la argumentación y el debate democráticos que los aspirantes a ser consultores de gestión.

CORREGIR LA SOBERBIA DEL MÉRITO

El rival más poderoso del mérito, es decir, de la idea de que somos responsables de nuestro destino y merecemos lo que tenemos, es la noción de que nuestra suerte escapa a nuestro control, de que, ya sea por nuestros éxitos o por nuestros problemas, estamos en deuda: con la gracia de Dios, con los caprichos de la fortuna o con la carambola del azar. Los puritanos descubrieron, como ya hemos visto en el capítulo 2, que es casi imposible sostener indefinidamente una ética de la gracia concebida de un modo demasiado exhaustivo. Vivir según la creencia de que no tenemos influjo alguno en la decisión de si seremos bendecidos con la salvación en el otro mundo o si tendremos éxito en este es algo difícil de conciliar con la idea de libertad y con la convicción de que tenemos lo que nos merecemos. De ahí que el mérito tienda a desplazar a la gracia; tarde o temprano, los exitosos afirman —y terminan creyéndose— que su éxito es obra suya, y que quienes salen perdiendo sufren esa suerte porque son menos merecedores del éxito que ellos.

Con todo, ni aun triunfando como lo ha hecho, ha conseguido la fe meritocrática dotar a aquellos y aquellas por ella bendecidos del dominio personal sobre su propio futuro que les prometía. Tampoco ha servido de base para la solidaridad. Mezquino con los perdedores y opresivo con los ganadores, el mérito termina convirtiéndose en un tirano. Eso sí, siempre podemos echar mano de un antiguo rival suyo para refrenarlo. Eso es lo que, en un pequeño ámbito de la vida, se buscaría conseguir si se instaurara un sistema de admisiones por sorteo; se estaría invocando al azar para corregir la soberbia del mérito.

Al reflexionar sobre la tiranía que el mérito impone a los competitivos muchachos y muchachas de entornos familiares acomodados, dos son los recuerdos de experiencias de mi propia adolescencia que me vienen a la mente.

La manía clasificatoria había invadido también el instituto de secundaria en el que estudié en Pacific Palisades (California) a finales de los años sesenta. Tan segregados por niveles estaban aquellos centros que, aunque en mi instituto estudiábamos unos 2.300 alumnos y alumnas, yo siempre compartía clase con los mismos treinta o cuarenta en el nivel superior. Mi profesor de matemáticas de octavo curso* llevaba la segregación al extremo. Puede que fuera la clase de álgebra o la de geometría —no recuerdo bien cuál—, pero de lo que sí me acuerdo es de cómo nos disponía en el aula. Tres de las seis hileras de pupitres eran las llamadas «filas de honor», en las que los alumnos se sentaban por orden exacto de la puntuación media de sus expedientes académicos. Esto significaba que los pupitres asignados cambiaban con cada examen o test. Para darle más dramatismo al asunto, el profesor anunciaba la nueva disposición de asientos justo antes de devolvernos una prueba o un ejercicio puntuado. A mí se me daban bien las matemáticas, pero no era el mejor. Normalmente me movía entre el segundo pupitre y el cuarto o el quinto. Una chica que se llamaba Kay, una genio de las mates, casi siempre estaba sentada en el primer pupitre.

A mis catorce años de entonces, yo pensaba que así funcionaban los institutos. Cuanto mejor hacías las cosas, más alto te situaban. Todo el mundo sabía quiénes eran los mejores estudiantes de matemáticas y quiénes habían brillado en un examen o lo habían suspendido. Aunque no era consciente de ello en aquel momento, ese fue mi primer encuentro con la meritocracia.

Cuando llegué a décimo, tanta segregación y ordenación habían comenzado a cobrarse un precio. La mayoría de los alumnos de los niveles superiores nos habíamos vuelto unos obsesos de las notas, y no

---

* La enseñanza primaria y la secundaria obligatoria en Estados Unidos abarca normalmente un total de doce cursos (que se suman a la enseñanza preescolar, previa a la primaria). Según los estados, la secundaria comienza en el sexto o séptimo curso, y tiende a estar partida entre la llamada enseñanza secundaria media (*middle* o *junior high school*, de sexto a octavo, o de séptimo a noveno) y la enseñanza secundaria propiamente dicha (*high school*) hasta el duodécimo curso. *(N. del T.)*

solo de las nuestras, sino también de las de todos los demás. Éramos intensamente competitivos, hasta el punto de que nuestra preocupación por las calificaciones amenazaba con ahogar nuestra curiosidad intelectual.

A mi profesor de biología de décimo, el señor Farnham, un hombre con pajarita, muy aficionado a la ironía, que tenía el aula llena de serpientes, salamandras, peces, ratones y otros fascinantes ejemplares de vida natural, le preocupaba mucho todo aquello. Un día nos puso un examen sorpresa. Nos pidió que cogiéramos una hoja, escribiéramos en ella números del 1 al 15 y respondiéramos al lado de cada uno de ellos «verdadero» o «falso». Cuando los alumnos nos quejamos de que no nos había puesto unas preguntas concretas que responder, nos dijo que pensáramos en un enunciado para cada número y escribiéramos al lado si era verdadero o falso. Los estudiantes preguntamos angustiados si ese examen se evaluaría con nota y si esta contaría. «Sí, por supuesto», dijo él.

En aquel entonces, aquello me pareció una broma de instituto más, una simple excentricidad por diversión. Pero ahora, en retrospectiva, pensándolo mejor, me doy cuenta de que el señor Farnham estaba intentando, a su modo, hacer algo por contrarrestar la tiranía del mérito. Estaba tratando de obligarnos a salir por un momento de tanta clasificación y tanto afán competitivo, aunque solo fuera durante el tiempo suficiente para admirar (y maravillarnos con) cosas como las salamandras.

7

Reconocer el trabajo

Desde el fin de la Segunda Guerra Mundial hasta los años setenta, a quienes no habían estudiado una carrera universitaria les fue perfectamente posible encontrar un buen trabajo, sostener a una familia y llevar una confortable vida de clase media. Hoy esto es mucho más difícil. Durante las últimas cuatro décadas, la diferencia en cuanto a volumen de ingresos entre las personas con una carrera universitaria y aquellas con un nivel de estudios máximo de graduado de secundaria —que es la diferencia que los economistas llaman la «prima universitaria»— se ha duplicado. En 1979, los graduados universitarios ganaban alrededor de un 40 por ciento más que los graduados de secundaria; en la primera década del siglo XXI, cobraban ya un 80 por ciento más.[1]

Aunque la era de la globalización reportó jugosas recompensas para las personas con buenas credenciales educativas, nada hizo por mejorar la situación de la mayoría de los trabajadores corrientes. Entre 1979 y 2016, el número de empleos industriales en Estados Unidos cayó de 19,5 millones a 12 millones.[2] La productividad aumentó, pero los trabajadores se fueron quedando con una parte cada vez más pequeña de lo que producían, mientras que los ejecutivos y accionistas iban acaparando un porcentaje mayor.[3] A finales de la década de los setenta, los directores generales de las grandes empresas estadounidenses cobraban treinta veces más que el trabajador medio; en 2014, sus ingresos eran ya trescientas veces superiores.[4]

En Estados Unidos, la mediana de renta (real) de los varones lleva estancada medio siglo. Aunque la renta per cápita se ha incrementado un 85 por ciento desde 1979, los hombres blancos sin estudios universitarios de grado o superiores cobran ahora menos —en términos reales— que entonces.[5]

LA DIGNIDAD DEL TRABAJO SE EROSIONA

Con razón están descontentos. Pero las adversidades económicas no son su único motivo de angustia. La era meritocrática ha infligido un daño más insidioso en la población trabajadora: ha erosionado la dignidad del trabajo. Al poner en valor el «cerebro» que se necesita para puntuar alto en los test de acceso a las universidades, la máquina clasificadora desvaloriza a quienes no obtienen las credenciales meritocráticas. Les dice que el trabajo que realizan, menos valorado por el mercado que el de los profesionales altamente remunerados, representa una contribución menor al bien común y, por consiguiente, menos digna de reconocimiento y estima sociales. Legitima las generosas recompensas que el mercado otorga a los ganadores y el magro pago con el que retribuye a los trabajadores sin carrera universitaria.

Este modo de concebir quiénes son meritorios y qué es lo que merecen no es defendible desde el punto de vista moral. Por razones que ya hemos examinado anteriormente (en el capítulo 5), es erróneo suponer que el valor de mercado de un trabajo es la medida de su contribución verdadera al bien común. (Recordemos los casos del remuneradísimo traficante de «meta» y del modestamente retribuido profesor de secundaria.) Aun así, en estas últimas décadas ha arraigado con fuerza la idea de que el dinero que cobramos refleja el valor de nuestra contribución social. Podemos oír sus ecos en todos los ámbitos de la cultura pública.

La clasificación meritocrática ayudó al afianzamiento de esa idea. También lo hizo esa versión neoliberal (u orientada al mercado) de la globalización aceptada por los partidos tradicionales de centroderecha y centroizquierda desde los años ochenta. En un momento en que la globalización no dejaba de potenciar una fuerte desigualdad, esas dos perspectivas —la meritocrática y la neoliberal— achicaron el margen para los argumentos críticos con el proceso globalizador. También socavaron la dignidad del trabajo y, con ello, alimentaron el resentimiento contra la élite y la reacción política posterior.

Desde 2016, gurús y especialistas varios han debatido sobre la fuente del descontento popular. ¿Debemos buscarla en la pérdida de empleo y el estancamiento de los salarios o en el desplazamiento cultural? Sin embargo, esta es una distinción perfilada en términos demasiado estrictos. El empleo posee aspectos tanto económicos como culturales. Es un modo de ganarse la vida, pero también una fuente de reconocimiento y estima sociales.

De ahí que la desigualdad causada por la globalización concitara tanta ira y resentimiento. Los relegados por la globalización no solo pasaban por apuros económicos mientras otros prosperaban, sino que también tenían la sensación de que el trabajo que realizaban había dejado de ser una fuente de estima social. A ojos de la sociedad, y puede que también a los suyos propios, su trabajo ya no significaba una contribución al bien común apreciada como tal.

Los varones de clase trabajadora sin carrera universitaria votaron de forma abrumadoramente mayoritaria por Donald Trump. La atracción que sentían hacia el mensaje político de agravio y resentimiento que él representaba nos indica que estaban dolidos por algo más que la situación económica. Durante los años previos a la elección de Trump, había ido cundiendo entre ese grupo de población una sensación de futilidad que se manifestó también, por ejemplo, en el número creciente de hombres en edad de trabajar que, cuando las circunstancias laborales de quienes carecían de credenciales meritocráticas se volvieron desoladoras, optaron directamente por abandonar el mercado de trabajo.

En 1971, el 93 por ciento de los hombres blancos de clase trabajadora tenían empleo. En 2016, solo lo tenían el 80 por ciento. Del 20 por ciento que no tenían trabajo, solo una pequeña parte estaban buscando empleo. Era como si, derrotados por las humillaciones de un mercado laboral indiferente a sus aptitudes, la mayoría se hubieran rendido sin más. El abandono del mundo del trabajo fue una reacción especialmente frecuente entre quienes carecían de estudios universitarios. Solo un 68 por ciento de los estadounidenses con un nivel de estudios máximo de diploma de secundaria estaban empleados en 2017.[6]

MUERTES POR DESESPERACIÓN

Dejar de trabajar, sin embargo, no era la manifestación más dolorosa de la damnificada moral de los estadounidenses de clase trabajadora. Muchos estaban renunciando incluso a la vida misma. El indicador más trágico de ello es el incremento de las llamadas «muertes por deses-peración». El término fue acuñado por Anne Case y Angus Deaton, dos economistas de Princeton que recientemente han realizado un inquietante descubrimiento. Durante todo el siglo XX, a medida que la medicina moderna iba poniendo coto a las enfermedades, la espe-ranza de vida experimentó un crecimiento constante, pero entre 2014 y 2017 se estancó e incluso descendió. Por vez primera en un siglo, la esperanza de vida en Estados Unidos disminuyó durante tres años seguidos.[7]

Ese descenso no se debió a que la ciencia médica hubiera dejado de hallar nuevos remedios y tratamientos para las enfermedades. Las tasas de mortalidad subían, según descubrieron Case y Deaton, a cau-sa de una epidemia de fallecimientos debidos a suicidios, sobredosis de drogas y enfermedades hepáticas por consumo de alcohol. Las lla-maron «muertes por desesperación», porque, en más de un sentido, podía decirse que habían sido autoinfligidas.[8]

Aquellas muertes, que habían ido en aumento desde hacía más de una década, eran especialmente frecuentes entre personas adultas blancas de mediana edad. Entre los hombres y mujeres blancos de edades comprendidas entre los cuarenta y cinco y los cincuenta y cuatro años, las muertes por desesperación se triplicaron entre 1990 y 2017.[9] En 2014, por primera vez, fueron más las personas de ese grupo de edad que fallecieron a causa de las drogas, el alcohol y los suicidios que por culpa de enfermedades cardiacas.[10]

Entre quienes viven a cierta distancia de las localidades y los ba-rrios obreros, la crisis apenas se notó al principio; la escala de las pér-didas pasó desapercibida por la falta de atención pública a lo que allí sucedía. Pero en 2016 eran ya más los estadounidenses que morían al año por sobredosis que los fallecidos en su día en toda la guerra de Vietnam.[11] El columnista de *The New York Times* Nicholas Kristof ha ofrecido otra cruda comparación: actualmente fallecen más estadounidenses por desesperación cada dos semanas que los que han muerto durante dieciocho años de guerra en Afganistán e Irak.[12]

¿Qué explicación puede tener tan macabra epidemia? El currículum educativo de los más susceptibles de ser víctimas de ella nos proporciona una pista muy reveladora. Case y Deaton descubrieron que «el incremento de muertes por desesperación se produjo casi en su totalidad entre las personas sin carrera universitaria. Las que tienen, como mínimo, un grado universitario de cuatro cursos apenas se han visto afectadas; son aquellas otras que no lo tienen las que corren un mayor riesgo».[13]

La tasa de mortalidad total de los hombres y mujeres blancos de mediana edad (45-54 años) no ha variado mucho en las últimas dos décadas, pero sí que presenta grandes variaciones por nivel educativo. Desde los años noventa, las tasas de mortalidad de los titulados universitarios han descendido un 40 por ciento; las de quienes no tienen carrera han crecido un 25 por ciento. He ahí, pues, otra de las ventajas de las personas con buenas credenciales educativas. Quien tiene un grado universitario corre solo una cuarta parte del riesgo de morirse a mediana edad que el corrido por alguien sin carrera universitaria.[14]

Las muertes por desesperación explican buena parte de esa diferencia. Hace ya tiempo que las personas con menos estudios corren mayor riesgo de morir por el alcohol, las drogas o los suicidios que las que tienen una carrera. Pero esa brecha en cuanto al riesgo de fallecer se ha ido volviendo cada vez más amplia. En 2017, los hombres sin estudios de grado universitario o superiores tenían el triple de probabilidades que los graduados universitarios de sufrir una muerte por desesperación.[15]

Se podría pensar que la causa subyacente es la infelicidad que nace de la pobreza y que las diferencias educativas solo figuran en la correlación porque las personas con menos estudios son las que más probabilidades tienen de ser pobres. Case y Deaton han tenido en cuenta esa posibilidad, pero no la han considerado convincente como causa. El extraordinario aumento de las muertes por desesperación experimentado entre 1999 y 2017 no se corresponde con un incremento general de la pobreza. También analizaron los datos estado por estado y no hallaron ninguna correlación convincente entre las muertes por suicidio, sobredosis y alcohol, por un lado, y el aumento o reducción de los niveles de pobreza, por otro.

Algo más que la mera privación material estaba induciendo aquella desesperación, algo distintivo del sufrimiento de unas personas con problemas para abrirse camino en una sociedad meritocrática por carecer de las credenciales que esta otorga y premia. Las muertes por desesperación, según concluyen Case y Deaton, «reflejan la pérdida lenta y a largo plazo de un modo de vida sufrida por la clase trabajadora blanca con menos estudios».[16]

> La brecha creciente entre quienes poseen un título universitario y quienes carecen de él afecta no solo a la muerte, sino también a la calidad de vida; quienes no han estudiado una carrera están experimentando aumentos de sus niveles de dolor, mala salud y enfermedad mental grave, y descensos de su capacidad para trabajar y hacer vida social. La brecha también se está ensanchando en los capítulos de los ingresos, la estabilidad familiar y la vida comunitaria. Un grado de cuatro cursos se ha convertido en el indicador clave de estatus social, como si los no graduados tuvieran que llevar un distintivo escarlata circular con las letras «BA» [iniciales de «Bachelor of Arts», el grado universitario de cuatro cursos por excelencia en Estados Unidos] tachadas por una línea roja en diagonal.[17]

Esta situación da tristemente la razón a Michael Young, quien en el ya comentado artículo de *The Guardian* de hace unos años escribió que vivir «en una sociedad que da tanta importancia al mérito [resulta muy difícil] cuando te juzgan carente de mérito alguno. A ninguna clase marginada la habían dejado jamás en semejante grado de desnudez moral».[18]

También recuerda siniestramente a aquella defensa de la «excelencia» y la clasificación moral que hiciera John Gardner a principios de los años sesenta. Cuando Gardner reconoció el potencial lado negativo de la meritocracia, se mostró más profético de lo que se imaginaba. Quienes se enamoraban de «lo hermoso de un sistema en el que cualquier persona joven podía llegar tan lejos como su capacidad y su ambición la llevaran» pasaban fácilmente por alto «lo doloroso que esto sería para quienes carecieran de la capacidad necesaria —escribió—. Pero ese es un dolor que está, y debe estar, ahí».[19]

Dos generaciones después, cuando la oxicodona se ha convertido en el fármaco-droga que alivia ese dolor, la oleada creciente de muertes nos revela una tenebrosa consecuencia de la clasificación meritocrática: un mundo laboral que atribuye muy poca dignidad a las personas excluidas de las categorías apreciadas por la máquina clasificadora.

Fuentes de resentimiento

Durante las primarias republicanas de 2016, Donald Trump, que se presentaba como una especie de candidato rebelde y antisistema, obtuvo sus mejores resultados en zonas donde se registraban las mayores tasas de fallecimientos por desesperación. Según un análisis por condados, incluso controlando la variable del nivel de renta, la tasa de mortalidad entre personas blancas de mediana edad estaba altamente correlacionada con el apoyo a Trump. También lo estaba la falta de un título universitario de grado o superior.[20]

Uno de los motivos por los que los analistas y políticos tradicionales se quedaron estupefactos y perplejos ante la elección de Trump fue su incapacidad para advertir (y, en algunos casos, su complicidad con) la cultura de condescendencia de la élite que tanto se había afianzado desde hacía ya un tiempo. Esta cultura había surgido, en buena medida, del propio proyecto de clasificación meritocrática y de la desigualdad causada por la globalización orientada al mercado. Pero se manifiesta en todos los ámbitos de la vida estadounidense. Los padres de clase trabajadora de las series cómicas de televisión, como el Archie Bunker de *Todo en familia* o el Homer de *Los Simpson*, son básicamente unos payasos. Algunos estudiosos de los medios de comunicación han concluido en sus investigaciones que esos padres de familias obreras son representados como unos inútiles y unos estúpidos, un blanco fácil de bromas y chistes, dominados en muchos casos por sus esposas, más competentes y sensatas. Sin embargo, los padres de entornos de clase media alta y profesionales son caracterizados de forma más favorable.[21]

El desprecio de la élite por la clase trabajadora se trasluce incluso en el habla común. Joan Williams, una profesora de la Escuela de Derecho Hastings, en San Francisco, ha criticado la «total incomprensión de clase» de los progresistas.[22]

> Ocurre con demasiada frecuencia en una sociedad por lo demás correcta y cortés que las élites (incluidos muy en especial los progresistas) hacen inconscientemente de menos a los blancos de clase trabajadora. Les oímos hablar de la *trailer trash*, de los *flyover states* o del *plumber's butt*,* todos ellos claros insultos de clase que pasan por inocentes ejercicios de ingenio. Esta condescendencia impregna incluso las campañas políticas, como cuando Hillary Clinton se refirió a «los deplorables» o Barack Obama habló de personas «aferradas a las armas de fuego o a la religión».[23]

Williams reconoce que «el resentimiento económico ha alimentado una angustia racial que, en el caso de una parte de los partidarios de Trump (y de Trump mismo), se entremezcla con el racismo descarado. Pero simplificar la ira de la clase trabajadora blanca reduciéndola a simple racismo es pura consolación intelectual, y resulta peligroso».[24]

Barbara Ehrenreich, una periodista especializada en trabajo y clases sociales, hace una apreciación parecida. Cita unas palabras que W. E. B. Du Bois escribiera en 1935: «Conviene recordar que al gru-

---

* *Trailer trash*, «chusma de caravana», en referencia a la población blanca pobre que vive en caravanas (a menudo agrupadas en poblados) porque no se pueden permitir una casa. *Flyover states*, estados por los que la élite profesional nunca pasa y que solo «sobrevuela» cuando viaja entre los sitios (ciudades) que sí valen la pena. *Plumber's butt*, una referencia a la «hucha» que se le ve al fontanero (y a otros operarios manuales) cuando, al agacharse en alguna tarea de su trabajo, expone la parte superior de las nalgas. *(N. del T.)*

po de los peones blancos, aunque se le remunerase con jornales bajos, se le compensaba en parte con una especie de salario público y psicológico». A diferencia de lo que sucedía con los afroamericanos, los ciudadanos blancos de clase trabajadora tenían «libre acceso, junto con todas las clases de la población blanca, a las funciones públicas, los parques públicos y las mejores escuelas públicas».[25] Este «salario público y psicológico» es lo que hoy se conoce con el nombre de «privilegio blanco».

Tras la irrupción histórica del movimiento de los derechos civiles, la segregación racial sobre la que se sustentaba ese perverso subsidio salarial psicológico menguó abruptamente, según Ehrenreich, lo que dejó a los blancos pobres sin «el consuelo de saber que había otros que estaban peor y a los que se menospreciaba más que a ellos». La élite liberal que «se cree moralmente justificada para sentirse asqueada por el racismo blanco de clase baja» hace bien en condenar las actitudes racistas,[26] pero no se da cuenta de hasta qué punto es hiriente atribuir una situación de «privilegio blanco» a unos hombres y mujeres blancos de clase obrera desposeídos de poder; ignora la dificultad de estos para ganarse el honor y el reconocimiento en un orden meritocrático que muestra muy escasa consideración por las destrezas que esas personas ofrecen.

Katherine J. Cramer, politóloga en la Universidad de Wisconsin en Madison, pasó cinco años entrevistando a habitantes de localidades rurales de todo Wisconsin y elaboró, a partir de ello, una sutil explicación de la política del resentimiento.[27] Aquellos vecinos y vecinas de comunidades rurales creían que el Gobierno dedicaba demasiada atención y demasiado dinero del contribuyente a personas que no se lo merecían. «Entre esas personas no merecedoras de semejante atención incluían a las de minorías raciales que reciben ayudas y prestaciones sociales —escribió Cramer—, pero también a profesionales urbanos poco trabajadores, como yo misma, que se pasan el día sentados a una mesa y sin producir más que ideas.» El racismo forma parte de su resentimiento, explicaba, pero entrelazado con la preocupación, más básica, de que «a las personas como ellas, que viven en lugares como en los que viven ellas, se las ignoraba y se les faltaba al respeto».[28]

Para elaborar una de las crónicas más convincentes que se han escrito sobre el descontento de la clase trabajadora, Arlie Russell Hochschild, socióloga de la Universidad de California en Berkeley, se integró en la vida de la región de los pantanos de Luisiana. En sus conversaciones de sobremesa con trabajadores sureños conservadores, trató de comprender mejor por qué aquella gente que necesitaba tan desesperadamente la ayuda pública del Estado —entre otras cosas, para enfrentarse a las grandes compañías petroleras y químicas que habían causado desastres medioambientales en sus entornos locales— despreciaba al Gobierno federal y desconfiaba de él. Hochschild confeccionó así un relato, una reconstrucción interpretativa de lo que había aprendido, que describía «las esperanzas, los miedos, el orgullo, la vergüenza, el resentimiento y la angustia en las vidas de aquellos y aquellas con quienes había hablado».[29]

Su relato era una historia en la que se entretejían privación material y desplazamiento cultural. El progreso económico se había vuelto un objetivo más difícil de conseguir, «reservado a una pequeña élite». Para el 90 por ciento más pobre del país, el motor del sueño americano «se había gripado por culpa de la automatización, las deslocalizaciones y el poder en aumento de las multinacionales con respecto a sus plantillas de trabajadores. Al mismo tiempo, dentro de ese 90 por ciento, había crecido la competencia entre los varones blancos y todos los demás; competencia por el empleo, pero también por el reconocimiento y por las ayudas económicas del Estado».[30] Para empeorar aún más las cosas, quienes creían que llevaban tiempo esperando pacientemente su turno para disfrutar de una oportunidad de vivir el sueño americano veían que otras personas se estaban «colando» por delante de ellos: negros, mujeres, inmigrantes, refugiados. Estaban molestos con quienes, según ellos, se estaban saltando la cola (los beneficiarios de la discriminación positiva, por ejemplo) e indignados con los dirigentes políticos que dejaban que esas personas se salieran con la suya.[31]

Sin embargo, cuando quienes aguardaban turno se quejaban de los «colones», la élite los llamaba racistas, «paletos» o «chusma blanca», entre otros insultos. Hochschild ofrecía la siguiente descripción comprensiva del dilema en el que se hallaban sus atribulados anfitriones de clase trabajadora:

Eres un extraño en tu propio país. No te reconoces en cómo te ven los demás. Te esfuerzas por sentirte valorado y respetado, y para sentirte respetado tienes que sentir que progresas (y sentir que otros ven que estás progresando). Pero sin que sea culpa tuya, y a través de mecanismos que siempre están ocultos, notas que retrocedes en vez de avanzar.[32]

Cualquier respuesta seria a las frustraciones de la clase trabajadora debe combatir la condescendencia de la élite y el prejuicio credencialista que tan común se ha vuelto en la cultura pública. También debe situarse la dignidad del trabajo en el centro de la agenda política. No es tan fácil como podría parecer. Desde diferentes tendencias ideológicas, se tiende a manejar ideas contrastadas de lo que significa que una sociedad respete la dignidad del trabajo, sobre todo en una era en la que la globalización y la tecnología, reforzadas por una apariencia de inevitabilidad, amenazan con socavar tal dignidad. Sin embargo, la manera en que una sociedad honra y recompensa el trabajo es fundamental para su modo de definir el bien común. Pensar a fondo en el significado del trabajo exige de nosotros que afrontemos unas cuestiones morales y políticas que, de otro modo, tratamos de eludir, pero que nos acechan, desatendidas, bajo la superficie de nuestros descontentos presentes: ¿qué se considera que es una contribución valiosa al bien común y qué nos debemos los unos a los otros como ciudadanos?

Restablecer la dignidad del trabajo

Ante el aumento de la desigualdad en años recientes y el agravamiento del resentimiento de la clase trabajadora, ha habido políticos que han respondido refiriéndose a la dignidad del trabajo. Bill Clinton usó esa expresión más que ningún otro presidente anterior, y Donald Trump alude a ella con frecuencia.[33] Se ha convertido en un gesto retórico popular entre políticos de todo el espectro ideológico, aunque puesto principalmente al servicio de posiciones políticas ya familiares.[34]

Algunos conservadores sostienen que recortar las ayudas sociales honra la dignidad del trabajo porque dificulta la vida a los ociosos y los desacostumbra de depender del Estado. El secretario de Agricultura de Trump afirmó que reducir el acceso a los cupones para alimentos* «restituye la dignidad del trabajo para un sector considerable de nuestra población». En 2017, al defender un proyecto de reforma jurídica dirigido a reducir los impuestos a las corporaciones y que beneficiaba sobre todo a los más acaudalados, Trump explicó que su objetivo era «que todos los estadounidenses conozcan la dignidad del trabajo, el orgullo de cobrar una nómina».[35]

Por su parte, los liberales progresistas apelan a veces a la dignidad del trabajo con el propósito de reforzar la red de protección social y potenciar el poder adquisitivo de la población trabajadora, ya sea con incrementos del salario mínimo, con políticas de atención sanitaria, bajas familiares y atención infantil, o con desgravaciones fiscales para las familias de bajo nivel de ingresos. Pese a todo, esta retórica, aun respaldada por unas propuestas políticas de tanto calado, no logró atajar la ira y el resentimiento de la clase trabajadora que auparon a Trump a la victoria en 2016. Para muchos liberales de centroizquierda, aquello planteó un enigma desconcertante: ¿cómo pudo tanta gente que se beneficiaría económicamente de aquellas medidas votar a un candidato que se oponía a ellas?

Una respuesta conocida es que el electorado de clase trabajadora, influido por el miedo al desplazamiento cultural, ignoró o desatendió sus intereses económicos y «votó con el dedo corazón estirado», como dijeron algunos analistas. Pero esta explicación es demasiado precipitada. Establece una distinción demasiado radical entre los intereses económicos y el estatus cultural. Las inquietudes económicas no solo atañen a cuánto dinero se tiene en el bolsillo; también tienen que ver con cómo afecta el papel que la persona desempeña en la economía a su estatus en la sociedad. Los relegados por cuatro déca-

---

* Los *food stamps* son una política de ayuda social habitual en Estados Unidos consistente en facilitar a familias o personas necesitadas unos talonarios con cupones con los que pueden pagar determinados alimentos esenciales en los supermercados. *(N. del T.)*

das de globalización y desigualdad en aumento sufrían algo más que un simple estancamiento salarial; experimentaban lo que ellos temían que iba a ser una obsolescencia creciente. La sociedad en la que vivían no parecía necesitar ya las destrezas que podían ofrecer.

Alguien que supo entenderlo en su momento fue Robert F. Kennedy durante la pugna por conseguir la nominación de su partido como candidato a la presidencia en 1968. El dolor del desempleo iba más allá del hecho de que la persona en paro careciera de una fuente de ingresos: además de ello, se veía privada de la oportunidad de contribuir al bien común. «El desempleo significa no tener nada que hacer, lo que significa a su vez no tener nada que hacer con el resto de nosotros —explicó—. Estar sin trabajo, no ser de utilidad para tus conciudadanos, es sin duda como ser aquel "hombre invisible" del que escribiera Ralph Ellison.»[36]

Lo que Kennedy entreveía en el descontento de su época es lo que los liberales de centroizquierda actuales no aciertan a ver en el de la nuestra. Llevan tiempo ofreciendo al electorado de clase trabajadora y media una mayor dosis de justicia distributiva, un acceso más equitativo y completo a los frutos del crecimiento económico. Pero lo que quieren estos votantes, más aún que todo eso, es un mayor grado de justicia contributiva, una oportunidad de ganarse el reconocimiento social y la estima que acompañan al hecho de producir lo que otros necesitan y valoran.

El énfasis liberal-progresista en la justicia distributiva ofrece un legítimo contrapeso a la obsesión por maximizar el PIB. Nace de la convicción de que una sociedad justa aspira no solo a optimizar el nivel total de prosperidad, sino también a conseguir una distribución equitativa de la renta y la riqueza. Desde ese punto de vista, las políticas con las que se pretende incrementar el PIB —como pueden ser los acuerdos de libre comercio o las iniciativas que, a fin de cuentas, favorecen que las empresas deslocalicen mano de obra hacia países con niveles salariales más bajos— solo pueden defenderse si quienes salen ganando con ellas compensan a quienes salen perdiendo. Por ejemplo, el incremento de las ganancias de las empresas y de los individuos que se benefician con la globalización podría gravarse para fortalecer la red de protección social y facilitar ayudas en forma de renta o de reciclaje profesional para los trabajadores cuyos antiguos empleos hayan sido relocalizados.

Este enfoque ha sido el armazón central de la mentalidad de los partidos tradicionales de centroizquierda (y de algunos de centroderecha) en Estados Unidos y Europa desde los años ochenta; se trata, según ellos, de aceptar la globalización y la creciente prosperidad que reporta, pero usando las ganancias para compensar las pérdidas que los trabajadores del país sufren de resultas de ello. La protesta populista, sin embargo, viene a ser una especie de renuncia a ese proyecto. Y cuando echamos la vista atrás para contemplar los restos de su naufragio, podemos ver por qué este proyecto fracasó.

En primer lugar, jamás llegó a aplicarse realmente. Hubo crecimiento económico, pero los ganadores no compensaron a los perdedores. En vez de eso, la globalización neoliberal trajo consigo un persistente incremento de la desigualdad. Casi todo lo que se ganó en crecimiento económico fue a parar a quienes estaban en la cima, mientras que la mayoría de la población trabajadora experimentó una mejora mínima (o incluso nula) de su situación, incluso después de impuestos. La vertiente redistributiva del proyecto se quedó a medias, debido en parte al creciente poder del dinero en la política, en el marco de lo que algunos han llamado la «captura oligárquica» de las instituciones democráticas.

Hubo, sin embargo, un problema adicional. El énfasis en la maximización del PIB, aunque venga acompañado de ayudas para los relegados, hace que se ponga el acento en el consumo antes que en la producción. Nos invita a concebirnos más como consumidores que como productores. En la práctica, obviamente, somos ambas cosas. Como consumidores, queremos sacarle el máximo partido a nuestro dinero y comprar bienes y servicios al precio más barato posible, aunque los fabriquen trabajadores poco remunerados en vez de obreros estadounidenses bien pagados. Al mismo tiempo, como productores, queremos un trabajo satisfactorio y remunerativo.

Aunque corresponde a la política conciliar nuestras identidades como consumidores y productores, el proyecto de la globalización buscaba maximizar el crecimiento económico y, por lo tanto, el bienestar de los consumidores, sin apenas consideración por el efecto que las deslocalizaciones, la inmigración y la financierización pudieran tener en el bienestar de los productores. La élite que estaba al mando durante la globalización no solo no abordó la desigualdad generada por esta, sino que tampoco supo percibir su efecto corrosivo en la dignidad del trabajo.

EL TRABAJO COMO UN RECONOCIMIENTO

Las políticas propuestas para compensar la desigualdad a base de incrementar el poder adquisitivo de las familias de clase trabajadora y media, o para apuntalar la red de protección social colectiva, hacen muy poco por abordar la ira y el resentimiento que tan arraigados están actualmente. Esto se debe a que lo que concita esa ira es la pérdida del reconocimiento y la estima. Y, aunque la disminución del poder adquisitivo sin duda es importante, la lesión que más enciende el resentimiento de los trabajadores y trabajadoras es el que se inflige a su estatus como productores. Dicho perjuicio es un efecto acumulativo de la clasificación meritocrática y de la globalización impulsada por el mercado.

Solo una agenda política que reconozca ese perjuicio y que aspire a restablecer la dignidad del trabajo puede subsanar como corresponde el descontento que enturbia nuestro debate político. Una agenda así debe prestar atención tanto a la justicia contributiva como a la distributiva,[37] y debe hacerlo porque la ira que hoy campa por buena parte del país es, al menos en parte, una crisis de reconocimiento. Nuestro papel como productores —a diferencia del que también desempeñamos como consumidores— implica que contribuyamos al bien común y nos ganemos el reconocimiento por ello.

El contraste entre la identidad de una persona como consumidora y su identidad como productora nos señala dos maneras diferentes de concebir el bien común. En una de ellas, que es aquella con la que los decisores de la política económica están más familiarizados, el bien común se define como la suma de las preferencias e intereses de todas y todos. Según esa versión, logramos el bien común cuando maximizamos el bienestar del consumidor, lo que por regla general significa maximizar el crecimiento económico. Si se entiende que el bien común consiste simplemente en satisfacer las preferencias de los consumidores, entonces también es lógico asumir que los salarios de mercado son un buen indicador de lo que contribuye cada persona. Quienes ganan más dinero supuestamente habrán realizado la contribución más valiosa al bien común, pues estarán produciendo los bienes y los servicios que quiere la gente.

Un segundo enfoque rechaza esa noción consumista del bien común y favorece otra concepción «cívica». Según el ideal cívico, el bien común no consiste simplemente en sumar preferencias o en maximizar el bienestar de los consumidores. El bien común pasa por una reflexión crítica sobre nuestras preferencias —a poder ser, para elevarlas y mejorarlas— que nos permita disfrutar de unas vidas más dignas y florecientes. Esto es algo que no puede conseguirse tan solo mediante la actividad económica. Requiere una deliberación con nuestros conciudadanos acerca de cómo conseguir una sociedad justa y buena que cultive la virtud cívica y haga posible que razonemos juntos sobre los fines dignos y adecuados para nuestra comunidad política.[38]

La concepción cívica del bien común requiere, pues, un cierto estilo de política que facilite espacios y ocasiones para la deliberación pública, pero también nos indica una cierta forma de entender el trabajo. Desde el punto de vista de la concepción cívica, el papel más importante que desempeñamos en la economía no es el de consumidores, sino el de productores, porque es como tales productores como desarrollamos y ponemos en práctica nuestras aptitudes para suministrar bienes y servicios que satisfacen las necesidades de nuestros conciudadanos y procuran estima social. El verdadero valor de nuestra contribución no puede medirse por el salario que percibimos, pues los sueldos, como señalaba el economista-filósofo Frank Knight (véase el capítulo 5), dependen de las contingencias de la oferta y la demanda. El valor de lo que aportamos depende más bien de la importancia moral y cívica de los fines a los que sirven nuestros esfuerzos. Esto implica un juicio moral independiente que el mercado laboral, por muy eficiente que sea, no puede proporcionar.

La idea de que la política económica sirve, en último término, a la causa del consumo es hoy tan familiar que nos cuesta pensar más allá. «El consumo es el único fin y objetivo de toda producción —escribió Adam Smith en *La riqueza de las naciones*—, y el interés del productor merece ser atendido solo en la medida en que sea necesario para promover el del consumidor.»[39] John Maynard Keynes, haciéndose eco de Smith, también sostuvo que el consumo «es el único objetivo y fin de la actividad económica»,[40] y la mayoría de los economistas contemporáneos coinciden en ello. No obstante, toda una tradición del pensamiento moral y político, más antigua, discrepa de esa opinión. Aristóteles argumentó que el florecimiento humano depende de que llevemos a efecto nuestra naturaleza mediante el cultivo y el ejercicio de nuestras capacidades. En la doctrina de la tradición republicana estadounidense estaba la idea de que ciertas ocupaciones —al principio la agricultura, aunque luego fue también el trabajo artesano y, finalmente, el trabajo libre en toda la amplitud del término— cultivan las virtudes que preparan a los ciudadanos para el autogobierno colectivo.[41]

En el siglo xx, esa ética de la tradición republicana centrada en el productor fue cediendo progresivamente terreno ante el avance de las nociones consumistas de libertad y ante una economía política del crecimiento económico.[42] Aun así, la idea de que, incluso en una sociedad compleja, el trabajo reúne a los ciudadanos en un sistema de contribución y de reconocimiento mutuo nunca llegó a desaparecer del todo. En ocasiones, ha encontrado inspiradoras vías de expresión. Ante unos trabajadores de la limpieza urbana de Memphis (Tennessee) que estaban en huelga, poco antes de que fuera asesinado, el reverendo Martin Luther King vinculó la dignidad de los recolectores de basura con la contribución que estos hacían al bien común.

> Un día, si pretende sobrevivir como tal, nuestra sociedad llegará a respetar a los trabajadores de la limpieza urbana, pues la persona que recoge nuestra basura es, a fin de cuentas, igual de importante que el médico, ya que si no hace su labor se propagan las enfermedades. Todo trabajo tiene dignidad.[43]

En la encíclica *Laborem exercens* («Sobre el trabajo humano»), de 1981, el papa Juan Pablo II afirmó que, mediante el trabajo, el hombre «se realiza a sí mismo como hombre, es más, en un cierto sentido "se hace más hombre"». También entendía el trabajo como algo interconectado con la comunidad. «Todo esto hace que el hombre concilie su más profunda identidad humana con la pertenencia a la nación y entienda también su trabajo como incremento del bien común elaborado conjuntamente con sus compatriotas.»[44]

Unos años después, la Conferencia Episcopal Católica de Estados Unidos publicó una carta pastoral en la que se extendía sobre la doctrina social católica acerca de la economía y daba una definición explícita de la justicia «contributiva». Todas las personas «tienen el deber de ser participantes activos y productivos en la vida de la sociedad», y el Estado tiene «el deber de organizar las instituciones económicas y sociales de tal modo que las personas puedan contribuir a la sociedad de formas y maneras que respeten su libertad y la dignidad de su trabajo».[45]

Algunos filósofos laicos han manifestado opiniones similares. El teórico social alemán Axel Honneth ha sostenido que el mejor modo de entender los conflictos contemporáneos sobre la distribución de la renta y la riqueza es concibiéndolos como pugnas por la obtención de reconocimiento y estima.[46] Aunque Honneth sitúa el origen de esa idea en la filosofía de Hegel, un pensador abstruso, el concepto le resultará intuitivamente comprensible a cualquier aficionado a los deportes que haya estado al tanto de las disputas salariales protagonizadas por deportistas muy cotizados y bien pagados. Cuando los aficionados se quejan de un jugador que ya cobra millones y, aun así, presiona para mejorar su ficha, este típicamente responde a las críticas diciendo que «no es una cuestión de dinero, sino de respeto».

A eso se refería Hegel cuando hablaba de la lucha por el reconocimiento. Más que un sistema para satisfacer necesidades de manera eficiente, el mercado laboral, según Hegel, es un sistema de reconocimiento. No solo remunera el trabajo con unos ingresos, sino que reconoce públicamente la labor de cada persona al otorgarle el carácter de una contribución al bien común. Por sí solos, los mercados no dotan de destrezas a los trabajadores ni confieren reconocimiento, y por ello Hegel propuso que una institución análoga a los colegios profesionales o los gremios se encargara de garantizar que las capacidades de los trabajadores fueran las adecuadas para realizar contribuciones consideradas dignas de estima pública. En resumidas cuentas, Hegel sostenía que la organización capitalista del trabajo que estaba surgiendo en su época podría justificarse éticamente solo si cumplía dos condiciones, descritas de un modo sucinto por Honneth: «Primero, debe proporcionar un salario mínimo; segundo, debe configurar todas las actividades laborales de tal modo que nos revele que son una contribución al bien común».[47]

Ochenta años más tarde, el teórico social francés Émile Durkheim tomó como base la teoría del trabajo hegeliana cuando argumentó que la división del trabajo puede ser una fuente de solidaridad social siempre y cuando la contribución de todos y cada uno sea remunerada según su valor real para la comunidad.[48] A diferencia de lo que escribieron Smith y Keynes y escriben numerosos economistas actuales, Hegel y Durkheim no entendían el trabajo como si fuera principalmente un medio para ese fin al que llamamos «consumo», sino que sostuvieron que el trabajo, en su mejor versión, es una actividad integradora para la sociedad, un espacio de reconocimiento, una forma de cumplir con nuestra obligación de contribuir al bien común.

JUSTICIA CONTRIBUTIVA

En esta época nuestra de profunda polarización, en la que un gran número de personas trabajadoras se sienten ignoradas y poco apreciadas, en la que necesitamos urgentemente fuentes de cohesión y solidaridad social, todo parecería indicar que estas nociones más sólidas de lo que es la dignidad del trabajo estaban destinadas a incorporarse al debate político general. Sin embargo, no lo han hecho. ¿Por qué no? ¿Por qué la agenda política prevalente es tan refractaria al aspecto contributivo de la justicia y a la ética productor-céntrica que subyace a este?

La respuesta podría radicar simplemente en nuestro amor por el consumo, sumado a la creencia de que el crecimiento económico es la solución a todos los problemas. Pero hay algo más profundo que también entra en juego. Más allá de los beneficios materiales que promete, convertir el crecimiento económico en el máximo objetivo prioritario de las políticas públicas tiene un especial atractivo para sociedades pluralistas como la nuestra, en las que abunda el desacuerdo. Parece librarnos de la necesidad de mantener polémicos debates sobre cuestiones moralmente controvertidas.

Las personas tienen visiones diversas de lo que importa en la vida. Discrepamos sobre el significado mismo del concepto de florecimiento humano. Como consumidores, diferimos en cuanto a nuestras preferencias y deseos. Ante tales diferencias, maximizar el bienestar del consumidor puede parecer un buen objetivo, neutro en cuanto a valores, para la política económica. Si la meta es el bienestar del consumidor, entonces, pese a la disparidad de nuestras preferencias, «más» siempre será mejor que «menos». Surgirán inevitablemente desacuerdos en torno a cómo distribuir los frutos de ese crecimiento económico (y de ahí la necesidad de los debates sobre la justicia distributiva), pero todos podremos estar de acuerdo —o eso parecería decirnos esta lógica— en que agrandar el pastel económico a repartir es mejor que encogerlo.

La justicia contributiva, sin embargo, no es neutra en cuanto al florecimiento humano o al mejor modo de vivir. Desde Aristóteles hasta la tradición republicana norteamericana, y desde Hegel hasta la doctrina social católica, las teorías de la justicia contributiva nos han enseñado que somos más plenamente humanos cuando contribuimos al bien común y nos ganamos la estima de nuestros conciudadanos por las contribuciones que realizamos. Según esta tradición, la necesidad humana fundamental es ser necesarios para aquellos y aquellas con quienes compartimos una vida común. La dignidad del trabajo consiste en ejercer nuestras capacidades para atender esas necesidades. Si esto es lo que significa vivir una vida buena, entonces es un error concebir el consumo como «el único objetivo y fin de la actividad económica».

Una economía política preocupada solamente por la magnitud y la distribución del PIB socava la dignidad del trabajo y conduce a un empobrecimiento de la vida cívica. Robert F. Kennedy así lo supo entender. «Compañerismo, comunidad, patriotismo compartido; estos valores esenciales de nuestra civilización no se originan tan solo comprando y consumiendo bienes juntos.» Nacen, más bien, de «tener un empleo digno y pagado dignamente, la clase de empleo que permite que un hombre les diga a su comunidad, a su familia, a su país y, lo más importante de todo, se diga a sí mismo: "He ayudado a construir esta nación; he participado en sus grandes empresas colectivas"».[49]

Pocos políticos hablan así hoy en día. En las décadas transcurridas desde la época de Robert F. Kennedy, los progresistas abandonaron en gran medida la política de la comunidad, del patriotismo y de la dignidad del trabajo, y se abonaron a la retórica del ascenso social. El consejo que las élites gobernantes han ofrecido desde entonces a quienes han vivido preocupados por el estancamiento de los salarios, las deslocalizaciones, la desigualdad y por que los inmigrantes y los robots les quiten los puestos de trabajo, ha tenido una intención tan vigorizante como correctiva: estudien en la universidad, prepárense para competir y vencer en la economía global, sepan que lo que puedan cobrar dependerá de lo que logren aprender y que, si se empeñan, pueden conseguirlo.

Se trataba de un ejemplo de idealismo adaptado a una era globalizada, meritocrática, impulsada por el mercado. Era algo que halagaba a los ganadores y denigraba a los perdedores. En 2016 su impulso se había agotado. La llegada del Brexit y de Trump, y el auge de los partidos hipernacionalistas y antiinmigración en Europa, anunciaron el fracaso de aquel proyecto. Ahora cabría preguntarse cómo podría ser un proyecto político alternativo a aquel.

LA DIGNIDAD DEL TRABAJO A DEBATE

La dignidad del trabajo es un buen punto de partida. De entrada, es un ideal que provoca poca controversia. Ningún político se pronuncia en contra de él. Pero toda agenda política que pretenda tomárselo en serio —es decir, tratando el trabajo como un espacio para el reconocimiento— suscitará preguntas incómodas tanto para los liberales progresistas como para los conservadores de los partidos tradicionales.

¿Por qué? Porque pondrá en cuestión una premisa ampliamente compartida por quienes defienden la globalización basada en el mercado: la idea de que los resultados del mercado reflejan el verdadero valor social de las contribuciones de las personas al bien común.

Si pensamos en las remuneraciones, la mayoría estaríamos de acuerdo en que lo que las personas cobran por hacer sus diversos trabajos exagera o subestima en muchos casos el verdadero valor social de las tareas que realizan. La pandemia de 2020 condujo a muchos a reflexionar, aunque fuera de un modo fugaz, en la importancia de las tareas realizadas por cajeros, repartidores, cuidadores y otros trabajadores esenciales pero remunerados modestamente. Solo un ferviente libertario liberal insistiría en defender que la contribución que un acaudalado magnate de los casinos hace a la sociedad es mil veces más valiosa que la de un pediatra. En una sociedad de mercado, sin embargo, cuesta resistirse a la tendencia a confundir el dinero que ganamos con el valor de nuestra contribución al bien común.

Esta confusión no solo obedece a una reflexión poco rigurosa. No acabaremos con ella simplemente elaborando y proponiendo argumentos filosóficos que revelen sus defectos. Es un reflejo del atractivo que ejerce la esperanza meritocrática de que el mundo esté dispuesto de tal forma que todos recibamos aquello que nos merecemos. Es la misma esperanza que ha alimentado el pensamiento providencialista desde los tiempos del Antiguo Testamento hasta las referencias actuales al hecho de estar «en el lado correcto de la historia».

En las sociedades impulsadas por el mercado, interpretar el éxito material como una señal de merecimiento moral es una tentación persistente, pero es también una tentación a la que es preciso que nos resistamos reiteradamente. Una manera de hacerlo es debatiendo y poniendo en práctica medidas que nos insten a reflexionar, de forma deliberada y democrática, qué se considera que es una contribución verdaderamente valiosa al bien común y cuándo no son certeros los veredictos del mercado.

No sería realista esperar que un debate así vaya a concluir en un acuerdo; la del bien común es una definición inevitablemente discutible. Sin embargo, un renovado debate sobre la dignidad del trabajo trastocaría nuestras complacencias partidistas, vigorizaría moralmente nuestro discurso público y nos conduciría más allá de la polarizada contienda política que nos han legado cuatro décadas de fe en el mercado y de soberbia meritocrática.

Consideremos, a título ilustrativo, dos versiones de agenda política centrada en la dignidad del trabajo y en la necesidad de cuestionar los resultados del mercado para afirmar aquella. Una surge de una orientación conservadora; la otra, de una progresista.

La soberbia de la «agenda abierta»

La primera la propone un joven pensador conservador que trabajó como asesor político del candidato presidencial republicano Mitt Romney. En un revelador libro, titulado *The Once and Future Worker*, Oren Cass ofrece una serie de propuestas que abordan los agravios que Trump explotó, pero no ha resuelto. Cass sostiene que la renovación del trabajo en Estados Unidos pasa por que los republicanos renuncien a su ortodoxa adhesión a los mercados libres. En vez de promover recortes fiscales para las empresas y una liberalización comercial absoluta con la esperanza de potenciar el PIB, deberían centrar sus esfuerzos en promover políticas que permitan que los trabajadores encuentren empleos que estén suficientemente bien remunerados como para sostener familias y comunidades fuertes. Esto es más importante para una sociedad buena, mantiene Cass, que el crecimiento económico.[50]

Una de las políticas que propone para alcanzar ese objetivo es un subsidio salarial para trabajadores con bajos ingresos (algo bastante alejado de las propuestas convencionales del Partido Republicano). Se trataría de que el Estado diera una paga suplementaria por cada hora que haya trabajado un empleado remunerado con un sueldo bajo hasta cubrir un salario mínimo por hora previamente establecido. Ese subsidio salarial sería, en cierto modo, lo contrario de gravar los salarios (con cotizaciones a la Seguridad Social o retenciones fiscales a cuenta del impuesto de la renta, por ejemplo). En vez de deducir un cierto importe de los ingresos de cada trabajador, el Estado aportaría una determinada cantidad con el objetivo de posibilitar que los trabajadores con ingresos bajos pudieran ganarse mínimamente bien la vida, aun cuando carecieran de las capacidades que se remuneran con salarios elevados en el mercado laboral.[51]

Varios países europeos aprobaron una versión de emergencia de esa propuesta de subsidio salarial cuando la pandemia del coronavirus de 2020 paralizó sus economías. En vez de ofrecer la prestación por desempleo a los trabajadores que perdieron su puesto de trabajo durante la crisis sanitaria, como hizo el Gobierno de Estados Unidos, los de Gran Bretaña, Dinamarca y Países Bajos optaron por cubrir entre el 75 y el 90 por ciento de los sueldos de los empleados de aquellas compañías que no los despidieran. La ventaja del subsidio salarial es que permite que los empleadores mantengan en nómina a los trabajadores durante la situación de emergencia, en vez de que se vean obligados a despedirlos y hacer que dependan del subsidio de paro. El enfoque adoptado en Estados Unidos, por el contrario, aunque amortigua la pérdida salarial de los trabajadores, no preserva la dignidad del trabajo como lo haría el hecho de asegurar que conservaran sus empleos.[52]

Otras propuestas de Cass son probablemente más del gusto de los conservadores actuales, como es el caso de los recortes en las regulaciones medioambientales que cuestan puestos de trabajo en la industria y la minería.[53] Sobre las controvertidas cuestiones de la inmigración y el libre comercio, Cass nos insta a verlas desde el punto de vista de los trabajadores en vez del de los consumidores. Si nuestro objetivo es lograr los precios al consumo más bajos posibles, señala, entonces el libre comercio, las deslocalizaciones y las políticas inmigratorias relativamente abiertas son lo deseable. Pero si nuestro principal interés es crear un mercado laboral que permita que los trabajadores estadounidenses de cualificación baja o media se ganen dignamente la vida, críen a sus hijos y construyan comunidades locales fuertes, entonces están más que justificadas ciertas restricciones al comercio, a la deslocalización de la producción y a la inmigración.[54]

Más allá del mérito de las propuestas concretas de Cass, lo que resulta interesante de su proyecto es que ahonda en las implicaciones de desplazar nuestro foco de atención de la maximización del PIB a la creación de un mercado laboral que fomente la dignidad del trabajo y la cohesión social. Con ello, nos obsequia con una mordaz crítica contra los defensores de la globalización, que llevan insistiendo desde los años noventa en que la división política clave ha dejado de ser la de izquierda frente a derecha y es ahora «abierto frente a cerrado». Cass señala con razón que esta forma de enmarcar el debate sobre la globalización sitúa a los «"ganadores" de la economía moderna (los profesionales altamente cualificados con estudios universitarios)» en el sector de las personas de mentalidad abierta y a sus críticos, en el de las de mentalidad cerrada, como si cuestionar la libre circulación transfronteriza de bienes, capitales y personas fuera un ejercicio de fanatismo e intolerancia. Es difícil imaginar un modo más condescendiente de defender la globalización neoliberal precisamente ante aquellos a quienes esta relega.[55]

Quienes proponen una «agenda abierta» insisten en que la solución para quienes no están pudiendo prosperar en la vida es mejorar su formación. «Se supone que esa es una idea inspiradora, algo que eleva el ánimo de las personas en busca de mejores oportunidades —señala Cass—. Pero las que no se ensalzan tanto son sus verdaderas implicaciones, a saber: si la economía ya no funciona para el trabajador medio, es él quien tiene que transformarse en algo que se ajuste más a los deseos de aquella.» Cass concluye entonces que «la agenda abierta no es sostenible en una democracia donde la mayoría siente que la han dejado atrás; sus argumentos están perdiendo fuerza». En referencia al «populismo irresponsable», el autor sentencia que «la cuestión no es si la agenda abierta perderá, sino frente a qué».[56]

Finanzas, especulación y el bien común

Un segundo enfoque con vistas a la renovación de la dignidad del trabajo, más proclive a hallar una recepción favorable entre los progresistas políticos, consistiría en subrayar un aspecto de la agenda de la globalización que es a menudo ignorado por los políticos de los partidos tradicionales: la creciente importancia de las finanzas. El sector financiero se convirtió en el trágico foco de la atención pública a raíz de la crisis de 2008. El debate que entonces suscitó giró principalmente en torno a los términos del rescate con dinero del contribuyente y en torno a cómo reformar Wall Street para reducir el riesgo de crisis futuras.

Mucha menos atención se ha prestado al modo en que las finanzas reestructuraron la economía en las últimas décadas y transformaron sutilmente el significado del mérito y del éxito. Esta transformación incide muy a fondo en la dignidad del trabajo. El comercio y la inmigración han tenido una presencia más visible que las finanzas entre los motivos de la reacción populista contra la globalización; su impacto en el empleo y el estatus de la clase trabajadora es palpable y visceral. No obstante, la financierización de la economía es posiblemente más corrosiva para la dignidad del trabajo en sí, y más desmoralizadora. Y lo es porque a buen seguro representa el ejemplo más claro en una economía moderna de la brecha existente entre las actividades que el mercado premia y las que realmente contribuyen al bien común.

El sector financiero tiene hoy una presencia enorme en las economías avanzadas, pues ha crecido de manera espectacular durante las últimas décadas. En Estados Unidos, su participación en el PIB casi se ha triplicado desde la década de 1950, y en 2008 suponía más del 30 por ciento de los beneficios empresariales. Sus empleados cobran un 70 por ciento más que los trabajadores de similar cualificación en otros sectores.[57]

Esto no sería un problema si toda esa actividad financiera fuese productiva, es decir, si incrementase la capacidad de la economía para producir bienes y servicios valiosos. Pero no es así. Las finanzas no son en sí productivas, ni siquiera en su mejor versión. Su papel consiste en facilitar la actividad económica asignando capital a fines que tienen una utilidad social: nuevas empresas, fábricas, carreteras, aeropuertos, escuelas, hospitales, viviendas. Sin embargo, a medida que, en las últimas décadas, se disparaba el porcentaje representado por las finanzas en el conjunto de la economía estadounidense, cada vez era menor el porcentaje de estas dedicado a inversiones en la economía real. Lo que sí ha crecido progresivamente ha sido la ingeniería financiera compleja, que es muy rentable para quienes participan en ella pero no contribuye en absoluto a aumentar la productividad de la economía en general.[58]

Según explicó en este sentido Adair Turner, presidente de la Autoridad de Servicios Financieros británica, «no existen pruebas claras de que el auge del sistema financiero en el mundo desarrollado rico durante los últimos veinte o treinta años, a una escala y con una complejidad enormes, haya impulsado al alza el crecimiento o la estabilidad, y es posible incluso que la actividad financiera haya extraído rentas [grandes sumas de dinero fácil] de la economía real en lugar de rendir un valor económico propio».[59]

Este comedido juicio supone una condena devastadora de la creencia convencional que indujo a la Administración Clinton y a sus homólogos británicos a desregular el sector financiero en la década de los noventa. Lo que significa, en resumidas cuentas, es que, en realidad, los complejos derivados (y demás instrumentos) financieros diseñados por Wall Street en estas últimas décadas dañaron más a la economía de lo que la ayudaron.

Pensemos en un ejemplo concreto. En su libro *Flash Boys*, Michael Lewis cuenta la historia de una compañía que instaló un tendido de cable de fibra óptica para conectar a los corredores del mercado de futuros de Chicago con los mercados bursátiles de Nueva York. El cable incrementó en unos cuantos milisegundos la velocidad de las compraventas de futuros de materias primas a corto plazo y de otras apuestas especulativas. Tan minúscula ventaja temporal se tradujo en cientos de millones de dólares para los bolsillos de los agentes bursátiles que operaban a alta velocidad.[60] Aun así, difícilmente puede decirse que acelerar las transacciones desde velocidades de vértigo a otras aún más rápidas haya aportado valor añadido alguno a la economía.

Las operaciones de compraventa a alta velocidad no son la única innovación financiera reciente de dudoso valor económico; las permutas de incumplimiento crediticio (CDS) que permiten que los especuladores apuesten sobre los precios futuros sin invertir en actividad productiva alguna son difíciles de distinguir de las apuestas de juego características de los casinos. Una parte gana y otra pierde; el dinero cambia de manos, pero no tiene lugar inversión alguna durante el proceso. Cuando las empresas usan los beneficios para recomprar acciones en vez de invertir en investigación y desarrollo, o en nuevos bienes de equipo, los accionistas ganan, pero la capacidad productiva de la compañía no.

En 1984, cuando la financierización comenzaba a despegar, James Tobin, un distinguido economista de Yale, ya nos avisó con gran clarividencia de que «nuestros mercados financieros presentan cierta analogía con los casinos». Le preocupaba que «estamos despilfarrando una cantidad cada vez mayor de nuestros recursos, incluida la flor y nata de nuestros jóvenes, en unas actividades financieras alejadas de la producción de bienes y servicios, unas actividades que generan unas elevadas recompensas privadas, desmesuradas respecto de su productividad social».[61]

Es difícil saber qué porcentaje de la actividad financiera mejora la capacidad productiva de la economía real y cuál genera ganancias improductivas para el propio sector financiero, pero Adair Turner, una autoridad de fiar en la materia, ha estimado que, en economías avanzadas como Estados Unidos y Reino Unido, solo un 15 por ciento de los flujos financieros se canalizan hacia nuevas empresas productivas en vez de hacia la especulación con activos ya existentes o con sofisticados derivados.[62] Aun cuando el aspecto productivo de las finanzas representase en realidad el doble de lo estimado por Turner, la cifra seguiría dándonos mucho que pensar, y sus implicaciones no serían solamente económicas, sino también morales y políticas.

En el plano económico, viene a decirnos que buena parte de la actividad financiera dificulta el crecimiento económico en vez de potenciarlo; en el moral y en el político, pone de relieve la enorme distancia entre, por un lado, las recompensas con que el mercado premia a las finanzas y, por otro, el valor de la contribución de estas al bien común. Esa brecha, unida al desproporcionado prestigio que se atribuye a quienes se dedican a actividades especulativas, es una burla para la dignidad de quienes se ganan la vida produciendo bienes y servicios útiles en la economía real.

Quienes están preocupados por los efectos económicos adversos de las finanzas modernas han propuesto diversas vías para reformarlas. Las que a mí me preocupan, sin embargo, son las implicaciones morales y políticas. Una agenda política con la que se reconozca la dignidad del trabajo debería usar el sistema fiscal para reconfigurar la economía de la estima desalentando la especulación y mostrando respeto por el trabajo productivo.

En general, esto significaría desplazar la carga impositiva desde el trabajo hacia el consumo y la especulación. Un modo radical de proceder a ello sería reducir o incluso eliminar las cotizaciones y retenciones en las nóminas salariales, y obtener ingresos públicos gravando el consumo, la riqueza y las transacciones financieras. Un modesto paso en esa dirección se daría reduciendo las cotizaciones/retenciones salariales (que encarecen la mano de obra tanto para las empresas como para los empleados mismos) y compensando los ingresos a los que se renunciara por esa vía con un impuesto a las transacciones financieras de alta frecuencia, que poco contribuyen a la economía real.

Estas y otras medidas para trasladar el centro de gravedad de la base impositiva desde la mano de obra hacia el consumo y la especulación podrían ponerse en marcha recurriendo a mecanismos que aumentaran la eficiencia del sistema fiscal y lo hicieran menos regresivo de lo que es hoy. Sin embargo, estos factores, aun siendo importantes, no son los únicos que importan. También deberíamos tener en cuenta la significación expresiva de la fiscalidad. Me refiero a las actitudes hacia el éxito y el fracaso, el elogio y el reconocimiento, que incorporamos al modo en que financiamos nuestra vida pública. Los impuestos no solo son una vía de recaudación; son también una forma de expresar qué contribuciones juzga una sociedad valiosas para el bien común y cuáles no tanto.

HACEDORES Y TOMADORES

A un cierto nivel, ya estamos familiarizados con ese aspecto moral de la política fiscal. Solemos debatir sobre la equidad del sistema impositivo; es decir, sobre si la carga de un tributo u otro recaerá con mayor fuerza en los ricos o en los pobres. Pero la dimensión expresiva de los impuestos trasciende los debates sobre la equidad y afecta más bien a los juicios morales que hacen las sociedades a propósito de qué actividades son dignas de honra y reconocimiento y cuáles deberían desalentarse. A veces esos juicios son explícitos. Los tributos con los que se gravan el tabaco, el alcohol y los casinos son llamados en Estados Unidos «impuestos al pecado» porque tratan de disuadirnos de realizar actividades consideradas dañinas o poco deseables (fumar, beber, apostar). Esa clase de cargas fiscales son una expresión de que la sociedad desaprueba esas actividades incrementando el coste de realizarlas. Las propuestas para gravar los refrescos azucarados (a fin de combatir la obesidad) o las emisiones de CO_2 (para luchar contra el cambio climático) tienen un propósito similar de cambiar normas y modular conductas.

No todos los tributos tienen esa intención. No gravamos la renta porque desaprobemos el empleo remunerado ni porque queramos disuadir a nadie de que trabaje. Tampoco los impuestos generales al consumo pretenden ser un freno para disuadirnos de comprar cosas. Solo constituyen fuentes de recaudación de ingresos.

A menudo, sin embargo, sí que hay juicios morales implícitos en políticas aparentemente neutras en cuanto a los valores. Esto ocurre sobre todo cuando los impuestos afectan al trabajo y a las diversas formas en que las personas ganan dinero. Por ejemplo, ¿por qué se grava la renta derivada de las ganancias del capital a tipos inferiores a aquellos con los que se gravan las rentas del trabajo? Warren Buffett planteó esa pregunta al señalar que él, un inversor milmillonario, pagaba un tipo fiscal medio más bajo que su secretaria.[63]

Hay quienes sostienen que gravando menos las inversiones que el trabajo se fomenta la actividad inversora y, de ese modo, se promueve el crecimiento económico. Considerado a cierto nivel, ese argumento es puramente práctico o utilitario; se trata de incrementar el PIB, viene a decirnos, no de rendir homenaje a los inversores ricos que recogen las ganancias del capital. Pero visto desde una perspectiva política, ese argumento pretendidamente práctico deriva parte de su fuerza persuasiva de un supuesto moral previo, un argumento subyacente a propósito del mérito. Me refiero a la presunción de que los inversores son «creadores de empleo» a los que debe recompensarse por ello con unos impuestos menores.

El congresista republicano Paul Ryan, antiguo presidente de la Cámara de Representantes federal y devoto de la escritora liberallibertaria Ayn Rand, enunció unos años atrás una versión bastante descarnada de ese argumento. Ryan, siempre crítico con el Estado del bienestar, hizo una distinción entre quienes «hacen» (quienes más contribuyen a la economía) y quienes «toman» (quienes reciben en forma de prestaciones del Estado más de lo que aportan en forma de impuestos). Le preocupaba que, a medida que creciera el Estado del bienestar, los llamados «tomadores» terminaran superando en número a los «hacedores».[64]

A Ryan se le criticó entonces por usar un modo de expresarse tan sumamente moralizado para hablar de la contribución económica de las personas. Otros aceptaron su distinción entre hacedores y tomadores, pero puntualizaron que Ryan había identificado erróneamente a unos y otros. Rana Foroohar, columnista de economía del *Financial Times* y la CNN, nos da un ejemplo bastante contundente de este segundo punto de vista en un esclarecedor libro titulado *Makers and Takers. The Rise of Finance and the Fall of American Business*. Citando a Adair Turner, a Warren Buffett y a otros críticos de la financierización improductiva, Foroohar sostiene que los principales «tomadores» en la economía actual son aquellos que desde el sector financiero se dedican a actividades especulativas que, con un esfuerzo mínimo, les reportan ganancias inmensas sin contribuir a la economía real.

> Toda esta actividad financiera no nos ha hecho más prósperos. Al revés, ha acentuado las desigualdades y ha traído consigo más crisis financieras, que destruyen volúmenes ingentes de valor económico cada vez que se producen. Lejos de ser una ayuda a nuestra economía, las finanzas se han convertido en una traba. El aumento de la actividad financiera no está incrementando nuestro crecimiento económico, sino que más bien lo está ralentizando.[65]

Foroohar llega a la conclusión de que los presuntos «hacedores» son quienes «más están tomando de la sociedad; son quienes pagan menos impuestos como porcentaje de su renta, están acaparando una parte desproporcionada del pastel económico y están propugnando modelos de negocio que, a menudo, van en contra del crecimiento». Los auténticos «hacedores», sostiene, son aquellos que trabajan en la economía real para suministrar bienes y servicios útiles, y quienes invierten precisamente en esta actividad productiva.[66]

El relativo a quién es un hacedor y quién un tomador en la economía actual viene a ser, en última instancia, un debate sobre justicia contributiva, sobre qué roles económicos son dignos de honra y reconocimiento. Esta es una cuestión que solo podemos valorar con el debido detenimiento por medio de un debate público sobre qué es lo que debe considerarse una contribución valiosa al bien común. Mi propuesta para reemplazar una parte (o la totalidad) de los impuestos y cotizaciones con los que se gravan las rentas del trabajo por un impuesto sobre las transacciones financieras (en la práctica, un «impuesto al pecado» con el que se gravaría una especulación que está mucho más próxima a las apuestas de los casinos que a una contribución a la economía real) pretende ser una manera de poner un marco de referencia a ese debate. Sin duda hay otras. Lo que quiero decir con ello, en un sentido más general, es que devolverle al trabajo su dignidad perdida nos obligará a afrontar las cuestiones morales que subyacen a nuestros sistemas económicos, unas cuestiones ensombrecidas por la política tecnocrática de las últimas décadas.

Pues bien, una de esas cuestiones es qué clases de trabajo son dignas de reconocimiento y estima. Otra es la relativa a qué nos debemos los unos a los otros como ciudadanos. Ambas están interconectadas. No podemos determinar qué es una contribución digna de reafirmación sin haber razonado juntos sobre los propósitos y fines de la vida en común que compartimos. Y no podemos deliberar sobre nuestras metas y finalidades comunes sin un sentido de pertenencia, sin concebirnos como miembros de una comunidad con la que estamos en deuda. Solo dependiendo de otros —y reconociendo nuestra dependencia—, podemos encontrar buenas razones para apreciar sus contribuciones a nuestro bienestar colectivo. Para ello es necesario un sentido de comunidad suficientemente robusto como para que los ciudadanos puedan decir (y creer) que «todos estamos juntos en esto»; no como un conjuro ritual para tiempos de crisis, sino como una descripción realista de nuestras vidas cotidianas.

Durante las últimas cuatro décadas, la combinación de la globalización impulsada por el mercado y la concepción meritocrática del éxito ha ido deshaciendo esos lazos morales. Las cadenas de suministro globales, los flujos de capital y las identidades cosmopolitas que tanto las primeras como los segundos fomentan nos han vuelto menos dependientes de nuestros conciudadanos, menos agradecidos por el trabajo que realizan y menos abiertos a las reclamaciones de solidaridad. La clasificación meritocrática nos enseñó a creer que nuestro éxito es obra exclusivamente nuestra y, con ello, erosionó nuestro sentido de deuda con la comunidad. Ahora nos encontramos en medio del furioso torbellino que se ha desatado tras esa deshiladura. Para devolverle al trabajo su dignidad, debemos recomponer los vínculos sociales que la era del mérito rompió.

El mérito y el bien común

Henry Aaron, uno de los más grandes jugadores de béisbol de la historia, se crio en el Sur, en tiempos de la segregación racial. Su biógrafo, Howard Bryant, explica que, de joven, «Henry veía cómo su padre tenía que ceder obligatoriamente su sitio en la cola a cualquier blanco que entrara en la tienda». Cuando Jackie Robinson rompió la barrera del color en el béisbol profesional, Henry, que tenía entonces trece años de edad, sintió la inspiración que necesitaba para convencerse de que también él podría jugar algún día en las Grandes Ligas. Sin un bate y una bola con los que entrenarse, practicaba con lo que tenía; probaba a batear con un palo tapones de botella que le lanzaba su hermano. Con el tiempo, terminaría rompiendo el récord de *home runs* de Babe Ruth en toda una trayectoria como jugador profesional.[1]

Con emotiva agudeza, Bryant sentencia que «podría decirse que batear fue la primera meritocracia que Henry experimentó en la vida».[2]

Cuesta leer esas palabras sin quedarse prendado de la belleza de la meritocracia, sin concebirla como una respuesta definitiva a la injusticia; como una reivindicación del talento sobre el prejuicio, el racismo y la desigualdad de oportunidades. Y de esa idea a la conclusión de que la sociedad justa es una sociedad meritocrática, en la que todos y todas tengamos las mismas posibilidades de ascender hasta donde nuestro talento y nuestro esfuerzo nos lleven, apenas hay un paso.

Sin embargo, eso es un error. La moraleja de la historia de Henry

Aaron no es que deberíamos amar la meritocracia, sino aborrecer cualquier sistema de injusticia racial del que solo se pueda huir anotando *home runs*. La igualdad de oportunidades es un factor corrector de la injusticia necesario desde el punto de vista moral. Pero es un principio reparador, no un ideal adecuado para una sociedad buena.

MÁS ALLÁ DE LA IGUALDAD DE OPORTUNIDADES

No es fácil tener siempre presente esa distinción. Inspirados por el heroico ascenso de unos pocos, nos preguntamos qué hacer para que otros puedan tener también la capacidad de huir de las condiciones que los ahogan. En vez de reparar esas condiciones de las que quieren huir quienes las sufren, forjamos una política que hace de la movilidad la respuesta a la desigualdad.

Derribar barreras es bueno. Nadie debería quedar relegado por la pobreza o los prejuicios. Pero una sociedad buena no puede tener tan solo como premisa la promesa de escapar.

Concentrarse exclusiva o principalmente en el ascenso social contribuye muy poco a cultivar los lazos sociales y los vínculos cívicos que requiere la democracia. Incluso una sociedad que pudiera facilitar esa movilidad ascendente mejor que la nuestra necesitaría hallar formas de hacer posible que quienes no asciendan florezcan allá donde se encuentren y se vean a sí mismos como miembros de un proyecto común. No hacerlo así les complica la vida a quienes carecen de credenciales meritocráticas y contribuye a que duden de su pertenencia.

Se da a menudo por supuesto que la única alternativa a la igualdad de oportunidades es una estéril y opresiva igualdad de resultados, pero existe otra opción: una amplia igualdad de condiciones que permita que quienes no amasen una gran riqueza o alcancen puestos de prestigio lleven vidas dignas y decentes, desarrollando y poniendo en práctica sus capacidades en un trabajo que goce de estima social, compartiendo una cultura del aprendizaje extendida y deliberando con sus conciudadanos sobre los asuntos públicos.

Dos de las mejores tesis sobre la igualdad de condiciones aparecieron en plena Gran Depresión. En un libro titulado *La igualdad* (1931), R. H. Tawney, un historiador económico y crítico social británico, argumentó que la igualdad de oportunidades es, en el mejor de los casos, un ideal parcial. «Las oportunidades de "prosperar" —escribió— no son un sustituto válido de una buena dosis de igualdad práctica, ni tampoco convierten en inmaterial la existencia de marcadas disparidades de renta y condición social.»[3]

> El bienestar social [...] depende de la cohesión y la solidaridad. Implica la existencia no solo de oportunidades de ascender, sino también de un elevado nivel de cultura general y una fuerte conciencia de unos intereses comunes [...]. La felicidad individual no requiere únicamente que los hombres tengan la libertad de ascender a nuevas cotas de confort y distinción; también exige que sean capaces de llevar una vida de dignidad y cultura, tanto si ascienden como si no.[4]

Ese mismo año, al otro lado del Atlántico, un escritor llamado James Truslow Adams escribió un panegírico de su país titulado *La epopeya de América*. Pocos recuerdan el libro, pero todo el mundo se acuerda de la expresión que su autor acuñó en las páginas finales: «el sueño americano». Vista desde la perspectiva de nuestros días, sería fácil equiparar su descripción de ese sueño americano con nuestra retórica del ascenso. El «regalo característico y único» de Estados Unidos «a la humanidad», escribió Adams, fue el sueño «de una tierra en la que la vida sea mejor, más rica y más plena para todos los hombres, y que brinde oportunidades a cada uno según su capacidad o sus logros».[5]

> No es un simple sueño hecho de automóviles y buenos sueldos, sino uno de un orden social en el que cada hombre y cada mujer puedan materializar al máximo aquello de lo que sean innatamente capaces y puedan ser reconocidos por los demás por aquello que son, con independencia de las fortuitas circunstancias de dónde hayan nacido o de cuál fuera su posición de origen.[6]

No obstante, una lectura minuciosa de sus palabras nos revela que el sueño que Adams describió no aludía meramente a una movilidad ascendente, sino que iba más allá y hacía referencia también a una igualdad de condiciones amplia, democrática. Como ejemplo concreto, Adams señalaba la Biblioteca del Congreso de Estados Unidos, «un símbolo de lo que la democracia puede conseguir en aras de sí misma», un lugar de aprendizaje público que atraía a estadounidenses de toda condición.

> Cuando se contempla la sala general de lectura, que, ya por sí sola, contiene diez mil volúmenes que pueden leerse sin necesidad siquiera de reserva previa, vemos todas aquellas sillas llenas de lectores en silencio, viejos y jóvenes, ricos y pobres, negros y blancos, ejecutivos y obreros, generales y soldados rasos, académicos ilustres y colegiales, todos allí leyendo en su propia biblioteca, la que les da su propia democracia.[7]

Adams consideraba que esa escena era «una aplicación perfecta en un ejemplo concreto del sueño americano: los medios provistos por los recursos acumulados del propio pueblo, [y] una ciudadanía lo bastante inteligente para hacer uso de ellos». Si este ejemplo pudiera «trasladarse a todos los sectores de nuestra vida nacional», escribió Adams, el sueño americano se convertiría en «una realidad perdurable».[8]

DEMOCRACIA Y HUMILDAD

Actualmente, la igualdad de condiciones es más bien escasa. Son muy contados los espacios públicos que reúnen a las personas por encima de las diferencias de clase, raza, etnia y religión. Cuatro décadas de globalización impulsada por el mercado han comportado unas desigualdades de renta y riqueza tan pronunciadas que nos han conducido a llevar estilos de vida separados. Los adinerados y los humildes rara vez se encuentran en el transcurso del día. Vivimos, trabajamos, compramos y jugamos en lugares diferentes; nuestros hijos van a escuelas también distintas. Y, cuando la máquina clasificadora meritocrática ha hecho su trabajo, a aquellos a quienes ha dejado en la cima les cuesta mucho no pensar que se merecen su éxito y que quienes se han quedado en el fondo se merecen también ocupar esa posición. Con ello se alimenta un debate político tan envenenado y un enfrentamiento partidista tan intenso que hoy muchos consideran más difíciles los matrimonios mixtos entre un cónyuge republicano y uno demócrata que entre personas de distinto credo religioso. Poco puede extrañarnos que hayamos perdido ya la capacidad de razonar juntos sobre las grandes cuestiones públicas, o incluso la de escucharnos unos a otros.

El mérito comenzó siendo la empoderadora idea de que, con trabajo y fe, podemos inclinar en nuestro favor la gracia de Dios. La versión laica de esa misma idea dio lugar a una vivificante promesa de libertad individual: nuestro destino está en nuestras manos; podemos conseguirlo si ponemos empeño en ello.

Sin embargo, este ideal de libertad nos aleja de las obligaciones de un proyecto democrático compartido. Recordemos las dos concepciones del bien común que hemos analizado en el capítulo 7, la consumista y la cívica. Si el bien común consiste simplemente en maximizar el bienestar de los consumidores, entonces lograr una igualdad de condiciones es algo que, en último término, carece de importancia. Si la democracia no es más que economía por otros medios, una mera cuestión de sumar nuestros intereses y preferencias individuales, entonces su suerte final no depende de los vínculos morales de los ciudadanos, pues una concepción consumista de la democracia puede obrar ese limitado efecto que persigue obrar tanto si compartimos una vibrante vida común como si vivimos en unos enclaves privatizados en la exclusiva compañía de quienes son como nosotros.

Ahora bien, si el bien común es algo a lo que solo podemos llegar deliberando con nuestros conciudadanos sobre los propósitos y los fines de nuestra comunidad política, entonces la democracia no puede ser indiferente al carácter de la vida común. No precisa de una igualdad perfecta, pero sí requiere que ciudadanos con diferentes modos de vida y orígenes se encuentren en unos espacios comunes y en los lugares públicos. Y es que así es como aprendemos a negociar y tolerar nuestras diferencias. Así llegamos a interesarnos por el bien común.[9]

La convicción meritocrática de que las personas se merecen la riqueza (cualquiera que sea) con la que el mercado premia sus talentos hace de la solidaridad un proyecto casi imposible. Y es que, en ese caso, ¿por qué las personas que triunfan iban a deber nada a los miembros no tan favorecidos de la sociedad? La respuesta a esta pregunta dependerá de si se reconoce que, pese a todos nuestros afanes y esfuerzos, no somos seres hechos a sí mismos ni autosuficientes; somos afortunados por hallarnos en una sociedad que premia nuestros talentos particulares, no merecedores de ello. Ser muy consciente del carácter contingente de la vida que nos ha tocado en suerte puede inspirar en nosotros cierta humildad. «Yo también estaría así de no ser por que Dios o la casualidad no lo han querido.» Esa humildad es el punto de partida del camino de vuelta desde la dura ética del éxito que hoy nos separa. Es una humildad que nos encamina, más allá de la tiranía del mérito, hacia una vida pública con menos rencores y más generosidad.

Notas

Prólogo

1. Declaraciones del presidente Trump antes de su salida con el *Marine One*, 23 de febrero de 2020, <whitehouse.gov/briefings-statements/re marks-president-trump-marine-one-departure-83/>; declaraciones del presidente Trump en un encuentro con líderes afroamericanos, 27 de febrero de 2020, <whitehouse.gov/briefings-statements/remarks-president-trump-meeting-african-american-leaders/>.

2. Farhad Manjoo, «How the World's Richest Country Ran Out of a 75-Cent Face Mask», *The New York Times*, 25 de marzo de 2020, <nytimes.com/2020/03/25/opinion/coronavirus-face-mask.html>.

3. Margot Sanger-Katz, «On Coronavirus, Americans Still Trust the Experts», *The New York Times*, 27 de junio de 2020, <nytimes.com/2020/06/27/upshot/coronavirus-americans-trust-experts.html>.

Introducción. Conseguir entrar

1. Jennifer Medina, Katie Benner y Kate Taylor, «Actresses, Business Leaders and Other Wealthy Parents Charged in U.S. College Entry Fraud», *The New York Times*, 12 de marzo de 2019, <nytimes.com/2019/03/12/us/college-admissions-cheating-scandal.html.>

2. *Ibidem*. Véanse también «Here's How the F.B.I. Says Parents Cheated to Get Their Kids into Elite Colleges», *The New York Times*, 12 de marzo de 2019, <nytimes.com/2019/03/12/us/admissions-scandal.html>, y «Affi-davit in Support of Criminal Complaint», 11 de marzo de 2019, Departa-

mento de Justicia de Estados Unidos, <justice.gov/file/1142876/down load>.

3. Lara Trump, en *Fox News at Night*, 12 de marzo de 2019, <face book.com/FoxNews/videos/lara-trump-weighs-in-on-college-admis sions-scandal/2334404040124820>.

4. Andrew Lelling, fiscal federal, distrito de Massachusetts, 12 de marzo de 2019, transcripción de su comunicado según la CNN, <edition.cnn. com/TRANSCRIPTS/1903/12/ath.02.html>.

5. Frank Bruni, «Bribes to Get into Yale and Stanford? What Else Is New?», *The New York Times*, 12 de marzo de 2019, <nytimes.com/2019/ 03/12/opinion/college-bribery-admissions.html>; Eugene Scott, «Why Trump Jr. Mocked the Parents Caught Up in the College Admissions Scandal», *The Washington Post*, 13 de marzo de 2019, <washingtonpost.com/po litics/2019/03/13/why-trump-jr-mocked-parents-caught-up-college-ad missions-scandal>. Véase información periodística original sobre el caso de Jared Kushner y sobre el papel del dinero en las admisiones de estudiantes universitarios en Daniel Golden, *The Price of Admission*, Nueva York, Broad-way Books, 2006, pp. 44-46. A propósito de las supuestas donaciones de Trump a Wharton, véase Luis Ferré-Sadurní, «Donald Trump May Have Donated over $1.4 Million to Penn», *Daily Pennsylvanian*, 3 de noviembre de 2016, <thedp.com/article/2016/11/trumps-history-of-donating-to-penn>.

6. Singer, citado en «Affidavit in Support of Criminal Complaint», 11 de marzo de 2019, Departamento de Justicia de Estados Unidos, <justice. gov/file/1142876/download>, p. 13.

7. Andrew Lelling, fiscal federal, distrito de Massachusetts, 12 de marzo de 2019, transcripción de su comunicado según la CNN, <edition.cnn. com/TRANSCRIPTS/1903/12/ath.02.html>.

8. Andre Perry, «Students Need a Boost in Wealth More than a Boost in SAT Scores», *The Hechinger Report*, 17 de mayo de 2019, <hechingerre port.org/students-need-a-boost-in-wealth-more-than-a-boost-in-sat-scores>.

9. Ron Lieber, «One More College Edge», *The New York Times*, 16 de marzo de 2019; Paul Tough, *The Years That Matter Most. How College Makes or Breaks Us*, Boston, Houghton Mifflin Harcourt, 2019, pp. 153-167.

10. «Some Colleges Have More Students from the Top 1 Percent than the Bottom 60», *The New York Times*, 18 de enero de 2017, <nytimes.com/ interactive/2017/01/18/upshot/some-colleges-have-more-students-

from-the-top-1-percent-than-the-bottom-60.html>. Los datos proceden de Raj Chetty, John Friedman, Emmanuel Saez, Nicholas Turner y Danny Yagan, «Mobility Report Cards: The Role of Colleges in Intergenerational Mobility», NBER Working Paper n.° 23.618, versión revisada, diciembre de 2017, <opportunityinsights.org/paper/mobilityreportcards>.

11. Caroline M. Hoxby, «The Changing Selectivity of American Colleges», *Journal of Economic Perspectives*, vol. 23, n.° 4 (otoño de 2009), pp. 95-118.

12. *Ibidem*, pp. 95-100; Tough, *The Years That Matter Most*, p. 39.

13. Matthias Doepke y Fabrizio Zilibotti, *Love, Money & Parenting. How Economics Explains the Way We Raise Our Kids*, Princeton, Princeton University Press, 2019, pp. 8-11 y 51-84.

1. Ganadores y perdedores

1. *The Economist* publicó en uno de sus números un reportaje de portada que ejemplifica ese punto de vista. Véase «Drawbridges Up: The New Divide in Rich Countries Is Not between Left and Right but between Open and Closed», *The Economist*, 30 de julio de 2016, <economist.com/briefing/2016/07/30/drawbridges-up>. Véase también una visión más matizada, desde esa misma perspectiva, en Bagehot, «Some Thoughts on the Open v Closed Divide», *The Economist*, 16 de marzo de 2018, <economist.com/bagehots-notebook/2018/03/16/somethoughts-on-the-open-v-closed-divide>.

2. En este párrafo y en los que siguen en este apartado, me baso en la argumentación ya expuesta en Michael Sandel, «Right-Wing Populism Is Rising as Progressive Politics Fails—Is It Too Late to Save Democracy?», *New Statesman*, 21 de mayo de 2018, <newstatesman.com/2018/05/right-wing-populismrising-progressive-politics-fails-it-too-late-save-democracy>, y en Michael J. Sandel, «Populism, Trump, and the Future of Democracy», *OpenDemocracy*, 9 de mayo de 2018, <opendemocracy.net/en/populism-trump-and-future-of-democracy>.

3. En Estados Unidos, de la mayor parte del crecimiento económico registrado desde 1980 se ha beneficiado el 10 por ciento más rico de la población, cuya renta ha crecido desde entonces un 121 por ciento; casi nada de dicho crecimiento ha recaído en la mitad más pobre de la población, cuya renta individual media (unos 16.000 dólares anuales) era más o menos la

misma en términos reales en 2014 que en 1980. Para los varones en edad de trabajar, la mediana de renta era «la misma en 2014 que en 1964, unos 35.000 dólares. La mediana de renta del trabajador varón no ha crecido en más de medio siglo». Thomas Piketty, Emmanuel Saez y Gabriel Zucman, «Distributional National Accounts: Methods and Estimates for the United States», *Quarterly Journal of Economics*, vol. 133, n.° 2 (mayo de 2018), pp. 557, 578 y 592-593, disponible en <eml.berkeley.edu/~saez/PSZ2018QJE.pdf>; Facundo Alvaredo, Lucas Chancel, Thomas Piketty, Emmanuel Saez y Gabriel Zucman, *World Inequality Report 2018*, Cambridge (Massachusetts), Harvard University Press, 2018, pp. 3 y 83-84. También hay datos disponibles sobre la distribución de la renta en Estados Unidos y en otros países en la World Inequality Database, <wid.world>. Véase asimismo Thomas Piketty, *Capital in the Twenty-First Century*, Cambridge (Massachusetts), Harvard University Press, 2014, p. 297 [hay trad. cast.: *El capital en el siglo XXI*, Ciudad de México, Fondo de Cultura Económica, 2014], donde Piketty explica que, entre 1977 y 2007, el 10 por ciento más rico absorbió tres cuartas partes del crecimiento económico total de Estados Unidos. En este país, el 1 por ciento más rico de la población recibe el 20,2 por ciento de la renta nacional, mientras que la mitad más pobre recibe el 12,5 por ciento de la renta. También en Estados Unidos, el 10 por ciento más rico absorbe casi la mitad (un 47 por ciento) de la renta nacional, frente a un 37 por ciento en Europa occidental, un 41 por ciento en China y un 55 por ciento en Brasil e India. Véase Piketty, Saez y Zucman, «Distributional National Accounts», p. 575, disponible en <eml.berkeley.edu/~saez/PSZ2018QJE.pdf>; Alvaredo, Chancel, Piketty, Saez y Zucman, *World Inequality Report 2018*, pp. 3 y 83-84.

4. Búsqueda realizada por el autor en archivos digitalizados de discursos y documentos públicos de presidentes estadounidenses en The American Presidency Project, Universidad de California en Santa Bárbara, <presidency.ucsb.edu>.

5. Según un estudio de The Pew Charitable Trusts, un 4 por ciento de los estadounidenses nacidos en familias del quintil de renta más bajo ascienden hasta el más alto cuando son adultos, un 30 por ciento lo hacen hasta el quintil medio o superiores y un 43 por ciento se quedan atrapados en el quintil inferior. «Pursuing the American Dream: Economic Mobility across Generations», Pew Charitable Trusts, julio de 2012, p. 6, fig. 3, disponible en <pewtrusts.org/~/media/legacy/uploadedfiles/wwwpewtrustsorg/reports/economic_mobility/pursuingamericandreampdf.pdf>. Según un es-

tudio del economista de Harvard Raj Chetty y sus colaboradores, un 7,5 por ciento de los estadounidenses nacidos en el quintil más bajo logran ascender hasta el quintil más alto, un 38 por ciento suben hasta el quintil medio o superiores y un 34 por ciento no salen nunca del quintil inferior. Raj Chetty, Nathaniel Hendren, Patrick Kline y Emmanuel Saez, «Where Is the Land of Opportunity? The Geography of Intergenerational Mobility in the United States», *Quarterly Journal of Economics*, vol. 129, n.º 4 (2014), pp. 1553-1623, disponible en <rajchetty.com/chettyfiles/mobility_geo.pdf> (véanse las cifras sobre movilidad en la p. 16 y la tabla II). Según otro estudio, este de Scott Winship y el Instituto Archbridge, solo un 3 por ciento de los niños y niñas nacidos en familias del quintil inferior llegan posteriormente al quintil más rico, y solo un 26 por ciento llegan a uno de los tres más altos; un 46 por ciento se quedan recluidos en ese quintil inferior. Scott Winship, «Economic Mobility in America», Instituto Archbridge, marzo de 2017, p. 18, fig. 3, disponible en <archbridgeinst.wpengine.com/wp-content/uploads/2017/04/Contemporary-levels-ofmobility-digital-version_Winship.pdf>.

6. Miles Corak, «Income Inequality, Equality of Opportunity, and Intergenerational Mobility», *Journal of Economic Perspectives*, vol. 27, n.º 3 (verano de 2013), pp. 79-102 (véase la fig. 1, p. 82), <pubs.aeaweb.org/doi/pdfplus/10.1257/jep.27.3.79>; Miles Corak, «Do Poor Children Become Poor Adults? Lessons from a Cross Country Comparison of Generational Earnings Mobility», IZA Discussion Paper n.º 1.993, marzo de 2006 (véase la tabla 1, p. 42), <ftp.iza.org/dp1993.pdf>; *A Broken Social Elevator? How to Promote Social Mobility*, París, OECD Publishing, 2018, <doi.org/10.1787/9789264301085-en>. Este último estudio arroja resultados similares a los de Corak salvo en el caso de Alemania, que, según la OCDE, presenta menos movilidad social que Estados Unidos. Véanse comparativas de países en la fig. 4.8, p. 195.

7. Stefanie Stantcheva, «Prisoners of the American Dream», *Project Syndicate*, 22 de febrero de 2018, <scholar.harvard.edu/files/stantcheva/files/prisoners_of_the_american_dream_by_stefanie_stantcheva_-_project_syndicate_0.pdf>.

8. Raj Chetty, John Friedman, Emmanuel Saez, Nicholas Turner y Danny Yagan, «Mobility Report Cards: The Role of Colleges in Intergenerational Mobility», NBER Working Paper n.º 23.618, versión revisada, julio de 2017, <equality-of-opportunity.org/papers/coll_mrc_paper.pdf>.

9. <fivethirtyeight.com/features/even-among-the-wealthy-educa

tion-predicts-trump-support>; <jrf.org.uk/report/brexit-vote-explained-poverty-low-skills-and-lack-opportunities>.

10. Aaron Blake, «Hillary Clinton Takes Her "Deplorables" Argument for Another Spin», *The Washington Post*, 13 de marzo de 2018, <washington post.com/news/the-fix/wp/2018/03/12/hillary-clinton-takes-her-deplorables-argument-for-another-spin>. Trump ganó por un estrecho margen a Clinton entre los votantes de renta alta, pero se impuso con contundencia entre el electorado de las áreas rurales y las ciudades pequeñas (por un 62 por ciento frente a un 34 por ciento), entre los votantes blancos sin titulación universitaria (un 67 por ciento frente a un 28 por ciento) y entre los votantes que opinan que el comercio con otros países no crea tanto empleo como el que destruye (un 65 por ciento frente a un 31 por ciento). Véase «Election 2016: Exit Polls», *The New York Times*, 8 de noviembre de 2016, <nytimes.com/interactive/2016/11/08/us/politics/election-exit-polls.html>.

11. Donald J. Trump, «Remarks Announcing United States Withdrawal from the United Nations Framework Convention on Climate Change Paris Agreement», 1 de junio de 2017, The American Presidency Project, <presidency.ucsb.edu/node/328739>.

12. Véanse diversas interpretaciones de la meritocracia política confuciana en Daniel A. Bell y Chenyang Li, eds., *The East Asian Challenge for Democracy. Political Meritocracy in Comparative Perspective*, Nueva York, Cambridge University Press, 2013; a propósito de Platón, véase *The Republic of Plato*, trad. al inglés de Allan Bloom, Nueva York, Basic Books, 1968, libro VI [hay trad. cast.: *Diálogos IV. República*, Madrid, Gredos, 1986]; a propósito de Aristóteles, véase *The Politics of Aristotle*, trad. al inglés de Ernest Barker, Oxford, Oxford University Press, 1946, libro III [hay trad. cast.: *Política*, Madrid, Gredos, 1988], y *The Nicomachean Ethics of Aristotle*, trad. al inglés de sir David Ross, Oxford, Oxford University Press, 1925, libros I y VI [hay trad. cast.: «Ética nicomáquea», en *Ética nicomáquea. Ética eudemia*, Madrid, Gredos, 1985].

13. Joseph F. Kett, *Merit. The History of a Founding Idea from the American Revolution to the 21st Century*, Ithaca (Nueva York), Cornell University Press, 2013, pp. 1-10 y 33-44. «Thomas Jefferson to John Adams, Oct. 28, 1813», carta, en Lester J. Cappon, ed., *The Adams-Jefferson Letters. The Complete Correspondence between Thomas Jefferson and Abigail and John Adams*, Chapel Hill, University of North Carolina, 1959, vol. 2, pp. 387-392.

14. Michael Young, *The Rise of the Meritocracy*, Harmondsworth, Pen-

guin, 1958 [hay trad. cast.: *El triunfo de la meritocracia, 1870-2033. Un ensayo sobre la educación y la igualdad*, Madrid, Tecnos, 1964].

15. *Ibidem*, p. 106.

2. «GRANDE POR BUENO». BREVE HISTORIA MORAL DEL MÉRITO

1. Definición de «*lot*, n.», OED Online, Oxford University Press, junio de 2019, <oed.com/view/Entry/110425>, consultada el 16 de julio de 2019.

2. Por ejemplo, Jonás 1, 4-16.

3. Job 4, 7. En esto y en el análisis de la historia de Job que sigue, estoy en deuda con el gran ensayo de Moshe Halbertal, «Job, the Mourner», incluido en Leora Batnitzky e Ilana Pardes, eds., *The Book of Job. Aesthetics, Ethics, and Hermeneutics*, Berlín, De Gruyter, 2015, pp. 37-46.

4. *Ibidem*, pp. 39 y 44-45. Halbertal atribuye esta interpretación de Job a Maimónides. Sobre lo de que la lluvia cae también donde no vive nadie, véase Job 38, 25-26.

5. *Ibidem*, pp. 39 y 45.

6. En esto y en los párrafos siguientes, estoy en deuda con el esclarecedor análisis incluido en Anthony T. Kronman, *Confessions of a Born-Again Pagan*, New Haven, Yale University Press, 2016, esp. pp. 88-98, 240-271 y 363-393.

7. Halbertal, «Job, the Mourner», p. 37.

8. Kronman, *Confessions of a Born-Again Pagan*, pp. 240-259; J. B. Schneewind, *The Invention of Autonomy*, Cambridge, Cambridge University Press, 1998, pp. 29-30 [hay trad. cast.: *La invención de la autonomía*, Ciudad de México, Fondo de Cultura Económica, 2009].

9. Eric Nelson, *The Theology of Liberalism. Political Philosophy and the Justice of God*, Cambridge (Massachusetts), Harvard University Press, 2019; Michael Axworthy, «The Revenge of Pelagius», *New Statesman*, 7 de diciembre de 2018, p. 18; Joshua Hawley, «The Age of Pelagius», *Christianity Today*, junio de 2019, <christianitytoday.com/ct/2019/june-web-only/age-of-pelagius-joshua-hawley.html>.

10. Kronman, *Confessions of a Born-Again Pagan*, pp. 256-271; Schneewind, *The Invention of Autonomy*, p. 272.

11. Kronman, *Confessions of a Born-Again Pagan*, pp. 363-381.

12. Max Weber, *The Protestant Ethic and the Spirit of Capitalism* (publi-

cado originalmente en 1904-1905), trad. al inglés de Talcott Parsons, Nueva York, Charles Scribner's Sons, 1958 [hay trad. cast.: *La ética protestante y el «espíritu» del capitalismo*, Madrid, Alianza, 2012].

13. *Ibidem*, p. 104.

14. *Ibidem*, pp. 109-110.

15. *Ibidem*, pp. 110-115.

16. *Ibidem*, p. 115.

17. *Ibidem*, p. 160.

18. *Ibidem*, pp. 154 y 121.

19. *Ibidem*, pp. 121-122.

20. Max Weber, «The Social Psychology of the World Religions», en H. H. Gerth y C. Wright Mills, eds., *From Max Weber. Essays in Sociology*, Nueva York, Oxford University Press, 1946, p. 271 (la cursiva es del original).

21. Jackson Lears, *Something for Nothing. Luck in America*, Nueva York, Viking, 2003, p. 34.

22. *Ibidem*.

23. *Ibidem*, pp. 57-62. Eclesiastés 9, 11-12, citado en la p. 59.

24. Lears, *Something for Nothing*, p. 60.

25. *Ibidem*, p. 76.

26. *Ibidem*.

27. *Ibidem*, p. 22.

28. *Ibidem*.

29. John Arlidge y Philip Beresford, «Inside the Goldmine», *The Sunday Times* (Londres), 8 de noviembre de 2009.

30. Graham, citado en «Hurricane Katrina: Wrath of God?», *Morning Joe*, NBC News, 5 de octubre de 2005, <nbcnews.com/id/9600878/ns/msnbc-morning_joe/t/hurricane-katrina-wrath-god/#.XQZz8NNKjuQ>.

31. Robertson, citado en Dan Fletcher, «Why is Pat Robertson Blaming Haiti?», *Time*, 14 de enero de 2010.

32. Falwell, citado en Laurie Goodstein, «After the Attacks: Finding Fault», *The New York Times*, 15 de septiembre de 2001.

33. Devin Dwyer, «Divine Retribution? Japan Quake, Tsunami Resurface God Debate», ABC News, 18 de marzo de 2011, <abcnews.go.com/Politics/japan-earthquake-tsunami-divine-retribution-natural-disaster-religious/story?id=13167670>; Harry Harootunian, «Why the Japanese Don't Trust Their Government», *Le Monde Diplomatique*, abril de 2011, <monde diplo.com/2011/04/08japantrust>.

34. Kenyon, citado en Kate Bowler, «Death, the Prosperity Gospel and Me», *The New York Times*, 13 de febrero de 2016. Véase también Kate Bowler, *Blessed. A History of the American Prosperity Gospel*, Nueva York, Oxford University Press, 2013.

35. Bowler, «Death, the Prosperity Gospel and Me».

36. Osteen, citado en *ibidem*.

37. David Van Biema y Jeff Chu, «Does God Want You to Be Rich?», *Time*, 10 de septiembre de 2006.

38. Bowler, «Death, the Prosperity Gospel and Me».

39. Bowler, *Blessed*, p. 181; datos del sondeo en Biema y Chu, «Does God Want You to Be Rich?».

40. Bowler, *Blessed*, p. 226.

41. *Ibidem*.

42. Bowler, «Death, the Prosperity Gospel and Me».

43. Véase Vann R. Newkirk II, «The American Health Care Act's Prosperity Gospel», *The Atlantic*, 5 de mayo de 2017.

44. Brooks, citado en *ibidem* y en Jonathan Chait, «Republican Blurts Out that Sick People Don't Deserve Affordable Care», *New York*, 1 de mayo de 2017.

45. John Mackey, «The Whole Foods Alternative to ObamaCare», *The Wall Street Journal*, 11 de agosto de 2009. Véase también Chait, *ibidem*.

46. Mackey, *ibidem*.

47. Hillary Clinton, «Address Accepting the Presidential Nomination at the Democratic Convention in Philadelphia, Pennsylvania», 28 de julio de 2016, <presidency.ucsb.edu/documents/address-accepting-the-presiden tial-nomination-the-democratic-national-convention>.

48. Presidente Dwight D. Eisenhower, «Address at the New England "Forward to '54" Dinner», Boston (Massachusetts), 21 de septiembre de 1953, <presidency.ucsb.edu/documents/address-the-new-england-forward-54-dinner-boston-massachusetts>.

49. Véase John Pitney, «The Tocqueville Fraud», *The Weekly Standard*, 12 de noviembre de 1995, <weeklystandard.com/john-j-pitney/the-toc queville-fraud>.

50. Si contabilizamos también las variaciones sobre esa misma cita, Gerald R. Ford la usó seis veces como presidente, Ronald Reagan lo hizo diez veces y George H. W. Bush la empleó en seis ocasiones. Esta frecuencia de uso se ha calculado mediante búsquedas realizadas en el archivo de documentos en línea del The American Presidency Project de la Universidad

de California en Santa Bárbara, <presidency.ucsb.edu/advanced-search>.

51. Presidente Ronald Reagan, «Remarks at the Annual Convention of the National Association of Evangelicals in Columbus, Ohio», 6 de marzo de 1984, <presidency.ucsb.edu/documents/remarks-the-annual-conven tion-the-national-association-evangelicals-columbus-ohio>.

52. La frecuencia de uso se ha calculado mediante búsquedas realizadas en el archivo de documentos en línea del The American Presidency Project de la Universidad de California en Santa Bárbara, <presidency.ucsb.edu/advanced-search>. En dicho archivo se incluyen todos los discursos y comentarios presidenciales, así como algunos discursos de campaña de candidatos a las presidenciales que no eran presidentes en ejercicio. Buscando en el archivo, vemos que John Kerry utilizó la expresión al menos una vez durante su campaña de 2004 y que Hillary Clinton la empleó como mínimo en siete ocasiones durante la suya de 2016.

53. Véase Yascha Mounk, *The Age of Responsibility. Luck, Choice, and the Welfare State*, Cambridge (Massachusetts), Harvard University Press, 2017.

54. El primer presidente que usó la expresión fue Ronald Reagan en referencia a un acuerdo de libre comercio con Canadá en 1988 (<presidency.ucsb.edu/documents/remarks-the-american-coalition-for-trade-expansion-with-canada>), pero unos meses después, en un discurso ante el American Enterprise Institute, criticó el concepto del «lado correcto de la historia» por considerarlo una «desagradable expresión marxista» usada por quienes, en los años setenta, habían abogado por aceptar el dominio soviético de Europa del Este (<presidency.ucsb.edu/documents/remarks-the-american-enterprise-institute-for-public-policy-research>). Véanse, en un sentido más general, Jay Nordlinger, «The Right Side of History», *National Review*, 31 de marzo de 2011, y David A. Graham, «The Wrong Side of "the Right Side of History"», *The Atlantic*, 21 de diciembre de 2015.

55. Presidente George W. Bush, «Remarks to Military Personnel at Fort Hood, Texas», 12 de abril de 2005, <presidency.ucsb.edu/documents/remarks-military-personnel-fort-hood-texas>. Vicepresidente Richard B. Cheney, «Vice President's Remarks at a Rally for Expeditionary Strike Group One», 23 de mayo de 2006, <presidency.ucsb.edu/documents/vice-presidents-remarks-rally-for-expeditionary-strike-group-one>.

56. La frecuencia de uso se ha calculado mediante una búsqueda en el archivo de documentos en línea del The American Presidency Project de la Universidad de California en Santa Bárbara, <presidency.ucsb.edu/advanced-search>.

57. Presidente Barack Obama, «Commencement Address at the United States Military Academy in West Point, New York», 22 de mayo de 2010, <presidency.ucsb.edu/documents/commencement-address-the-united-states-military-academy-west-point-new-york-2>; Obama, «Commencement Address at the United States Air Force Academy in Colorado Springs, Colorado», 2 de junio de 2016, <presidency.ucsb.edu/documents/commencement-address-the-united-states-air-force-academy-colorado-springs-colorado-1>.

58. Presidente William J. Clinton, «Interview with Larry King», 20 de enero de 1994, <presidency.ucsb.edu/documents/interview-with-larry-king-1>; presidente Barack Obama, «Inaugural Address», 20 de enero de 2009, <presidency.ucsb.edu/documents/inaugural-address-5>.

59. Presidente Barack Obama, «The President's News Conference», 23 de junio de 2009, <presidency.ucsb.edu/documents/the-presidents-news-conference-1122>; Obama, «The President's News Conference», 11 de marzo de 2011, <presidency.ucsb.edu/documents/the-presidents-news-conference-1112>; Obama, «The President's News Conference», 15 de febrero de 2011, <presidency.ucsb.edu/documents/the-presidents-news-conference-1113>.

60. La frecuencia de uso se ha calculado mediante búsquedas en el archivo de documentos en línea del The American Presidency Project de la Universidad de California en Santa Bárbara, <presidency.ucsb.edu/advanced-search>. Sobre la inscripción en la alfombra, véanse Chris Hayes, «The Idea that the Moral Universe Inherently Bends toward Justice Is Inspiring. It's Also Wrong», <nbcnews.com/think/opinion/idea-moral-universe-inherently-bends-towards-justice-inspiring-it-s-ncna859661>, y Graham, «The Wrong Side of "the Right Side of History"».

61. Theodore Parker, *Ten Sermons of Religion*, Boston, Little, Brown and Company, 2.ª ed., 1855, pp. 84-85.

62. Google Books Ngram Viewer, <iframe name="ngram_chart" src ="https://books.google.com/ngrams/interactive_chart?content=right+side+of+history&year_st art=1980&year_end=2010&corpus=15&smoo thing=3&share=&direct_url=t1%3B%2Cright%20 side%20of%20his tory%3B%2Cc0" width=900 height=500 marginwidth=0 marginheight =0 hspace=0 vspace=0 frameborder=0 scrolling=no></iframe>.

63. Presidente William J. Clinton, «Media Roundtable Interview on NAFTA», 12 de noviembre de 1993, <presidency.ucsb.edu/documents/media-roundtable-interview-nafta>; Clinton, «Remarks to the People of Ger-

many in Berlín», 13 de mayo de 1998, <presidency.ucsb.edu/documents/remarks-the-people-germany-berlin>.

64. Presidente William J. Clinton, «Remarks at a Campaign Concert for Senator John F. Kerry in Boston», 28 de septiembre de 1996, <presidency.ucsb.edu/documents/remarks-campaign-concert-for-senator-john-f-kerry-boston>; presidente Barack Obama, «Remarks at a Democratic National Committee Reception in San Jose, California», 8 de mayo de 2014, <presidency.ucsb.edu/documents/remarks-democratic-national-committee-reception-san-jose-california>; Obama, «Remarks on Signing an Executive Order on Lesbian, Gay, Bisexual, and Transgender Employment Discrimination», 21 de julio de 2014, <presidency.ucsb.edu/documents/remarks-signing-executive-order-lesbian-gay-bisexual-and-transgender-employment>; William J. Clinton, «Address at the Democratic National Convention in Denver, Colorado», 27 de agosto de 2008, <presidency.ucsb.edu/documents/address-the-democratic-national-convention-denver-colorado>.

65. Presidente Barack Obama, «Remarks at a Reception Celebrating Lesbian, Gay, Bisexual, and Transgender Pride Month», 13 de junio de 2013, <presidency.ucsb.edu/documents/remarks-reception-celebrating-lesbian-gay-bisexual-and-transgender-pride-month>.

66. Presidente Barack Obama, «Remarks at an Obama Victory Fund 2012 Fundraiser in Beverly Hills, California», 6 de junio de 2012, <presidency.ucsb.edu/documents/remarks-obama-victory-fund-2012-fundraiser-beverly-hills-california>.

67. Eric Westervelt, «Greatness Is Not a Given: "America the Beautiful" Asks How We Can Do Better», National Public Radio, 4 de abril de 2019, <npr.org/2019/04/04/709531017/america-the-beautiful-american-anthem>.

68. Katharine Lee Bates, *America the Beautiful and Other Poems*, Nueva York, Thomas Y. Crowell Co., 1911, pp. 3-4.

69. Véase Mark Krikorian, «God Shed His Grace on Thee», *National Review*, 6 de julio de 2011.

70. Un vídeo de la interpretación de Ray Charles de «America the Beautiful» en la Serie Mundial de Béisbol de 2001 se puede encontrar en: <youtube.com/watch?v=HlHMQEegpFs>.

3. La retórica del ascenso

1. Evan Osnos, *Age of Ambition. Chasing Fortune, Truth, and Faith in the New China*, Nueva York, Farrar, Straus and Giroux, 2014, pp. 308-310 [hay trad. cast.: *China. La edad de la ambición*, Barcelona, Malpaso, 2017].

2. Durante su presidencia, Bill Clinton usó esta frase 21 veces. Un ejemplo: «Tenemos la gran responsabilidad de asegurarnos de que ningún niño o niña vea negada esa oportunidad por la simple casualidad de ser pobre, o de haber nacido en una zona que no ha gozado de muchas oportunidades económicas, o de ser miembro de una minoría racial, o de haber sido dejado atrás de cualquier otro modo, porque no nos podemos permitir perder a nadie. El mundo en que vivimos es muy competitivo y está impulsado por la energía de las personas, por lo que necesitamos a todas las que podamos». William J. Clinton, «Remarks in San Jose, California», 7 de agosto de 1996, The American Presidency Project, <presidency.ucsb.edu/node/223 422>.

3. Véanse Mounk, *The Age of Responsibility: Luck, Choice, and the Welfare State*, Cambridge (Massachusetts), Harvard University Press, 2017, y Jacob S. Hacker, *The Great Risk Shift*, Nueva York, Oxford University Press, 2006.

4. Ronald Reagan, «Address before a Joint Session of Congress on the State of the Union», 27 de enero de 1987, The American Presidency Project, <presidency.ucsb.edu/252758>.

5. En The American Presidency Project, <presidency.ucsb.edu/advanced-search>, se puede consultar el número de veces en que Coolidge, Hoover y F. D. Roosevelt usaron esa frase.

6. Como presidente, Reagan empleó la expresión «sin culpa alguna de su parte» en 26 ocasiones; Clinton la utilizó 72 veces y Obama, 56. Cálculos del autor a partir de búsquedas en el archivo de The American Presidency Project, <presidency.ucsb.edu/advanced-search>.

7. William J. Clinton, «Inaugural Address», 20 de enero de 1993, The American Presidency Project, <presidency.ucsb.edu/node/219347>.

8. William J. Clinton, «Address before a Joint Session of the Congress on the State of the Union», 24 de enero de 1995, The American Presidency Project, <presidency.ucsb.edu/node/221902>.

9. William J. Clinton, «Remarks on Arrival at McClellan Air Force Base, Sacramento, California», 7 de abril de 1995, The American Presidency Project, <presidency.ucsb.edu/node/220655>.

10. William J. Clinton, «Statement on Signing the Personal Responsibility and Work Opportunity Reconciliation Act of 1996», 22 de agosto de 1996, The American Presidency Project, <presidency.ucsb.edu/node/222686>.

11. Tony Blair, *New Britain. My Vision of a Young Country*, Londres, Fourth Estate, 1996, pp. 19 y 173. Véanse también las pp. 273 y 292.

12. Gerhard Shröder, 31 de diciembre de 2002, citado en Mounk, *The Age of Responsibility*, pp. 220-221, trad. al inglés del propio Mounk. Véanse también las pp. 1-6.

13. *Ibidem*, cita en la p. 30; véanse, en general, las pp. 28-37.

14. Ronald Reagan, «Remarks at a White House Briefing for Black Administration Appointees», 25 de junio de 1984, The American Presidency Project, <presidency.ucsb.edu/node/260916>; Ronald Reagan, «Radio Address to the Nation on Tax Reform», 25 de mayo de 1985, The American Presidency Project, <presidency.ucsb.edu/node/259932>.

15. William J. Clinton, «Remarks to the Democratic Leadership Council», 3 de diciembre de 1993, The American Presidency Project, <presidency.ucsb.edu/node/218963>; Obama usó alguna variante de esa expresión cincuenta veces a lo largo de su presidencia, mientras que Reagan lo hizo quince veces, Clinton catorce, George W. Bush tres, George H. W. Bush dos, Gerald Ford una y Richard Nixon en otra ocasión. La expresión apareció en tres comunicados escritos de Nixon y en dos de Lyndon Johnson, y no figura en ningún comunicado oral ni escrito de ningún presidente estadounidense anterior a Johnson. Frecuencias de uso calculadas por el autor a partir de búsquedas en el archivo de discursos presidenciales de The American Presidency Project, <presidency.ucsb.edu/advanced-search>.

16. Barack Obama, «Remarks at the White House College Opportunity Summit», 4 de diciembre de 2014, The American Presidency Project, <presidency.ucsb.edu/node/308043>.

17. Barack Obama, «Remarks at a Campaign Rally in Austin, Texas», 17 de julio de 2012, The American Presidency Project, <presidency.ucsb.edu/node/301979>.

18. Búsqueda con Google Ngram, <books.google.com/ngrams/graph?content=you+deserve&year_start=1970&year_end=2008&corpus=15&smoothing=3&share=&direct_url=t1%3B%2Cyou%20deserve%3B%2Cc0>. Según una búsqueda realizada en el archivo en línea de *The New York Times*, «you deserve» apareció catorce veces en 1981 y 69 en 2018. También se evidencia un incremento constante década tras década: de 111

coincidencias en los años setenta pasa a 175 en los ochenta, 228 en los noventa, 480 en la década de 2000 y 475 en la de 2010 (contabilizada hasta el 31 de julio de 2019).

19. John Lofflin, «What's New In Subliminal Messages: "I Deserve to Succeed. I Deserve to Reach My Goals. I Deserve to Be Rich"», *The New York Times*, 20 de marzo de 1988, <nytimes.com/1988/03/20/business/what-s-new-subliminal-messages-deserve-succeed-deserve-reach-my-goals-deserve-be.html?searchResultPosition=1>; David Tanis, «You Deserve More Succulent Chicken», *The New York Times*, 29 de marzo de 2019, <nytimes.com/2019/03/29/dining/chicken-paillard-recipe.html?searchResultPosition=1>.

20. Véase la explicación sobre Friedrich Hayek, John Rawls y el igualitarismo de la suerte en este mismo capítulo.

21. Reagan usó «you deserve» 31 veces, frente a las 27 ocasiones en que usaron dicha expresión los presidentes Kennedy, Johnson, Nixon, Ford y Carter juntos, según una búsqueda en el archivo digital de discursos presidenciales de The American Presidency Project, <presidency.ucsb.edu/advanced-search>.

22. Ronald Reagan, «Remarks and a Question-and-Answer Session with Members of the Commonwealth Club of California in San Francisco», 4 de marzo de 1983, The American Presidency Project, <presidency.ucsb.edu/node/262792>.

23. Reagan usó «you deserve» en 31 ocasiones, Clinton hizo lo propio en 68 y Obama, en 104, según una búsqueda en el archivo digital de discursos presidenciales de The American Presidency Project, <presidency.ucsb.edu/advanced-search>. William J. Clinton, «Remarks to the Community in San Bernardino, California», 20 de mayo de 1994, The American Presidency Project, <presidency.ucsb.edu/node/220148>; Barack Obama, «Remarks at the Costco Wholesale Corporation Warehouse in Lanham, Maryland», 29 de enero de 2014, The American Presidency Project, <presidency.ucsb.edu/node/305268>; Barack Obama, «Remarks at Cuyahoga Community College Western Campus in Parma, Ohio», 8 de septiembre de 2010, The American Presidency Project, <presidency.ucsb.edu/node/288117>.

24. Theresa May, «Britain, the Great Meritocracy: Prime Minister's Speech», 9 de septiembre de 2016, <gov.uk/government/speeches/britain-the-great-meritocracy-prime-ministers-speech>.

25. *Ibidem.*

26. Barack Obama, «Interview with Bill Simmons of ESPN», 1 de marzo de 2012, The American Presidency Project, <presidency.ucsb.edu/node/327087>.

27. Hillary Clinton, «Remarks at the Frontline Outreach Center in Orlando, Florida», 21 de septiembre de 2016, American Presidency Project, <presidency.ucsb.edu/node/319595>; «Remarks at Eastern Market in Detroit, Michigan», 4 de noviembre de 2016, American Presidency Project, <presidency.ucsb.edu/node/319839>; «Remarks at Ohio State University in Columbus, Ohio», 10 de octubre de 2016, American Presidency Project, <presidency.ucsb.edu/node/319580>.

28. Erin A. Cech, «Rugged Meritocratists: The Role of Overt Bias and the Meritocratic Ideology in Trump Supporters' Opposition to Social Justice Efforts», *Socius. Sociological Research for a Dynamic World*, vol. 3, n.º 1 (enero de 2017), pp. 1-20, <journals.sagepub.com/doi/full/10.1177/2378023117712395>.

29. *Ibidem*, pp. 7-12.

30. En Estados Unidos, el 1 por ciento más rico recibe un 20,2 por ciento de la renta nacional, mientras que la mitad más pobre recibe el 12,5 por ciento. En Estados Unidos también, el 10 por ciento más rico absorbe casi la mitad (un 47 por ciento) de la renta nacional, frente a un 37 por ciento en Europa occidental, un 41 por ciento en China, y un 55 por ciento en Brasil y la India. Piketty, Saez y Zucman, «Distributional National Accounts: Methods and Estimates for the United States», *Quarterly Journal of Economics*, vol. 133, n.º 2 (mayo de 2018), p. 575, disponible en <eml.berkeley.edu/~saez/PSZ2018QJE.pdf>; Alvaredo, Chancel, Piketty, Saez y Zucman, *World Inequality Report 2018*, pp. 3 y 83-84. Los datos de distribución de renta para Estados Unidos y otros países están disponibles también en línea en la World Inequality Database, <wid.world>.

31. En Estados Unidos, de la mayor parte del crecimiento económico registrado desde 1980 se ha beneficiado el 10 por ciento más rico de la población, cuya renta ha crecido desde entonces en un 121 por ciento; casi nada de dicho crecimiento ha recaído en la mitad más pobre de la población, cuya renta individual media (de unos 16.000 dólares anuales) en 2014 era más o menos la misma en términos reales que en 1980. Para los varones en edad de trabajar, la mediana de renta era «la misma en 2014 que en 1964, unos 35.000 dólares. La mediana de renta del trabajador varón no ha crecido en más de medio siglo». Piketty, Saez y Zucman, «Distributional National Accounts», *ibidem*, pp. 557, 578 y 592-593. Véase asimismo Piketty, *Capital in*

the Twenty-First Century, Cambridge (Massachusetts), Harvard University Press, 2014, p. 297 [hay trad. cast.: *El capital en el siglo XXI*, Ciudad de México, Fondo de Cultura Económica, 2014], donde Piketty explica que, entre 1977 y 2007, el 10 por ciento más rico absorbió tres cuartas partes del crecimiento económico total de Estados Unidos.

32. Los estadounidenses se muestran mayoritariamente de acuerdo (un 77 por ciento frente a un 20 por ciento) con que «la mayoría de las personas pueden triunfar si se esfuerzan». Los alemanes también, un 51 por ciento frente a un 48 por ciento. En Francia y Japón, son mayoría quienes se muestran más de acuerdo con el enunciado «a la mayoría de las personas trabajar mucho no les garantiza el éxito» (un 54 por ciento frente a un 46 por ciento en Francia, y un 59 por ciento frente a un 40 por ciento en Japón). Pew Global Attitudes Project, 12 de julio de 2012, <pewresearch.org/global/2012/07/12/chapter-4-the-casualties-faith-in-hard-work-and-capitalism>.

33. Un 73 por ciento de los estadounidenses dicen que trabajar mucho es «muy importante para progresar en la vida», frente a un 49 por ciento de los alemanes y un 25 por ciento de los encuestados franceses. Entre los encuestados de Corea del Sur y Japón, las cifras fueron del 34 y el 42 por ciento, respectivamente. Pew Research Center, «Spring 2014 Global Attitudes Survey», 7 de octubre de 2014, <pewresearch.org/global/2014/10/09/emerging-and-developing-economies-much-more-optimistic-than-rich-countries-about-the-future/inequality-05>.

34. A la pregunta de por qué son ricas algunas personas, un 43 por ciento respondieron que porque trabajan más y un 42 por ciento que porque cuentan con ventajas en la vida. A la pregunta de por qué son pobres algunas personas, un 52 por ciento lo atribuyeron a circunstancias ajenas a su control y un 31 por ciento mencionaron la falta de esfuerzo. Demócratas y republicanos difirieron en sus respuestas a esas preguntas. Amina Dunn, «Partisans Are Divided over the Fairness of the U.S. Economy—and Why People Are Rich or Poor», Pew Research Center, 4 de octubre de 2018, <pewresearch.org/fact-tank/2018/10/04/partisans-are-divided-over-the-fairness-of-the-u-s-economy-and-why-people-are-rich-or-poor>.

35. Preguntados por si «el éxito en la vida está muy determinado por fuerzas que escapan a nuestro control», un 74 por ciento de los surcoreanos, un 67 por ciento de los alemanes y un 66 por ciento de los italianos respondieron que sí, frente a solo un 40 por ciento de los estadounidenses. Pew Research Center, «Spring 2014 Global Attitudes Survey», 9 de octubre de

2014, <pewresearch.org/global/2014/10/09/emerging-and-develo ping-economies-much-more-optimistic-than-rich-countries-about-the-future>.

36. Raj Chetty, David Grusky, Maximilian Hell, Nathaniel Hendren, Robert Manduca y Jimmy Narang, «The Fading American Dream: Trends in Absolute Income Mobility since 1940», *Science*, vol. 356, n.º 6.336 (2017), pp. 398-406, disponible en <opportunityinsights.org/paper/the-fading-american-dream>. Si limitamos la comparación a los ingresos de los padres y los hijos (sin contar a las mujeres), la variación es aún más acusada: un 95 por ciento de los varones nacidos en 1940 ganaron más que sus padres, mientras que solo un 41 por ciento de los nacidos en 1984 superaron a sus padres en nivel de ingresos.

37. Según un estudio del Pew Charitable Trusts, el 4 por ciento de los estadounidenses nacidos en el quintil inferior ascienden hasta el quintil más alto como adultos, el 30 por ciento hasta el quintil medio o uno superior y el 43 por ciento permanecen irremediablemente en el quintil inferior. Pew Charitable Trusts, «Pursuing the American Dream: Economic Mobility Across Generations», julio de 2012, p. 6, gráfico 3, <pewtrusts.org/~/me dia/legacy/uploadedfiles/wwwpewtrustsorg/reports/economic_mobili ty/pursuingamericandreampdf.pdf>. Un estudio del economista de Harvard Raj Chetty y sus compañeros concluye que el 7,5 por ciento de los estadounidenses nacidos en el quintil inferior ascienden al quintil superior, el 38 por ciento hasta el medio o uno superior y el 34 por ciento permanecen irremediablemente en el quintil inferior. Raj Chetty, Nathaniel Hendren, Patrick Kline y Emmanuel Saez, «Where Is the Land of Opportunity? The Geography of Intergenerational Mobility in the United States», *Quarterly Journal of Economics*, vol. 129, n.º 4 (2014), pp. 1553–1623, <rajchetty. com/chettyfiles/mobility_geo.pdf> (los gráficos de mobilidad constan en la p. 16 y la tabla II). Según un estudio de Scott Winship del Archbridge Institue, solo un 3 por ciento de los niños nacidos en el quintil inferior logran ascender hasta el más alto, y solo un 26 por ciento hasta uno medio o superior; el 46 por ciento permanece irremediablemente en el más bajo. Scott Winship, «Economic Mobility in America», Archbridge Institute, marzo de 2017, p. 18, gráfico 3, <archbridgeinst.wpengine.com/wp-content/uploads/ 2017/04/Contemporary-levels-of-mobility-digital-version_Winship. pdf>.

38. Miles Corak, «Income Inequality, Equality of Opportunity, and Intergenerationa Mobility», *Journal of Economic Perspectives*, vol. 27, n.º 3 (verano

de 2013), pp. 79-102 (véase la fig. 1, p. 82), <pubs.aeaweb.org/doi/pdf plus/10.1257/jep.27.3.79>; Miles Corak, «Do Poor Children Become Poor Adults? Lessons from a Cross Country Comparison of Generational Earnings Mobility», IZA Discussion Paper n.° 1.993, marzo de 2006 (véase la tabla 1, p. 42), <ftp.iza.org/dp1993.pdf>; *A Broken Social Elevator? How to Promote Social Mobility*, París, OECD Publishing, 2018, <doi.org/10.1787/97892 64301085-en>. Este último estudio arroja resultados similares a los de Corak salvo en el caso de Alemania, que, según la OCDE, muestra menos movilidad social que Estados Unidos. Véanse comparativas de países en la fig. 4.8, p. 195.

39. Chetty *et al.*, «Where Is the Land of Opportunity?», p. 16. Véase también Julia B. Isaacs, Isabel Sawhill y Ron Haskins, *Getting Ahead or Losing Ground. Economic Mobility in America*, Economic Mobility Project. An Initiative of the Pew Charitable Trusts, 2008, <pewtrusts.org/-/media/legacy/uploadedfiles/wwwpewtrustsorg/reports/economic_mobility/economic mobilityinamericafullpdf.pdf>. Los datos de movilidad social de Estados Unidos y Dinamarca aparecen en la fig. 1, p. 40.

40. Javier C. Hernández y Quoctrung Bui, «The American Dream Is Alive. In China», *The New York Times*, 18 de noviembre de 2018, <nytimes.com/interactive/2018/11/18/world/asia/china-social-mobility.html>.

41. *Ibidem*.

42. *Ibidem*. Los datos del Banco Mundial que permiten comparar la movilidad intergeneracional de China y de Estados Unidos están tomados de Ambar Nayaran *et al.*, *Fair Progress? Economic Mobility across Generations around the World*, Washington D.C., Banco Mundial, 2018, pp. 107 (fig. 3.6), 140 (mapa 4.1) y 141 (fig. 4.2). El estudio del Banco Mundial está disponible en línea en <openknowledge.worldbank.org/handle/10986/28428>. Un estudio de la OCDE cita datos que muestran que la movilidad en China es algo inferior a la estadounidense. Véase *A Broken Social Elevator?*, fig. 4.8, p. 195, <doi.org/10.1787/9789264301085-en>.

43. *The Republic of Plato*, libro III, 414b-417b, trad. al inglés de Allan Bloom, Nueva York, Basic Books, 1968, pp. 93-96 [hay trad. cast.: *Diálogos IV. República*, Madrid, Gredos, 1986, pp. 196-200].

44. Alberto Alesina, Stefanie Stantcheva y Edoardo Teso, «Intergenerational Mobility and Preferences for Redistribution», *American Economic Review*, vol. 108, n.° 2 (febrero de 2018), pp. 521-554. Puede consultarse en línea en <pubs.aeaweb.org/doi/pdfplus/10.1257/aer.20162015>.

45. Summers, citado en Ron Suskind, *Confidence Men. Wall Street, Washington, and the Education of a President*, Nueva York, Harper, 2011, p. 197.

46. Presidente Barack Obama, «The President's Weekly Address», 18 de agosto de 2012, The American Presidency Project, <presidency.ucsb.edu/node/302249>.

47. *Ibidem.*

4. CREDENCIALISMO. EL ÚLTIMO DE LOS PREJUICIOS ACEPTABLES

1. Grace Ashford, «Michael Cohen Says Trump Told Him to Threaten Schools Not to Release Grades», *The New York Times*, 27 de febrero de 2019, <nytimes.com/2019/02/27/us/politics/trump-school-grades.html>; transcripción completa: «Michael Cohen's Opening Statement to Congress», *The New York Times*, 27 de febrero de 2019, <nytimes.com/2019/02/27/us/politics/cohen-documents-testimony.html?module=inline>.

2. Maggie Haberman, «Trump: How'd Obama Get into Ivies?», *Politico*, 25 de abril de 2011, <politico.com/story/2011/04/trump-howd-obama-get-into-ivies-053694>.

3. Nina Burleigh, «Trump Speaks at Fourth-Grade Level, Lowest of Last 15 Presidents, New Analysis Finds», *Newsweek*, 8 de enero de 2018, <newsweek.com/trump-fire-and-fury-smart-genius-obama-774169>; datos y metodología en <blog.factba.se/2018/01/08/>; Rebecca Morin, «"Idiot","Dope", "Moron": How Trump's Aides Have Insulted the Boss», *Politico*, 4 de septiembre de 2018, <politico.com/story/2018/09/04/trumps-insults-idiot-woodward-806455>; Valerie Strauss, «President Trump Is Smarter than You. Just Ask Him», *The Washington Post*, 9 de febrero de 2017, <washingtonpost.com/news/answer-sheet/wp/2017/02/09/president-trump-is-smarter-than-you-just-ask-him/>; Andrew Restuccia, «Trump Fixates on IQ as a Measure of Worth», *Politico*, 30 de mayo de 2019, <politico.com/story/2019/05/30/donald-trump-iq-intelligence-1347149>; David Smith, «Trump's Tactic to Attack Black People and Women: Insult Their Intelligence», *The Guardian*, 10 de agosto de 2018, <theguardian.com/us-news/2018/aug/10/trump-attacks-twitter-black-people-women>.

4. Strauss, «President Trump Is Smarter than You»; Donald J. Trump, «Remarks at the Central Intelligence Agency in Langley, Virginia», 21 de enero de 2017, The American Presidency Project, <presidency.ucsb.edu/node/323537>.

5. Trump, citado en Michael Kranish, «Trump Has Referred to His

Wharton Degree as "Super Genius Stuff"», *The Washington Post*, 8 de julio de 2019, <washingtonpost.com/politics/trump-who-often-boasts-of-his-wharton-degree-says-he-was-admitted-to-the-hardest-school-to-get-in-to-the-college-official-who-reviewed-his-application-recalls-it-different-ly/2019/07/08/0a4eb414-977a-11e9-830a-21b9b36b64ad_story.html>.

6. Strauss, «President Trump Is Smarter than You».

7. Donald J. Trump, «Remarks at a "Make America Great Again" Rally in Phoenix, Arizona», 22 de agosto de 2017, The American Presidency Project, <presidency.ucsb.edu/node/331393>.

8. Vídeo de los comentarios de Biden, en <youtube.com/watch?v=QWM6EuKxz5A>; comparación entre Trump y Biden, en Meghan Kruger, «Who's the Smartest of Them All? Trump and Biden Both Say "Me"», *The Washington Post*, 17 de julio de 2019, <washingtonpost.com/opinions/whos-the-smartest-of-them-all-trump-and-biden-both-say-me/2019/07/17/30221c46-a8cb-11e9-9214-246e594de5d5_story.html>.

9. James R. Dickenson, «Biden Academic Claims "Inaccurate"», *The Washington Post*, 22 de septiembre de 1987, <washingtonpost.com/archive/politics/1987/09/22/biden-academic-claims-inaccurate/932eaeed-9071-47a1-aeac-c94a51b668e1>.

10. «Kavanaugh Hearing: Transcript», *The Washington Post*, 27 de septiembre de 2018, <washingtonpost.com/news/national/wp/2018/09/27/kavanaugh-hearing-transcript>.

11. George H. W. Bush, «Address to the Nation on the National Education Strategy», 18 de abril de 1991, The American Presidency Project, <presidency.ucsb.edu/node/266128>; Blair, citado en Ewen Macaskill, «Blair's Promise: Everyone Can Be a Winner», *The Guardian*, 2 de octubre de 1996, <theguardian.com/education/1996/oct/02/schools.uk>.

12. William J. Clinton, «Remarks at a Democratic National Committee Dinner», 8 de mayo de 1996, The American Presidency Project, <presidency.ucsb.edu/node/222520>. Clinton utilizó alguna variante de la frase («lo que aprendas» o «lo que puedas aprender») 32 veces según una búsqueda en el archivo en línea de The American Presidency Project, <presidency.ucsb.edu/advanced-search>. La versión de John McCain invirtió los términos del pareado de Clinton: «En la economía global, según lo mucho que puedas aprender, así cobrarás». Véase, por ejemplo, McCain, «Address at Episcopal High School in Alexandria, Virginia», 1 de abril de 2008, The American Presidency Project, <presidency.ucsb.edu/node/277705>.

13. Barack Obama, «Remarks at Pathways in Technology Early Colle-

ge High School in New York City», 25 de octubre de 2013, The American Presidency Project, <presidency.ucsb.edu/node/305195>.

14. *Ibidem.*

15. *Ibidem.*

16. Christopher Hayes, *The Twilight of the Elites. America after Meritocracy*, Nueva York, Crown Publishers, 2012, p. 48.

17. *Ibidem.*

18. Thomas Frank, *Listen, Liberal—or What Ever Happened to the Party of the People?*, Nueva York, Metropolitan Books, 2016, pp. 34-35.

19. *Ibidem*, pp. 72-73. Véanse datos sobre la divergencia entre la productividad y los salarios desde 1979 en «Productivity-Pay Gap», Economic Policy Institute, julio de 2019, <epi.org/productivity-pay-gap>.

20. En 2018, un 35 por ciento de los estadounidenses de veinticinco o más años de edad habían estudiado carreras universitarias completas de, al menos, cuatro cursos, lo que representaba un incremento con respecto a 1999 (un 25 por ciento) y 1988 (un 20 por ciento). Oficina del Censo de Estados Unidos, «CPS Historical Time Series Tables», 2018, tabla A-2, <census.gov/data/tables/time-series/demo/educational-attainment/cps-historical-time-series.html>.

21. Jonathan Alter, *The Promise. President Obama, Year One*, Nueva York, Simon and Schuster, 2010, p. 64.

22. *Ibidem.*

23. Patrick J. Egan, «Ashton Carter and the Astoundingly Elite Educational Credentials of Obama's Cabinet Appointees», *The Washington Post*, 5 de diciembre de 2014, <washingtonpost.com/news/monkey-cage/wp/2014/12/05/ashton-carter-and-the-astoundingly-elite-educational-credentials-of-obamas-cabinet-appointees>. Citado en Frank, *Listen, Liberal*, p. 164.

24. David Halberstam, *The Best and the Brightest*, Nueva York, Random House, 1969.

25. Alter, *The Promise*, p. 63.

26. Frank, *Listen, Liberal*, p. 40.

27. *Ibidem*, pp. 165-166.

28. *Ibidem*, p. 166; Neil Barofsky, *Bailout. An Inside Account of How Washington Abandoned Main Street While Rescuing Wall Street*, Nueva York, Free Press, 2012.

29. Barofsky, *Bailout*, p. 139.

30. Búsqueda realizada por el autor en el archivo en línea de discursos

presidenciales de The American Presidency Project, <presidency.ucsb.edu/advanced-search>.

31. Frecuencia de palabras según búsqueda realizada en Google Ngram, <books.google.com/ngrams>. En *The New York Times*, la palabra *smart* apareció 620 veces en 1980 y 2.672 veces en 2000. Búsqueda de palabra por años en <nytimes.com/search?query=smart>.

32. William J. Clinton, «The President's Radio Address», 19 de agosto de 2000, The American Presidency Project, <presidency.ucsb.edu/node/218332>; «Remarks on Proposed Medicare Prescription Drug Benefit Legislation and an Exchange with Reporters», 14 de junio de 2000, The American Presidency Project, <presidency.ucsb.edu/node/226899>; «The President's Radio Address», 2 de septiembre de 2000, The American Presidency Project, <presidency.ucsb.edu/node/218133>.

33. Barack Obama, «Statement on International Women's Day», 8 de marzo de 2013, The American Presidency Project, <presidency.ucsb.edu/node/303937>; «Remarks to the United Nations General Assembly in New York City», 20 de septiembre de 2016, The American Presidency Project, <presidency.ucsb.edu/node/318949>; «Remarks on Immigration Reform», 24 de octubre de 2013, The American Presidency Project, <presidency.ucsb.edu/node/305189>; «Remarks at Forsyth Technical Community College in Winston-Salem, North Carolina», 6 de diciembre de 2010, The American Presidency Project, <presidency.ucsb.edu/node/288963>.

34. Hillary Clinton, citada en «Press Release—President Obama Announces Key State Department Appointments», 6 de marzo de 2009, The American Presidency Project, <presidency.ucsb.edu/node/322243>.

35. Transcripción del discurso pronunciado por Obama en 2002 en <npr.org/templates/story/story.php?storyId=99591469>.

36. Obama, citado en David Rothkopf, *Foreign Policy*, 4 de junio de 2014, <foreignpolicy.com/2014/06/04/obamas-dont-do-stupid-shit-foreign-policy>.

37. Barack Obama, «Remarks at Newport News Shipbuilding in Newport News, Virginia», 26 de febrero de 2013, The American Presidency Project, <presidency.ucsb.edu/node/303848>; «The President's News Conference», 1 de marzo de 2013, The American Presidency Project, <presidency.ucsb.edu/node/303955>.

38. Obama, «The President's News Conference», 1 de marzo de 2013.

39. Toon Kuppens, Russell Spears, Antony S. R. Manstead, Bram

Spruyt y Matthew J. Easterbrook, «Educationism and the Irony of Meritocracy: Negative Attitudes of Higher Educated People towards the Less Educated», *Journal of Experimental Social Psychology*, n.º 76 (mayo de 2018), pp. 429-447.

40. *Ibidem*, pp. 441-442.

41. *Ibidem*, pp. 437 y 444.

42. *Ibidem*, pp. 438-439 y 441-443.

43. *Ibidem*, p. 444.

44. *Ibidem*, pp. 441 y 445.

45. Jennifer E. Manning, «Membership of the 116th Congress: A Profile», Servicio de Estudios del Congreso de Estados Unidos, 7 de junio de 2019, p. 5, <crsreports.congress.gov/product/pdf/R/R45583>; A. W. Geiger, Kristen Bialik y John Gramlich, «The Changing Face of Congress in 6 Charts», Pew Research Center, 15 de febrero de 2019, <pewresearch.org/fact-tank/2019/02/15/the-changing-face-of-congress>.

46. Nicholas Carnes, *The Cash Ceiling. Why Only the Rich Run for Office—and What We Can Do about It*, Princeton, Princeton University Press, 2018, pp. 5-6.

47. Los datos sobre los parlamentarios británicos proceden de Rebecca Montacute y Tim Carr, «Parliamentary Privilege—The MPs in 2017», informe de investigación, The Sutton Trust, junio de 2017, pp. 1-3, <sut­tontrust.com/research-paper/parliamentary-privilege-the-mps-2017-education-background>. Véase también Lukas Audickas y Richard Cracknell, «Social Background of MPs 1979-2017», Biblioteca de la Cámara de los Comunes, 12 de noviembre de 2018, <researchbriefings.parliament.uk/ResearchBriefing/Summary/CBP-7483#fullreport>, donde se da una cifra algo más baja (un 82 por ciento) de parlamentarios con carrera universitaria. La cifra referida al conjunto de la población (un 70 por ciento sin estudios universitarios terminados) es de Bagehot, «People without Degrees are the Most Under-represented Group», *The Economist*, 12 de mayo de 2018.

48. *Ibidem*, pp. 11-12; Ashley Cowburn, «Long Read: How Political Parties Lost the Working Class», *New Statesman*, 2 de junio de 2017, <news tatesman.com/2017/06/long-read-how-political-parties-lost-working-class>; Oliver Heath, «Policy Alienation, Social Alienation and Working-Class Abstention in Britain, 1964-2010», *British Journal of Political Science*, vol. 48, n.º 4 (octubre de 2018), p. 1063, <doi.org/10.1017/S0007123416000272>.

49. Mark Bovens y Anchrit Wille, *Diploma Democracy. The Rise of Political Meritocracy*, Oxford, Oxford University Press, 2017, pp. 1-2 y 5.

50. *Ibidem*, pp. 112-116 y 120; Conor Dillon, «Tempting PhDs Lead Politicians into Plagiarism», DW, 13 de febrero de 2013, <p.dw.com/p/17dJu>.

51. Bovens y Wille, *Diploma Democracy*, pp. 113-116.

52. *Ibidem*.

53. Jackie Bischof, «The Best US Presidents, as Ranked by Presidential Historians», *Quartz*, 19 de febrero de 2017, <qz.com/914825/presidents-day-the-best-us-presidents-in-history-as-ranked-by-presidential-historians>; Brandon Rottinghaus y Justin S. Vaughn, «How Does Trump Stack Up Against the Best—and Worst—Presidents?», *The New York Times*, 19 de febrero de 2018, <nytimes.com/interactive/2018/02/19/opinion/how-does-trump-stack-up-against-the-best-and-worst-presidents.html>.

54. Véase Binyamin Appelbaum, *The Economists' Hour. False Prophets, Free Markets, and the Fracture of Society*, Nueva York, Little, Brown and Company, 2019, pp. 3-18.

55. Frank, *Listen, Liberal*, p. 39.

56. Las cifras sobre el porcentaje de la población general que estudia o ha estudiado en institutos de secundaria privados (un 7 por ciento) y en Oxford o en Cambridge (un 1 por ciento) están tomadas de *Elitist Britain 2019. The Educational Backgrounds of Britain's Leading People*, The Sutton Trust y Social Mobility Commission, 2019, p. 4, <suttontrust.com/wp-content/uploads/2019/06/Elitist-Britain-2019.pdf>; las cifras sobre el Gobierno de Boris Johnson y sobre el porcentaje de sus ministros que estudiaron en institutos privados proceden de Rebecca Montacute y Ruby Nightingale, Sutton Trust Cabinet Analysis 2019, <suttontrust.com/research-paper/sutton-trust-cabinet-analysis-2019>.

57. Sutton Trust Cabinet Analysis 2019; Adam Gopnik, «Never Mind Churchill, Clement Attlee Is a Model for These Times», *The New Yorker*, 2 de enero de 2018, <newyorker.com/news/daily-comment/never-mind-churchill-clement-attlee-is-a-model-for-these-times>.

58. Gopnik, «Never Mind Churchill, Clement Attlee Is a Model for These Times»; sobre los orígenes de clase obrera de Bevin y Morrison, véase Michael Young, «Down with Meritocracy», *The Guardian*, 28 de junio de 2001, <theguardian.com/politics/2001/jun/29/comment>. Sobre los orígenes de Bevan, véase «Aneurin Bevan (1897-1960)», BBC, <bbc.co.uk/history/historic_figures/bevan_aneurin.shtml>. Las valoraciones sobre el Gobierno Attlee están tomadas de «Clement Attlee (1883-1967)», BBC, <bbc.

co.uk/history/historic_figures/attlee_clement.shtml>, y de John Bew, *Clement Attlee. The Man Who Made Modern Britain*, Nueva York, Oxford University Press, 2017, citado en Gopnik.

59. Sobre el porcentaje de votantes blancos sin estudios universitarios que optaron por Trump, véanse los sondeos a pie de urna realizados para la CNN en 2016 en <cnn.com/election/2016/results/exit-polls>; el porcentaje de votantes con titulaciones de posgrado que apoyaron a H. Clinton procede de Thomas Piketty, «Brahmin Left vs Merchant Right: Rising Inequality & the Changing Structure of Political Conflict», WID.world Working Paper Series, marzo de 2018, <piketty.pse.ens.fr/files/Piketty2018.pdf>, fig. 3.3b; sobre la comparación entre el nivel educativo y el nivel de renta como factores, véase Nate Silver, «Education, Not Income, Predicted Who Would Vote for Trump», *FiveThirtyEight*, 22 de noviembre de 2106, <fivethirtyeight.com/features/education-not-income-predicted-who-would-vote-for-trump>.

60. Silver, «Education, Not Income, Predicted Who Would Vote for Trump». Trump, citado en Susan Page, «Trump Does the Impossible—Again», *USA Today*, 25 de febrero de 2016, <usatoday.com/story/news/politics/elections/2016/02/24/analysis-donald-trump-does-impossible-again/80843932>.

61. Piketty, «Brahmin Left vs Merchant Right».

62. *Ibidem*, figs. 1.2c y 1.2d.

63. *Ibidem*, p. 3; sondeos a pie de urna en 2018, CNN, <cnn.com/election/2018/exit-polls>.

64. Sondeos a pie de urna en 2018, <cnn.com/election/2018/exit-polls>; Aaron Zitner y Anthony DeBarros, «The New Divide in Politics: Education», *The Wall Street Journal*, 10 de noviembre de 2018, <wsj.com/articles/midterm-results-point-to-a-new-divide-in-politics-education-1541865601>.

65. Oliver Heath, «Policy Alienation, Social Alienation and Working-Class Abstention in Britain, 1964-2010», p. 1064, fig. 4; Oliver Heath, «Has the Rise of Middle Class Politicians Led to the Decline of Class Voting in Britain?», blogs de la LSE, 12 de febrero de 2015, <blogs.lse.ac.uk/politicsandpolicy/the-rise-of-middle-class-politicians-and-the-decline-of-class-voting-in-britain>.

66. «People without Degrees Are the Most Under-represented Group», *The Economist*, 12 de mayo de 2018, <economist.com/britain/2018/05/12/people-without-degrees-are-the-most-under-represented-group>; Matthew Goodwin y Oliver Heath, «Brexit Vote Explained:

Poverty, Low Skills and Lack of Opportunities», Joseph Rowntree Foundation, 31 de agosto de 2016, <jrf.org.uk/report/brexit-vote-explained-po verty-low-skills-and-lack-opportunities>.

67. Goodwin y Heath, «Brexit Vote Explained».

68. Piketty, «Brahmin Left vs Merchant Right», p. 13, figs. 2.3a-2.3e.

69. *Ibidem*, pp. 2 y 61.

70. Jérôme Fourquet, «Qui sont les Français qui soutiennent Emmanuel Macron?», *Slate*, 7 de febrero de 2017, <slate.fr/story/136919/fran cais-marchent-macron>.

71. Pascal-Emmanuel Gobry, «The Failure of the French Elite», *The Wall Street Journal*, 22 de febrero de 2019. Véase también Christopher Caldwell, «The People's Emergency», *The New Republic*, 22 de abril de 2019, <newrepublic.com/article/153507/france-yellow-vests-uprising-emmanuel-macron-technocratic-insiders>.

72. Kim Parker, «The Growing Partisan Divide in Views of Higher Education», Pew Research Center, 19 de agosto de 2019, <pewsocialtrends. org/essay/the-growing-partisan-divide-in-views-of-higher-education>.

73. Obama, citado en Adam J. White, «Google.gov», *The New Atlantis*, primavera de 2018, p. 15, <thenewatlantis.com/publications/googlegov>. El vídeo de la charla de Obama en Google se puede ver en <youtube.com/ watch?v=m4yVlPqeZwo&feature=youtu.be&t=1h1m42s>.

74. *Ibidem*. Véase también Steven Levy, *In the Plex. How Google Thinks, Works, and Shapes Our Lives*, Nueva York, Simon & Schuster, 2011, p. 317.

75. Búsqueda del uso que hizo Obama de la expresión «curva de costes» realizada por el autor en el archivo en línea de The American Presidency Project, <presidency.ucsb.edu/advanced-search>.

76. Búsqueda del uso que hizo Obama del verbo «incentivar» realizada por el autor en el archivo en línea de The American Presidency Project, <presidency.ucsb.edu/advanced-search>.

77. Búsqueda del uso que hizo Obama del adjetivo «inteligente» realizada por el autor en el archivo en línea de The American Presidency Project, <presidency.ucsb.edu/advanced-search>.

78. Henry Mance, «Britain Has Had Enough of Experts, Says Gove», 3 de junio de 2016, *Financial Times*, <ft.com/content/3be49734-29cb-11e6-83e4-abc22d5d108c>.

79. Peter Baker «From Obama and Baker, a Lament for a Lost Consensus», *The New York Times*, 28 de noviembre de 2018, <nytimes. com/2018/11/28/us/politics/obama-baker-consensus.html>.

80. La citas están tomadas de una intervención de Obama en el Congreso de Analítica Deportiva de la Escuela Sloan de Negocios del MIT el 23 de febrero de 2018. Aunque la sesión no constó en las actas del congreso, sí se publicó una grabación de audio de los comentarios de Obama en el sitio web de *Reason*, una revista de signo libertario liberal, en <reason.com/2018/02/26/barack-obama-mit-sloan-sports>.

81. Obama, citado en Baker, «From Obama and Baker, a Lament for a Lost Consensus». La cita exacta está tomada del vídeo de C-Span, «President Obama at Rice University», 27 de noviembre de 2018, <c-span.org/video/?455056-1/president-obama-secretary-state-james-baker-discuss-bi partisanship>.

82. Hillary Clinton, «Address Accepting the Presidential Nomination at the Democratic National Convention in Philadelphia, Pennsylvania», 28 de julio de 2016, The American Presidency Project, <presidency.ucsb.edu/node/317862>; Barack Obama, «Remarks to the Illinois General Assembly in Springfield, Illinois», 10 de febrero de 2016, The American Presidency Project, <presidency.ucsb.edu/node/312502>; Katie M. Palmer, «Cool Catchphrase, Hillary, but Science Isn't about Belief», *Wired*, 29 de julio de 2016, <wired.com/2016/07/cool-catchphrase-hillary-science-isnt-belief>.

83. Obama citó a Moynihan en varias ocasiones, entre ellas en Barack Obama, *The Audacity of Hope. Thoughts on Reclaiming the American Dream*, Nueva York, Three Rivers Press, 2006; en su aparición de campaña en Google en 2007, citada en White, «Google.gov», p. 16, y en sus comentarios de 2018 en el MIT, donde añadió la valoración de que Moynihan era inteligente, <reason.com/2018/02/26/barack-obama-mit-sloan-sports>.

84. Frank Newport y Andrew Dugan, «College-Educated Republicans Most Skeptical of Global Warming», Gallup, 26 de marzo de 2015, <news.gallup.com/poll/182159/college-educated-republicans-skeptical-global-warming.aspx>. En 2018, un 69 por ciento de los republicanos y solo un 4 por ciento de los demócratas consideraban que, en general, el problema del calentamiento global estaba exagerado; por su parte, un 89 por ciento de los demócratas y solamente un 35 por ciento de los republicanos opinaban que el calentamiento global está causado por la actividad humana. Véase Megan Brenan y Lydia Saad, «Global Warming Concern Steady despite Some Partisan Shifts», Gallup, 28 de marzo de 2018, <news.gallup.com/poll/231530/global-warming-concern-steady-despite-partisan-shifts.aspx>.

85. *Ibidem.*

86. Caitlin Drummond y Baruch Fischhoff, «Individuals with Greater Sciencie Literacy and Education Have More Polarized Beliefs on Controversial Science Topics», *Proceedings of the National Academy of Sciences*, vol. 114, n.º 36 (5 de septiembre de 2017), pp. 9.587-9.592, <doi.org/10.1073/pnas.1704882114>.

87. Obama, citado en Rooby Soave, «5 Things Barack Obama Said in His Weirdly Off-the-Record MIT Speech», *Reason*, 27 de febrero de 2018, <reason.com/2018/02/26/barack-obama-mit-sloan-sports>, donde se incluye también una grabación de audio del discurso.

88. *Ibidem.*

89. «Encyclical Letter *Laudato Si'* of the Holy Father Francis, "On Care for Our Common Home"», 24 de mayo de 2015, párrafo 22, <w2.vatican.va/content/dam/francesco/pdf/encyclicals/documents/papa-francesco_20150524_enciclica-laudato-si_en.pdf> [trad. cast.: «Carta encíclica *Laudato Si'* del Santo Padre Francisco sobre el cuidado de la casa común», <vatican.va/content/francesco/es/encyclicals/documents/papa-francesco_20150524_enciclica-laudato-si.html>].

5. LA ÉTICA DEL ÉXITO

1. Estas desigualdades son las que se observan en Estados Unidos en la actualidad. Las cifras sobre la distribución de renta están tomadas de Thomas Piketty, Emmanuel Saez y Gabriel Zucman, «Distributional National Accounts: Methods and Estimates for the United States», *Quarterly Journal of Economics*, 133, 2, mayo de 2018, p. 575. La distribución de riqueza es más desigual todavía. La mayor parte de ella (el 77 por ciento) está concentrada en el 10 por ciento más rico de la población, mientras que la riqueza del 1 por ciento más rico supera con mucho a la que posee el 90 por ciento más pobre de la población. Véase Alvaredo *et al.*, eds., *World Inequality Report 2018*, p. 237. Un recurso digital valioso en ese sentido, la World Inequality Database, proporciona datos actualizados tanto sobre Estados Unidos como sobre otros países: <wid.world>.

2. Piketty, Saez y Zucman, «Distributional National Accounts», p. 575.

3. Michael Young, *The Rise of the Meritocracy*, Harmondsworth, Penguin, 1958 (trad. cast.: *El triunfo de la meritocracia, 1870-2034: Un ensayo sobre la educación y la igualdad*, Madrid, Tecnos, 1964).

4. *Ibidem*, p. 104.

5. *Ibidem*, pp. 104-105.

6. *Ibidem*, p. 105.

7. *Ibidem*, p. 106.

8. *Ibidem*.

9. *Ibidem*, pp. 106-107.

10. *Ibidem*, p. 107.

11. Amy Chozick, «Hillary Clinton Calls Many Trump Backers "Deplorables", and G.O.P. Pounces», *The New York Times*, 10 de septiembre de 2016, <nytimes.com/2016/09/11/us/politics/hillary-clinton-basket-of-deplorables.html>.

12. Young, *The Rise of the Meritocracy*, pp. 108-109.

13. Piketty, Saez y Zucman, «Distributional Nacional Accounts», p. 575.

14. La literatura especializada donde se constata la consolidación de los privilegios meritocráticos es muy extensa y continúa creciendo. Sirvan, a modo de ejemplo, Matthew Stewart, «The Birth of a New American Aristocracy», *The Atlantic*, junio de 2018, pp. 48-63; «An Hereditary Meritocracy», *The Economist*, 22 de enero de 2015; Richard V. Reeves, *Dream Hoarders*, Washington D. C., Brookings Institution Press, 2017; Robert D. Putnam, *Our Kids. The American Dream in Crisis*, Nueva York, Simon & Schuster, 2015; Samuel Bowles, Herbert Gintis y Melissa Osborne Groves, eds., *Unequal Chances. Family Background and Economic Success*, Princeton, Princeton University Press, 2005; Stephen J. McNamee y Robert K. Miller, Jr., *The Meritocracy Myth*, Lanham (Maryland), Rowman & Littlefield, 3.ª ed., 2014.

15. Aunque también es cierto que el público y las perspectivas económicas de los luchadores de pulso y los practicantes de otros deportes minoritarios parecen estar creciendo. Véase Paul Newberry, «Arm Wrestling Looks to Climb beyond Barroom Bragging Rights», Associated Press, 6 de septiembre de 2018, <apnews.com/842425dc6ed44c6886f9b3aedaac9141>; Kevin Draper, «The Era of Streaming Niche Sports Dawns», *The New York Times*, 17 de julio de 2018.

16. Justin Palmer, «Blake Trains Harder than Me, but Won't Take 200 Title: Bolt», Reuters, 12 de noviembre de 2011, <reuters.com/article/us-athletics-bolt/blake-works-harder-than-me-but-wont-take-200-title-bolt-idUSTRE7AB0DE20111112>; Allan Massie, «Can a Beast Ever Prevail against a Bolt?», *The Telegraph*, 6 de agosto de 2012, <telegraph.co.uk/sport/olympics/athletics/9455910/Can-a-Beast-ever-prevail-against-a-Bolt.html>.

17. Este párrafo se basa en mi libro *The Case against Perfection. Ethics in the Age of Genetic Engineering*, Harvard University Press, 2007, pp. 28-29 [hay trad. cast.: *Contra la perfección. La ética en la época de la ingeniería genética*, Barcelona, Marbot, 2007].

18. «Global Attitudes Project», Pew Research Center, 12 de julio de 2012, <pewglobal.org/2012/07/12/chapter-4-the-casualties-faith-in-hard-work-and-capitalism>.

19. Friedrich A. Hayek, *The Constitution of Liberty*, Chicago, University of Chicago Press, 1960, pp. 92-93 [hay trad. cast.: *Los fundamentos de la libertad*, Madrid, Unión Editorial, 2008].

20. *Ibidem*, pp. 85-102.

21. *Ibidem*, p. 93.

22. *Ibidem*, p. 94.

23. John Rawls, *A Theory of Justice*, Cambridge (Massachusetts), Harvard University Press, 1971 [hay trad. cast.: *Teoría de la justicia*, Ciudad de México, Fondo de Cultura Económica, 2.ª ed., 1995].

24. *Ibidem*, pp. 73-74.

25. *Ibidem*, p. 75.

26. Kurt Vonnegut, Jr., «Harrison Bergeron» (1961), en Vonnegut, *Welcome to the Monkey House*, Nueva York, Dell, 1998 [hay trad. cast.: «Harrison Bergeron», en *Ciencia ficción. Selección 27*, Barcelona, Bruguera, 1977]. Véase un análisis en Michael J. Sandel, *Justice. What's the Right Thing to Do?*, Nueva York, Farrar, Straus and Giroux, 2009, pp. 155-156 [hay trad. cast.: *Justicia. ¿Hacemos lo que debemos?*, Barcelona, Debate, 2011].

27. Rawls, *A Theory of Justice*, p. 102.

28. *Ibidem*, pp. 101-102.

29. *Ibidem*, p. 104.

30. Véase una exposición más elaborada de esta tesis en Michael J. Sandel, *Liberalism and the Limits of Justice*, Cambridge (Inglaterra), Cambridge University Press, 1982, pp. 96-103 y 147-154 [hay trad. cast.: *El liberalismo y los límites de la justicia*, Barcelona, Gedisa, 2000].

31. «Remarks by the President at a Campaign Event in Roanoke, Virginia», 13 de julio de 2012, <obamawhitehouse.archives.gov/the-press-office/2012/07/13/remarks-president-campaign-event-roanoke-virgi nia>.

32. *Ibidem*.

33. Véase otro ejemplo de este mismo enfoque en T. M. Scanlon, *Why Does Inequality Matter?*, Oxford, Oxford University Press, 2018, pp. 117-132.

34. Hayek, *The Constitution of Liberty*, pp. 94 y 97.

35. Rawls, *A Theory of Justice*, pp. 310-311; Hayek, *The Constitution of Liberty*, p. 94.

36. Véase un esclarecedor análisis de la distancia entre la filosofía liberal y la opinión popular común a propósito del papel del merecimiento en Samuel Scheffler, «Responsibility, Reactive Attitudes, and Liberalism in Philosophy and Politics», *Philosophy & Public Affairs*, vol. 21, n.º 4 (otoño de 1992), pp. 299-323.

37. Hayek, *The Constitution of Liberty*, p. 98.

38. C. A. R. Crosland, *The Future of Socialism*, Londres, Jonathan Cape, 1956, p. 235, citado en Hayek, *The Constitution of Liberty*, p. 440.

39. N. Gregory Mankiw, «Spreading the Wealth Around: Reflections Inspired by Joe the Plumber», *Eastern Economic Journal*, n.º 36 (2010), p. 295.

40. *Ibidem*.

41. Frank Hyneman Knight, *The Ethics of Competition*, New Brunswick, Transaction, 1997, p. 46 [hay trad. cast.: *La ética de la sociedad competitiva*, Madrid, Unión Editorial, 1976]. En ese libro se reproduce el artículo de Knight, «The Ethics of Competition», que apareció originalmente en *The Quarterly Journal of Economics*, n.º 37 (1923), pp. 579-624. Sobre Knight en general, véase la introducción de Richard Boyd a esa edición de la editorial Transaction.

42. Véase una valiosa descripción de la deuda intelectual de Rawls con Knight en Andrew Lister, «Markets, Desert, and Reciprocity», *Politics, Philosophy & Economics*, n.º 16 (2017), pp. 47-69.

43. Knight, *The Ethics of Competition*, pp. 48-49.

44. *Ibidem*, p. 34.

45. *Ibidem*, p. 38.

46. *Ibidem*, p. 41.

47. *Ibidem*, p. 47.

48. *Ibidem*, pp. 43-44.

49. Rawls, *A Theory of Justice*, pp. 310-315.

50. *Ibidem*, p. 311.

51. *Ibidem*, pp. 311-312.

52. *Ibidem*, pp. 312-313.

53. *Ibidem*, p. 313.

54. Esta explicación de las disparidades salariales es parecida en ciertos aspectos a las cartas que imaginé que una universidad podría enviar a los solicitantes de una plaza de estudiante que hubieran sido admitidos y a los que

no, explicándoles los motivos de su admisión/rechazo, en *Liberalism and the Limits of Justice*, pp. 141-142.

55. Scanlon parece reconocer la dificultad de desentrañar lo «justo» de lo «bueno» cuando de actitudes ante el éxito se trata. Véase Scanlon, *Why Does Inequality Matter?*, pp. 29 y 32-35.

56. Thomas Nagel, «The Policy of Preference», *Philosophy & Public Affairs*, vol. 2, n.º 4 (verano de 1973), reimpreso en Nagel, *Mortal Questions*, Cambridge (Inglaterra), Cambridge University Press, 1979, p. 104.

57. Rawls, *A Theory of Justice*, p. 102.

58. Richard Arneson, «Rawls, Responsibility, and Distributive Justice», en Marc Fleurbaey, Maurice Salles y John Weymark, eds., *Justice, Political Liberalism, and Utilitarianism. Themes from Harsanyi and Rawls*, Cambridge (Inglaterra), Cambridge University Press, 2008, p. 80.

59. El término «igualitarismo de la suerte» lo acuñó Elizabeth Anderson. Mi análisis de esta doctrina está en deuda con la contundente crítica a la que Anderson la ha sometido. Véase Elizabeth S. Anderson, «What Is the Point of Equality?», *Ethics*, vol. 109, n.º 2 (enero de 1999), pp. 287-337.

60. *Ibidem*, p. 311.

61. *Ibidem*, pp. 292 y 296-299. A propósito del caso del conductor sin seguro, Anderson cita a Eric Rakowski, *Equal Justice*, Nueva York, Oxford University Press, 1991.

62. Anderson, «What Is the Point of Equality?», pp. 302-311.

63. Véase Mounk, *The Age of Responsibility: Luck, Choice, and the Welfare State*, Cambridge (Massachusetts), Harvard University Press, 2017, pp. 14-21.

64. Anderson, «What Is the Point of Equality?».

65. *Ibidem*, pp. 308 y 311.

66. Ronald Dworkin, «What Is Equality? Part 2: Equality of Resources», *Philosophy & Public Affairs*, vol. 10, n.º 4 (otoño de 1981), p. 293.

67. *Ibidem*, pp. 297-298.

68. Según señala Samuel Scheffler, el énfasis del igualitario de la suerte en la distinción entre elección y circunstancias supone asumir tácitamente «que las personas sí que se merecen los resultados de sus elecciones. De ahí cabría deducir que el igualitarismo de la suerte está interesado en asignar al merecimiento un papel más fundamental que el que los proponentes de la teoría quieren admitir». Scheffler, «Justice and Desert in Liberal Theory», *California Law Review*, vol. 88, n.º 3 (mayo de 2000), p. 967, n.º 2.

69. G. A. Cohen, «On the Currency of Egalitarian Justice», *Ethics*, vol. 99, n.º 4 (julio de 1989), p. 933.

70. Nagel, «The Policy of Preference», p. 104.

71. Anderson, «What Is the Point of Equality?», p. 325.

72. Joseph Fishkin argumenta que «no existe el talento o el esfuerzo "natural", aquel en el que no intervengan las oportunidades que el mundo nos ha dado, entre las que se incluyen las circunstancias mismas de nuestro nacimiento». Él cuestiona la idea de que «los genes y el entorno actúen como fuerzas causales separadas, independientes», una idea que atribuye a «la ciencia informal de la genética popular». El desarrollo humano implica «una interacción entre la actividad genética, la persona y su entorno» que no puede desagregarse en unos componentes «naturales» y en otros «producidos socialmente», como la mayoría de las teorías de la igualdad de oportunidades presuponen que se puede hacer. Véase Joseph Fishkin, *Bottlenecks. A New Theory of Equal Opportunity*, Nueva York, Oxford University Press, 2014, pp. 83-99.

73. Blair, citado en David Kynaston, «The Road to Meritocracy Is Blocked by Private Schools», *The Guardian*, 22 de febrero de 2008.

74. Tony Blair, «I Want a Meritocracy, Not Survival of the Fittest», *Independent*, 9 de febrero de 2001, <independent.co.uk/voices/commenta tors/i-want-a-meritocracy-not-survival-of-the- fittest-5365602.html>.

75. Young, «Down with Meritocracy», *The Guardian*, 28 de junio de 2001.

76. *Ibidem*.

77. *Ibidem*.

6. LA MÁQUINA CLASIFICADORA

1. Jerome Karabel, *The Chosen. The Hidden History on Admission and Exclusion at Harvard, Yale, and Princeton*, Boston, Houghton Mifflin, 2005, pp. 21-23, 39-76 y 232-236.

2. Nicholas Lemann, *The Big Test. The Secret History of the American Meritocracy*, Nueva York, Farrar, Straus and Giroux, 1999, p. 7.

3. *Ibidem*, p. 8.

4. *Ibidem*, pp. 5-6.

5. *Ibidem*.

6. *Ibidem*, p. 28.

7. James Bryant Conant, «Education for a Classless Society: The Jeffersonian Tradition», *The Atlantic*, mayo de 1940, <theatlantic.com/past/docs/

issues/95sep/ets/edcla.htm>. La cita que Conant hizo de las palabras de Turner sobre la movilidad social está tomada de «Contributions of the West to American Democracy», *The Atlantic*, enero de 1903, reimpreso en Frederick Jackson Turner, *The Frontier in American History*, Nueva York, Henry Holt and Co., 1921, p. 266 [hay trad. cast.: *La frontera en la historia americana*, Madrid, Castilla, 1961].

8. A propósito de que Turner fuera el primero en usar el término «movilidad social», véase Christopher Lasch, *The Revolt of the Elites and the Betrayal of Democracy*, Nueva York, W. W. Norton, 1995, p. 73 [hay trad. cast.: *La rebelión de las élites y la traición a la democracia*, Barcelona, Paidós, 1996]. Véase también Lemann, *The Big Test*, p. 48. Charles W. Eliot, rector de Harvard de 1869 a 1909, usó el término «movilidad social» en su ensayo «The Function of Education in a Democratic Society», de 1897, según cita Karabel en *The Chosen*, p. 41.

9. Conant, «Education for a Classless Society».

10. *Ibidem*.

11. *Ibidem*.

12. *Ibidem*.

13. *Ibidem*. Conant cita a Jefferson, *Notes on the State of Virginia* (1784), ed. de William Peden, Chapel Hill, University of North Carolina Press, 1954, preguntas 14 y 19 [hay trad. cast.: «Notas sobre Virginia», en *Escritos políticos*, Madrid, Tecnos, 2014, pp. 161-256].

14. *Ibidem*.

15. Thomas Jefferson a John Adams (carta), 28 de octubre de 1813, en Lester J. Cappon, ed., *The Adams-Jefferson Letters. The Complete Correspondence between Thomas Jefferson and Abigail and John Adams*, Chapel Hill, University of North Carolina Press, 1959.

16. Jefferson, *Notes on the State of Virginia* (1784).

17. *Ibidem*.

18. Conant, citado en Lemann, *The Big Test*, p. 47. Lemann tomó la cita de un libro inédito que Conant escribió a comienzos de los años cuarenta (James Bryant Conant, *What We Are Fighting to Defend*), manuscrito inédito que figura en los documentos de James B. Conant, caja 30, en los Archivos de la Universidad de Harvard.

19. Karabel, *The Chosen*, p. 152; Lemann, *The Big Test*, p. 59.

20. Karabel, *The Chosen*, pp. 174 y 189.

21. *Ibidem*, p. 188.

22. *Ibidem*, pp. 172 y 193-197.

23. Véase Andrew H. Delbanco, «What's Happening in Our Colleges: Thoughts on the New Meritocracy», *Proceedings of the American Philosophical Society*, vol. 156, n.° 3 (septiembre de 2012), pp. 306-307.

24. Andre M. Perry, «Students Need More than an SAT Adversity Score, They Need a Boost in Wealth», *The Hechinger Report*, 17 de mayo de 2019, <brookings.edu/blog/the-avenue/2019/05/17/students-need-more-than-an-sat-adversity-score-they-need-a-boost-in-wealth>, fig. 1; Zachary A. Goldfarb, «These Four Charts Show How the SAT Favors Rich, Educated Families», *The Washington Post*, 5 de marzo de 2014, <washingtonpost.com/news/wonk/wp/2014/03/05/these-four-charts-show-how-the-sat-favors-the-rich-educated-families>. Los últimos datos sobre promedios de puntuación del SAT por renta familiar publicados por el College Board datan de 2016. Véase «College-Bound Seniors, Total Group Profile Report», 2016, <secure-media.collegeboard.org/digitalServices/pdf/sat/total-group-2016.pdf>, tabla 10.

25. Paul Tough, *The Years That Matter Most. How College Makes or Breaks Us*, Boston, Houghton Mifflin Harcourt, 2019, p. 171, donde cita un análisis de datos inédito del College Board de 2017 a cargo de James Murphy, un tutor, consultor del test y ensayista.

26. Daniel Markovits, *The Meritocracy Trap*, Nueva York, Penguin Press, 2019, p. 133, donde cita a Charles Murray, *Coming Apart*, Nueva York, Crown Forum, 2012, p. 60, quien explica que, de los estudiantes de último curso de secundaria que querían acceder a la universidad y realizaron el test del SAT en 2010, un 87 por ciento de los que obtuvieron una puntuación superior a 700 en las pruebas de matemáticas y comprensión lectora tenían al menos un padre o una madre con titulación universitaria, y un 56 por ciento tenían al menos un padre o una madre con titulación universitaria de posgrado. Murray comenta (en la p. 363) que estos porcentajes son cifras no publicadas que le facilitó el College Board. Utilizando datos de los años noventa (y desde 1988), Anthony P. Carnevale y Stephen J. Rose descubrieron que, de todos los estudiantes con una puntuación en el SAT superior a 1.300 (un 8 por ciento del total), el 66 por ciento provenían de familias de estatus socioeconómico elevado (el cuartil más alto en cuanto a nivel educativo y renta familiar) y solo el 3 por ciento eran de familias de estatus socioeconómico bajo (el cuartil inferior). Véase Carnevale y Rose, «Socioeconomic Status, Race/Ethnicity, and Selective College Admission», en Richard B. Kahlenberg, ed., *America's Untapped Resource. Low-Income Students in Higher Education*, Nueva York, Century Foundation, 2004, p. 130, tabla 3.14.

27. Douglas Belkin, «The Legitimate World of High-End College Admissions», *The Wall Street Journal*, 13 de marzo de 2019, <wsj.com/articles/the-legitimate-world-of-high-end-college-admissions-11552506381>; Dana Goldstein y Jack Healy, «Inside the Pricey, Totally Legal World of College Consultants», *The New York Times*, 13 de marzo de 2019, <nytimes.com/2019/03/13/us/admissions-cheating-scandal-consultants.html>; Ja mes Wellemeyer, «Wealthy Parents Spend up to $10,000 on SAT Prep for Their Kids», *MarketWatch*, 7 de julio de 2019, <marketwatch.com/story/some-wealthy-parents-are-dropping-up-to-10000-on-sat-test-prep-for-their-kids-2019-06-21>; Markovits, *The Meritocracy Trap*, pp. 128-129.

28. Tough, *The Years That Matter Most*, pp. 86-92.

29. *Ibidem*, pp. 172-182.

30. *Ibidem*.

31. En Princeton, por ejemplo, el 56 por ciento de quienes integran la promoción que se graduará en 2023 se autoidentifican como estudiantes de color. Véase Oficina de Comunicación de la Universidad de Princeton, «Princeton Is Pleased to Offer Admission to 1,895 Students for Class of 2023», 28 de marzo de 2019, <princeton.edu/news/2019/03/28/princeton-pleased-offer-admission-1895-students-class-2023>. En Harvard, la cifra para esa misma promoción es del 54 por ciento. Véase Oficina de Admisiones y Ayuda Económica del Harvard College, «Admissions Statistics», <college.harvard.edu/admissions/admissions-statistics>. Véase información sobre los porcentajes en otras universidades de la Ivy League en Amy Kaplan, «A Breakdown of Admission Rates across the Ivy League for the Class of 2023», *The Daily Pennsylvanian*, 1 de abril de 2019, <thedp.com/article/2019/04/ivy-league-admission-rates-penn-cornell-harvard-yale-columbia-dartmouth-brown-princeton>.

32. En un estudio sobre las 146 universidades más selectivas, se comprobó que el 74 por ciento del alumnado provenía del cuartil superior de la escala de estatus socioeconómico. Carnevale y Rose, «Socioeconomic Status, Race/Ethnicity, and Selective College Admissions», p. 106, tabla 3.1. En otro estudio similar, pero sobre las 91 universidades más competitivas (en cuanto al acceso de nuevo alumnado), se descubrió que el 72 por ciento de los estudiantes procedían del cuartil más alto. Jennifer Giancola y Richard D. Kahlenberg, «True Merit: Ensuring Our Brightest Students Have Access to Our Best Colleges and Universities», Fundación Jack Kent Cooke, enero de 2016, fig. 1, <jkcf.org/research/true-merit-ensuring-our-brightest-students-have-access-to-our-best-colleges-and-universities>.

33. Raj Chetty, John N. Friedman, Emmanuel Saez, Nicholas Turner y Danny Yagan, «Mobility Report Cards: The Role of Colleges in Intergenerational Mobility», NBER Working Paper n.º 23.618, julio de 2017, p. 1, <opportunityinsights.org/wp-content/uploads/2018/03/coll_mrc_paper.pdf>. Véase también «Some Colleges Have More Students from the Top 1 Percent Than the Bottom 60. Find Yours», *The New York Times*, 18 de enero de 2017, <nytimes.com/interactive/2017/01/18/upshot/some-colleges-have-more-students-from-the-top-1-percent-than-the-bottom-60.html>. En la edición digital de *The New York Times* hay un recurso interactivo basado en los datos del estudio de Chetty que muestra el perfil económico de cada uno de los dos mil centros universitarios estudiados. Para el de Yale, véase <nytimes.com/interactive/projects/college-mobility/yale-university>; para el de Princeton, véase <nytimes.com/interactive/projects/college-mobility/princeton-university>.

34. Chetty *et al.*, «Mobility Report Cards», p. 1. Los porcentajes de matriculados de cada nivel de renta en los diversos centros universitarios están presentados en <nytimes.com/interactive/2017/01/18/upshot/some-colleges-have-more-students-from-the-top-1-percent-than-the-bottom-60.html>.

35. Karabel, *The Chosen*, p. 547.

36. Chetty *et al.*, «Mobility Report Cards» y «Mobility Report Cards: Executive Summary», <opportunityinsights.org/wp-content/uploads/2018/03/coll_mrc_summary.pdf>.

37. *Ibidem*. Sobre las tasas de movilidad de Harvard y Princeton, véanse, respectivamente, <nytimes.com/interactive/projects/college-mobility/harvard-university> y <nytimes.com/interactive/projects/college-mobility/princeton-university>.

38. *Ibidem*. Sobre las tasas de movilidad de las universidades de Michigan y de Virginia, véanse, respectivamente, <nytimes.com/interactive/projects/college-mobility/university-of-michigan-ann-arbor> y <nytimes.com/interactive/projects/college-mobility/university-of-virginia>.

39. Chetty *et al.*, «Mobility Report Cards», tabla IV; Chetty *et al.*, «Mobility Report Cards: Executive Summary».

40. Chetty *et al.*, «Mobility Report Cards», tabla II.

41. El porcentaje de estudiantes que, en cada universidad, ascendieron al menos dos quintiles se puede consultar en el recurso interactivo de la edición digital de *The New York Times* que se basa en los datos de Chetty *et al.* Por ejemplo, en Harvard, un 11 por ciento del alumnado ascendió dos quin-

tiles; en Yale ese porcentaje fue del 10 por ciento, y en Princeton del 8,7 por ciento. Véase <nytimes.com/interactive/projects/college-mobility/harvard-university>; el «índice de movilidad general» de cada universidad muestra la probabilidad de ascender dos o más quintiles de renta.

42. Sobre el tema de la admisión de estudiantes por «tradición familiar» en general, véase William G. Bowen, Martin A. Kurzweil y Eugene M. Tobin, *Equity and Excellence in American Higher Education*, Charlottesville (Virginia), University of Virginia Press, 2005, pp. 103-108 y 167-171; Karabel, *The Chosen*, pp. 266-272, 283, 359-363, 506 y 550-551; Daniel Golden, *The Price of Admission*, Nueva York, Broadway Books, 2006, pp. 117-144. La estimación del «séxtuple de probabilidades» está recogida en Daniel Golden, «How Wealthy Families Manipulate Admissions at Elite Universities», *Town & Country*, 21 de noviembre de 2016, <townandcountrymag.com/society/money-and-power/news/a8718/daniel-golden-college-admission>. La cifra sobre los admitidos en Harvard por «tradición familiar» está tomada de datos presentados en una demanda judicial de 2018, y de los que se da cuenta en Peter Arcidiacono, Josh Kinsler y Tyler Ransom, «Legacy and Athlete Preferences at Harvard», 6 de diciembre de 2019, pp. 14 y 40, tabla 1, <public.econ.duke.edu/~psarcidi/legacyathlete.pdf>, y en Delano R. Franklin y Samuel W. Zwickel, «Legacy Admit Rate Five Times That of Non-Legacies, Court Docs Show», *The Harvard Crimson*, 20 de junio de 2018, <thecrimson.com/article/2018/6/20/admissions-docs-legacy>.

43. Daniel Golden, «Many Colleges Bend Rules to Admit Rich Applicants», *The Wall Street Journal*, 20 de febrero de 2003, <online.wsj.com/public/resources/documents/golden2.htm>; véase también Golden, *The Price of Admission*, pp. 51-82.

44. Según documentos aportados durante la demanda judicial de 2018 contra el uso de la discriminación positiva por parte de Harvard a la hora de admitir nuevos estudiantes, más del 10 por ciento de los alumnos y alumnas de la promoción que se graduó en 2019 fueron admitidos en su momento a partir de una lista de solicitantes que tenían vínculos con donantes de la universidad, una lista elaborada y actualizada por administradores de la propia Harvard. En los seis años transcurridos entre la promoción que se graduó en 2014 y la de 2019, el 9,34 por ciento de los estudiantes admitidos procedieron de esa lista. De todos los alumnos de dicha lista de candidatos con contactos, un 42 por ciento fueron admitidos, lo que es siete veces superior al porcentaje de aceptación de nuevos estudiantes en Harvard durante ese mismo periodo. Delano R. Franklin y Samuel W. Zwickel, «In Admis-

sions, Harvard Favors Those Who Fund It, Internal Emails Show», *The Harvard Crimson*, 18 de octubre de 2018, <thecrimson.com/article/2018/10/18/day-three-harvard-admissions-trial>. El índice total de admisión de nuevos estudiantes en Harvard durante ese periodo fue de en torno al 6 por ciento; véase Daphne C. Thompson, «Harvard Acceptance Rate Will Continue to Drop, Experts Say», *The Harvard Crimson*, 16 de abril de 2015, <thecrimson.com/article/2015/4/16/admissions-downward-trend-experts>.

45. Golden, *The Price of Admission*, pp. 147-176.

46. David Leonhardt, «The Admissions Scandal Is Really a Sports Scandal», *The New York Times*, 13 de marzo de 2019, <nytimes.com/2019/03/13/opinion/college-sports-bribery-admissions.html>; Katherine Hatfield, «Let's Lose the Directors' Cup: A Call to End Athletic Recruitment», *The Williams Record*, 20 de noviembre de 2019, <williamsrecord.com/2019/11/lets-lose-the-directors-cup-a-call-to-end-athletic-recruitment>.

47. Bowen, Kurzweil y Tobin, *Equity and Excellence in American Higher Education*, pp. 105-106, tabla 5.1.

48. Tough, *The Years That Matter Most*, pp. 172-182.

49. Daniel Golden, «Bill Would Make Colleges Report Legacies and Early Admissions», *The Wall Street Journal*, 29 de octubre de 2003, <online.wsj.com/public/resources/documents/golden9.htm>; Markovits, *The Meritocracy Trap*, pp. 276-277.

50. Véanse Lemann, *The Big Test*, p. 47, y el pasaje citado más arriba (nota 18) de un libro inédito que Conant escribió a comienzos de la década de 1940 (James Bryant Conant, *What We Are Fighting to Defend*), manuscrito que figura en los documentos de James B. Conant, caja 30, en los Archivos de la Universidad de Harvard.

51. John W. Gardner, *Excellence. Can We Be Equal and Excellent Too?*, Nueva York, Harper & Brothers, 1961, pp. 33 y 35-36 [hay trad. cast.: *Superación. ¿Podemos ser iguales y sobresalir al mismo tiempo?*, Cali (Colombia), Norma, 1966].

52. *Ibidem*, pp. 65-66.

53. *Ibidem*, pp. 71-72.

54. *Ibidem*, pp. 80-81.

55. *Ibidem*, p. 82.

56. Brewster, citado en Geoffrey Kabaservice, «The Birth of a New Institution», *Yale Alumni Magazine*, diciembre de 1999, <archives.yalealumnimagazine.com/issues/99_12/admissions.html>.

57. Caroline M. Hoxby, «The Changing Selectivity of American Colleges», *Journal of Economic Perspectives*, 23, 4, otoño de 2009, pp. 95-118.

58. *Ibidem*. Sobre las altas tasas de aceptación de solicitantes en la mayoría de las universidades, véase Drew Desilver, «A Majority of U.S. Colleges Admit Most Students Who Apply», Pew Reserach Center, 9 de abril de 2019, <pewresearch.org/fact-tank/2019/04/09/a-majority-of-u-s-colleges-admit-most-students-who-apply>; Alia Wong, «College-Admissions Hysteria Is Not the Norm», *The Atlantic*, 10 de abril de 2019, <theatlantic.com/education/archive/2019/04/harvard-uchicago-elite-colleges-are-anomaly/586627>.

59. La tasa de admisiones de Stanford en 1972 era del 32 por ciento. Véase Doyle McManus, «Report Shows Admission Preference», *Stanford Daily*, 23 de octubre de 1973, <archives.stanforddailyarchive.com/1973/10/23?page=1&section=MODSMDARTICLE4#article>; Camryn Pak, «Stanford Admit Rate Falls to Record-Low 4.34% for Class of 2023», *Stanford Daily*, 18 de diciembre de 2019, <stanforddaily.com/2019/12/17/stanford-admit-rate-falls-to-record-low-4-34-for-class-of-2023>; la tasa de aceptación de Johns Hopkins para el año 1988 está tomada de Jeffrey J. Selingo, «The Science behind Selective Colleges», *The Washington Post*, 13 de octubre de 2017, <washingtonpost.com/news/grade-point/wp/2017/10/13/the-science-behind-selective-colleges>; Meagan Peoples, «University Admits 2,309 Students for the Class of 2023», *Johns Hopkins News-Letter*, 16 de marzo de 2019, <jhunewsletter.com/article/2019/03/university-admits-2309-students-for-the-class-of-2023>; la tasa de aceptación de la Universidad de Chicago para 1993 está tomada de Dennis Rodkin, «College Comeback: The University of Chicago Finds Its Groove», *Chicago Magazine*, 16 de marzo de 2001, <chicagomag.com/Chicago-Magazine/March-2011/College-Comeback-The-University-of-Chicago-Finds-Its-Groove>; Justin Smith, «Acceptance Rate Drops to Record Low 5.9 Percent for Class of 2023», *The Chicago Maroon*, 1 de abril de 2019, <chicagomaroon.com/article/2019/4/1/uchicago-acceptance-rate-drops-record-low>.

60. Drew Desilver, «A Majority of U.S. Colleges Admit Most Students Who Apply», Pew Research Center.

61. Hoxby, «The Changing Selectivity of American Colleges».

62. Tough, *The Years That Matter Most*, pp. 138-142, basándose en Lauren A. Rivera, *Pedigree. How Elite Students Get Elite Jobs*, Princeton, Princeton University Press, 2015.

63. Dana Goldstein y Jugal K. Patel, «Extra Time on Tests? It Helps to Have Cash», *The New York Times*, 30 de julio de 2019, <nytimes.com/2019/07/30/us/extra-time-504-sat-act.html>; Jenny Anderson, «For a Standout College Essay, Applicants Fill Their Summers», *The New York Times*, 5 de agosto de 2011, <nytimes.com/2011/08/06/nyregion/planning-summer-breaks-with-eye-on-college-essays.html>. Como ejemplo de proveedor destacado de experiencias estivales dirigidas a convertirse en material de las redacciones que se adjuntan con las solicitudes de acceso, véase <everythingsummer.com/pre-college-and-beyond>.

64. Definición de «*parent*, v.», OED Online, Oxford University Press, diciembre de 2019, <www.oed.com/view/Entry/137819>, consultada el 24 de enero de 2020; Claire Cain Miller, «The Relentlessness of Modern Parenting», *The New York Times*, 25 de diciembre de 2018, <nytimes.com/2018/12/25/upshot/the-relentlessness-of-modern-parenting.html>.

65. Matthias Doepke y Fabrizio Zilibotti, *Love, Money & Parenting. How Economics Explains the Way We Raise Our Kids*, Princeton, Princeton University Press, 2019, p. 57.

66. Nancy Gibbs, «Can These Parents Be Saved?», *Time*, 10 de noviembre de 2009.

67. Doepke y Zilibotti, *Love, Money & Parenting*, pp. 51, 54-58 y 67-104.

68. Madeline Levine, *The Price of Privilege. How Parental Pressure and Material Advantage Are Creating a Generation of Disconnected and Unhappy Kids*, Nueva York, HarperCollins, 2006, pp. 5-7 [hay trad. cast.: *El precio del privilegio. Cómo la presión de los padres y las ventajas materiales están creando una generación de jóvenes desvinculados e infelices*, Ciudad de México, Porrúa, 2008].

69. *Ibidem*, pp. 16-17.

70. *Ibidem*, citando una investigación de Suniya S. Luthar.

71. Suniya S. Luthar, Samuel H. Barkin y Elizabeth J. Crossman, «"I Can, Therefore I Must": Fragility in the Upper Middle Classes», *Development & Psychopathology*, n.º 25 (noviembre de 2013), pp. 1.529-1.549, <ncbi.nlm.nih.gov/pubmed/24342854>.

72. *Ibidem*. Véase también Levine, *The Price of Privilege*, pp. 21 y 28-29.

73. Laura Krantz, «1-in-5 College Students Say They Thought of Suicide», *The Boston Globe*, 7 de septiembre de 2018, donde se informaba de los resultados del estudio publicado por Cindy H. Liu, Courtney Stevens, Sylvia H. M. Wong, Miwa Yasui y Justin A. Chen, «The Prevalence and Predictors of Mental Health Diagnoses and Suicide among U.S. College Students: Implications for Addressing Disparities in Service Use», *Depression & Anxiety*,

vol. 36, n.° 1 (6 de septiembre de 2018), pp. 8-17 <doi.org/10.1002/da.22830>.

74. Sally C. Curtin y Melonie Heron, «Death Rates Due to Suicide and Homicide among Persons Aged 10-24: United States, 2000-2017», NCHS Data Brief n.° 352, octubre de 2019, <cdc.gov/nchs/data/databriefs/db352-h.pdf>.

75. Thomas Curran y Andrew P. Hill, «Perfectionism Is Increasing over Time: A Meta-Analysis of Birth Cohort Differences from 1989 to 2016», *Psychological Bulletin*, n.° 145 (2019), pp. 410-429, <apa.org/pubs/journals/releases/bul-bul0000138.pdf>; Thomas Curran y Andrew P. Hill, «How Perfectionism Became a Hidden Epidemic among Young People», *The Conversation*, 3 de enero de 2018, <theconversation.com/how-perfectionism-became-a-hidden-epidemic-among-young-people-89405>; Sophie McBain, «The New Cult of Perfectionism», *New Statesman*, 4-10 de mayo de 2018.

76. Curran y Hill, «Perfectionism Is Increasing over Time», p. 413.

77. <college.harvard.edu/admissions/apply/first-year-applicants/considering-gap-year>.

78. Lucy Wang, «Comping Harvard», *The Harvard Crimson*, 2 de noviembre de 2017, <thecrimson.com/article/2017/11/2/comping-harvard/>; Jenna M. Wong, «Acing Rejection 10a», *The Harvard Crimson*, 17 de octubre de 2017, <thecrimson.com/article/2017/10/17/wong-acing-rejection-10a>.

79. Wang, «Comping Harvard».

80. Richard Pérez-Peña, «Students Disciplined in Harvard Scandal», *The New York Times*, 1 de febrero de 2013, <nytimes.com/2013/02/02/education/harvard-forced-dozens-to-leave-in-cheating-scandal.html>; Rebecca D. Robbins, «Harvard Investigates "Unprecedented" Academic Dishonesty Case», *The Harvard Crimson*, 30 de agosto de 2012, <thecrimson.com/article/2012/8/30/academic-dishonesty-ad-board>.

81. Hannah Natanson, «More than 60 Fall CS50 Enrollees Faced Academic Dishonesty Charges», *The Harvard Crimson*, 3 de mayo de 2017, <thecrimson.com/article/2017/5/3/cs50-cheating-cases-2017>.

82. Johns Hopkins eliminó el trato preferencial hacia los candidatos con «tradición familiar» en 2014. Véase Ronald J. Daniels, «Why We Ended Legacy Admissions at Johns Hopkins», *The Atlantic*, 18 de enero de 2020, <theatlantic.com/ideas/archive/2020/01/why-we-ended-legacy-admissions-johns-hopkins/605131>.

83. Calculado a partir de datos expuestos en Desilver, «A Majority of U.S. Colleges Admit Most Students Who Apply».

84. Katharine T. Kinkead, *How an Ivy League College Decides on Admissions*, Nueva York, W. W. Norton, 1961, p. 69.

85. Son varias las personas que, en las últimas décadas, han propuesto sorteos para la admisión de alumnado universitario nuevo. Una de las primeras fue Robert Paul Wolff, quien en 1964 propuso que los estudiantes graduados de secundaria fueran asignados aleatoriamente a las diferentes universidades. Wolff, «The College as Rat-Race: Admissions and Anxieties», *Dissent*, invierno de 1964; Barry Schwartz, «Top Colleges Should Select Randomly from a Pool of "Good Enough"», *The Chronicle of Higher Education*, 25 de febrero de 2005; Peter Stone, «Access to Higher Education by the Luck of the Draw», *Comparative Education Review*, vol. 57, n.º 3 (agosto de 2013), pp. 577-599; Lani Guinier, «Admissions Rituals as Political Acts: Guardians at the Gates of Our Democratic Ideals», *Harvard Law Review*, vol. 117, n.º 1 (noviembre de 2003), pp. 218-219; estoy en deuda con el análisis de la selección aleatoria que hace Charles Petersen en «Meritocracy in America, 1930-2000», tesis doctoral, Universidad de Harvard, 2020.

86. Debo mucho de esta idea del mérito como cualificación umbral a una conversación que mantuve con Daniel Markovits y los alumnos y alumnas de mi seminario «Meritocracy and Its Critics», del programa de estudios de grado de mi universidad.

87. Andrew Simon, «These Are the Best Late-Round Picks in Draft History», *MLB News*, 8 de junio de 2016, <mlb.com/news/best-late-round-picks-in-draft-history-c182980276>.

88. *Draft* de la Liga Nacional de Fútbol Americano (NFL), 2000, <nfl.com/draft/history/fulldraft?season=2000>.

89. En Petersen, «Meritocracy in America, 1930-2000», se incluye una descripción (basada en una investigación archivística) de esta propuesta de experimento en Stanford.

90. Sarah Waldeck, «A New Tax on Big College and University Endowments Is Sending Higher Education a Message», *The Conversation*, 27 de agosto de 2019, <theconversation.com/a-new-tax-on-big-college-and-university-endowments-is-sending-higher-education-a-message-120063>.

91. Como ya se ha comentado más arriba, Daniel Markovits propone condicionar la exención fiscal de las rentas derivadas de la dotación financiera de las universidades privadas a que aumenten la diversidad de sus

alumnados en lo tocante a la clase social, a ser posible incrementando el número de plazas disponibles. Véase Markovits, *The Meritocracy Trap*, pp. 277-278.

92. Michael Mitchell, Michael Leachman y Matt Saenz, «State Higher Education Funding Cuts Have Pushed Costs to Students, Worsened Inequality», Center on Budget and Policy Priorities, 24 de octubre de 2019, <cbpp.org/research/state-budget-and-tax/state-higher-education-funding-cuts-have-pushed-costs-to-students>.

93. Jillian Berman, «State Colleges Receive the Same Amount of Funding from Tuition as from State Governments», *MarketWatch*, 25 de marzo de 2017, donde se cita un análisis de Peter Hinrichs, un economista del Banco de la Reserva Federal de Cleveland, <marketwatch.com/story/state-colleges-receive-the-same-amount-of-funding-from-tuition-as-from-state-governments-2017-03-24>.

94. Véase Andrew Delbanco, *College. What It Was, Is, and Should Be*, Princeton, Princeton University Press, 2012, p. 114.

95. «Budget in Brief, Budget Report 2018-2019», Universidad de Wisconsin-Madison, p. 3, <budget.wisc.edu/content/uploads/Budget-in-Brief-2018–19-Revised_web_V2.pdf>.

96. «The State of the University: Q&A with President Teresa Sullivan», *Virginia*, verano de 2011, <uvamagazine.org/articles/the_state_of_the_university>.

97. «UT Tuition: Sources of Revenue», <tuition.utexas.edu/learn-more/sources-of-revenue>. Las cifras no incluyen la renta derivada de una dotación financiera que genera ingresos procedentes del petróleo y el gas. El peso de las matrículas y las tasas en el total de los ingresos de la universidad pasó del 5 por ciento en 1984-1985 al 22 por ciento en 2018-2019.

98. Nigel Chiwaya, «The Five Charts Show How Bad the Student Loan Debt Situation Is», NBC News, 24 de abril de 2019, <nbcnews.com/news/us-news/student-loan-statistics-2019-n997836>; Zack Friedman, «Student Loan Debt Statistics in 2020: A Record $1.6 Trillion», *Forbes*, 3 de febrero de 2020, <forbes.com/sites/zackfriedman/2020/02/03/student-loan-debt-statistics/#d164e05281fe>.

99. Isabel Sawhill, *The Forgotten Americans. An Economic Agenda for a Divided Nation*, New Haven (Connecticut), Yale University Press, 2018, p. 114.

100. *Ibidem.*

101. *Ibidem*, pp. 111-113. Datos de países de la OCDE.

102. *Ibidem*, p. 113.

103. Aunque esta es una observación muy personal, fruto de mis propias impresiones, no he sido ni mucho menos el primero en hacerla. Véanse, por ejemplo, Delbanco, *College. What It Was, Is, and Should Be*; Anthony T. Kronman, *Education's End. Why Our Colleges and Universities Have Given Up on the Meaning of Life*, New Haven (Connecticut), Yale University Press, 2008; William Deresiewicz, *Excellent Sheep. The Miseducation of the American Elite and the Way to a Meaningful Life*, Nueva York, Free Press, 2014.

104. Michael J. Sandel, *Democracy's Discontent. America in Search of a Public Philosophy*, Cambridge (Massachusetts), The Belknap Press of Harvard University Press, 1996, pp. 168-200.

105. Lasch, *The Revolt of the Elites*, pp. 59-60 [trad. cast.: *La rebelión de las élites*, pp. 58-59].

106. *Ibidem*, pp. 55-79.

7. RECONOCER EL TRABAJO

1. Anne Case y Angus Deaton, *Deaths of Despair and the Future of Capitalism*, Princeton, Princeton University Press, 2020, p. 51. Véanse también Sawhill, *The Forgotten Americans*, p. 60; Oren Cass, *The Once and Future Worker: A Vision for the Renewal of Work in America*, Nueva York, Encounter Books, 2018, pp. 103-104.

2. Case y Deaton, *Deaths of Despair and the Future of Capitalism*, p. 161; Sawhill, *The Forgotten Americans*, p. 86.

3. Sawhill, *The Forgotten Americans*, pp. 140-141; Case y Deaton, *Deaths of Despair and the Future of Capitalism*, p. 152.

4. Sawhill, *The Forgotten Americans*, p. 141.

5. Case y Deaton, *Deaths of Despair and the Future of Capitalism*, p. 7; Sawhill, *The Forgotten Americans*, p. 19.

6. Sawhill, *The Forgotten Americans*, p. 18; Case y Deaton, *Deaths of Despair and the Future of Capitalism*, p. 51. Véase también Nicholas Eberstadt, *Men Without Work. America's Invisible Crisis*, West Conshohocken (Pennsylvania), Templeton Press, 2016.

7. Case y Deaton, *Deaths of Despair and the Future of Capitalism*, pp. 2 y 37-46; Associated Press, «For 1st Time in 4 Years, U.S. Life Expectancy Rises—a Little», *The New York Times*, 30 de enero de 2020, <nytimes.com/aponline/2020/01/30/health/ap-us-med-us-life-expectancy-1st-ld-writ

ethru.html>; Nicholas D. Kristof y Sheryl WuDunn, *Tightrope. Americans Reaching for Hope*, Nueva York, Alfred A. Knopf, 2020.

8. Case y Deaton, *Deaths of Despair and the Future of Capitalism*.

9. *Ibidem*, pp. 40 y 45.

10. *Ibidem*, p. 143.

11. En 2016, 64.000 estadounidenses fallecieron por sobredosis, según el Centro Nacional de Estadística de la Salud, de los Centros de Control y Prevención de Enfermedades, <cdc.gov/nchs/nvss/vsrr/drug-overdose-data.htm>. Por su parte, 58.220 estadounidenses perdieron la vida en la guerra de Vietnam; véase «Vietnam War U.S. Military Fatal Casualty Statistics, National Archives», <archives.gov/research/military/vietnam-war/casualty-statistics>.

12. Nicholas Kristof, «The Hidden Depression Trump Isn't Helping», *The New York Times*, 8 de febrero de 2020, <nytimes.com/2020/02/08/opinion/sunday/trump-economy.html>. Véase también Kristof y WuDunn, *Tightrope*, p. 10.

13. Case y Deaton, *Deaths of Despair and the Future of Capitalism*, p. 3.

14. *Ibidem*, p. 57.

15. *Ibidem*, pp. 57-58.

16. *Ibidem*, pp. 133 y 146.

17. *Ibidem*, p. 3.

18. Michael Young, «Down with Meritocracy», *The Guardian*, 28 de junio de 2001, <theguardian.com/politics/2001/jun/29/comment>.

19. John W. Gardner, *Excellence: Can We Be Equal and Excellent Too?*, p. 66.

20. Jeff Guo, «Death Predicts whether People Vote for Donald Trump», *The Washington Post*, 4 de marzo de 2016, <washingtonpost.com/news/wonk/wp/2016/03/04/death-predicts-whether-people-vote-for-donald-trump>.

21. Richard Butsch, «Ralph, Fred, Archie and Homer: Why Television Keeps Re-creating the White Male Working Class Buffoon», en Gail Dines y Jean Humez, eds., *Gender, Race and Class in Media. A Text-Reader*, Sage, 2.ª ed., 2003, pp. 575-585; Jessica Troilo, «Stay Tuned: Portrayals of Fatherhood to Come», *Psychology of Popular Media Culture*, vol. 6, n.º 1 (2017), pp. 82-94; Erica Scharrer, «From Wise to Foolish: The Portrayal of the Sitcom Father, 1950s-1990s», *Journal of Broadcasting & Electronic Media*, vol. 45, n.º 1 (2001), pp. 23-40.

22. Joan C. Williams, *White Working Class. Overcoming Class Cluelessness in America*, Boston, Harvard Business Review Press, 2017.

23. Joan C. Williams, «The Dumb Politics of Elite Condescension», *The New York Times*, 27 de mayo de 2017, <nytimes.com/2017/05/27/opinion/sunday/the-dumb-politics-of-elite-condescension.html>.

24. Joan C. Williams, «What So Many People Don't Get about the U.S. Working Class», *Harvard Business Review*, 10 de noviembre de 2016, <hbr.org/2016/11/what-so-many-people-dont-get-about-the-u-s-working-class>.

25. Barbara Ehrenreich, «Dead, White, and Blue», *TomDispatch.com*, 1 de diciembre de 2015, <tomdispatch.com/post/176075/tomgram:_barbara_ehrenreich,_america_to_working_class_whites:_drop_dead!>; la cita de W. E. B. Du Bois está tomada de su libro *Black Reconstruction in America* (1935).

26. *Ibidem.*

27. Katherine J. Cramer, *The Politics of Resentment. Rural Consciousness in Wisconsin and the Rise of Scott Walker*, Chicago, The University of Chicago Press, 2016.

28. Katherine J. Cramer, «For Years, I've Been Watching Anti-Elite Fury Build in Wisconsin. Then Came Trump», *Vox*, 16 de noviembre de 2016, <vox.com/the-big-idea/2016/11/16/13645116/rural-resentment-elites-trump>.

29. Arlie Russell Hochschild, *Strangers in Their Own Land. Anger and Mourning on the American Right*, Nueva York, The New Press, 2016, p. 135 [hay trad. cast.: *Extraños en su propia tierra. Réquiem por la derecha estadounidense*, Madrid, Capitán Swing, 2018].

30. *Ibidem*, p. 141.

31. *Ibidem*, pp. 136-140.

32. *Ibidem*, p. 144.

33. Búsqueda del uso de la expresión «dignidad del trabajo» realizada por el autor en el archivo en línea de The American Presidency Project, <presidency.ucsb.edu/advanced-search>.

34. Jenna Johnson, «The Trailer: Why Democrats Are Preaching about "the Dignity of Work"», *The Washington Post*, 21 de febrero de 2019, <washingtonpost.com/politics/paloma/the-trailer/2019/02/21/the-trailer-why-democrats-are-preaching-about-the-dignity-of-work/5c6ed0181b326b71858c6bff>; Sarah Jones, «Joe Biden Should Retire the Phrase "Dignity of Work"», *New York*, 1 de mayo de 2019, <nymag.com/intelligencer/2019/05/joe-biden-should-retire-the-phrase-dignity-of-work.html>; Marco Rubio, «America Needs to Restore the Dignity of Work», *The Atlantic*, 13 de diciembre de 2018, <theatlantic.com/ideas/archive/2018/12/

help-working-class-voters-us-must-value-work/578032>; Sherrod Brown, «When Work Loses Its Dignity», *The New York Times*, 17 de noviembre de 2016, <nytimes.com/2016/11/17/opinion/when-work-loses-its-dignity.html>; Arthur Delaney y Maxwell Strachan, «Sherrod Brown Wants to Reclaim "The Dignity of Work" from Republicans», *Huffington Post*, 27 de febrero de 2019, <dignityofwork.com/news/in-the-news/huffpost-sherrod-brown-wants-to-reclaim-the-dignity-of-work-from-republicans>; Tal Axelrod, «Brown, Rubio Trade Barbs over "Dignity of Work" as Brown Mulls Presidential Bid», *The Hill*, 22 de febrero de 2019, <thehill.com/ho menews/campaign/431152-brown-and-rubio-trade-barbs-over-dignity-of-work-as-brown-mulls>.

35. Palabras del secretario de Agricultura Sonny Perdue citadas en Johnson, «Why Democrats Are Preaching about "The Dignity of Work"»; Donald J. Trump, «Remarks on Tax Reform Legislation», 13 de diciembre de 2017, The American Presidency Project, <presidency.ucsb.edu/node/331762>; sobre el efecto distributivo de los recortes fiscales, véase Danielle Kurtzleben, «Charts: See How Much of GOP Tax Cuts Will Go to the Middle Class», National Public Radio, 19 de diciembre de 2017, <npr.org/2017/12/19/571754894/charts-see-how-much-of-gop-tax-cuts-will-go-to-the-middle-class>.

36. Robert F. Kennedy, comunicado de prensa, Los Ángeles, 19 de mayo de 1968, en Edwin O. Guthman y C. Richard Allen, eds., *RFK. Collected Speeches*, Nueva York, Viking, 1993, p. 385.

37. Véanse análisis y comentarios sobre la «justicia contributiva» en Paul Gomberg, «Why Distributive Justice Is Impossible but Contributive Justice Would Work», *Science & Society*, vol. 80, n.º 1 (enero de 2016), pp. 31-55; Andrew Sayer, «Contributive Justice and Meaningful Work», *Res Publica*, n.º 15 (2009), pp. 1-16; Cristian Timmermann, «Contributive Justice: An Exploration of a Wider Provision of Meaningful Work», *Social Justice Research*, vol. 31, n.º 1 (enero de 2018), pp. 85-111, y Conferencia Episcopal Católica de Estados Unidos, «Economic Justice for All: Pastoral Letter on Catholic Social Teaching and the U.S. Economy», 1986, p. 17, <usccb.org/upload/economic_justice_for_all.pdf>.

38. Véase una explicación más detallada del contraste entre las concepciones cívica y consumista de la política en Sandel, *Democracy's Discontent*, pp. 4-7, 124-167 y 201-249, y en Michael J. Sandel, *Justice: What's the Right Thing to Do?*, Nueva York, Farrar, Straus and Giroux, 2009, pp. 192-199 [trad. cast.: *Justicia: ¿Hacemos lo que debemos?*, Barcelona, Debate, 2011].

39. Adam Smith, *The Wealth of Nations*, libro IV, cap. 8, 1776, reimpreso en Nueva York, Modern Library, 1994, p. 715 [hay trad. cast.: *La riqueza de las naciones*, selección, Madrid, Alianza, 1994, p. 644].

40. John Maynard Keynes, *The General Theory of Employment, Interest, and Money*, 1936, reimpreso en Londres, Macmillan y St. Martin's Press, 1973, p. 104 [hay trad. cast.: *Teoría general de la ocupación, el interés y el dinero*, Ciudad de México, Fondo de Cultura Económica, 7.ª ed., 1965, p. 99].

41. Véase Sandel, *Democracy's Discontent*, pp. 124-200.

42. Describo este cambio en *ibidem*, pp. 250-315.

43. Martin Luther King, 18 de marzo de 1968, Memphis (Tennessee), <kinginstitute.stanford.edu/king-papers/publications/autobiography-martin-luther-king-jr-contents/chapter-31-poor-peoples>.

44. Juan Pablo II, *Laborem exercens*, 14 de septiembre de 1981, <vatican.va/content/john-paul-ii/en/encyclicals/documents/hf_jp-ii_enc_14091981_laborem-exercens.html>, secciones 9 y 10 [hay trad. cast.: «Carta encíclica *Laborem exercens* del Sumo Pontífice Juan Pablo II», <vati can.va/content/john-paul-ii/es/encyclicals/documents/hf_jp-ii_enc _14091981_laborem-exercens.html>].

45. Conferencia Episcopal Católica de Estados Unidos, «Economic Justice for All: Pastoral Letter on Catholic Social Teaching and the U.S. Economy», 1986, p. 17, <usccb.org/upload/economic_justice_for_all.pdf>.

46. Axel Honneth, «Recognition or Redistribution? Changing Perspectives on the Moral Order of Society», *Theory, Culture & Society*, vol. 18, n.º 2-3 (2001), pp. 43-55.

47. Axel Honneth, «Work and Recognition: A Redefinition», en Hans-Christoph Schmidt am Busch y Christopher F. Zurn, eds., *The Philosophy of Recognition. Historical and Contemporary Perspectives*, Lanham (Maryland), Lexington Books, 2010, pp. 229-233. Véanse los pasajes hegelianos relevantes en G. W. F. Hegel, *Elements of the Philosophy of Right*, ed. de Allen W. Wood, trad. al inglés de H. B. Nisbet, Cambridge, Cambridge University Press, 1991, párrafos 199-201, 207 y 235-256 (pp. 233-234, 238-239 y 261-274 en la edición de Wood) [hay trad. cast.: *Principios de la filosofía del derecho*, Barcelona, Edhasa, 1988]. Véanse también Nicholas H. Smith y Jean-Philippe Deranty, eds., *New Philosophies of Labour. Work and the Social Bond*, Leiden (Países Bajos), Brill, 2012, y Adam Adatto Sandel, «Putting Work in Its Place», *American Affairs*, vol. 1, n.º 1 (primavera de 2017), pp. 152-162, <americanaffairsjournal.org/2017/02/putting-work-place>. Mi interpretación de la concepción hegeliana del trabajo debe mucho a mis conversaciones con Adam Sandel.

48. Honneth, «Work and Recognition», pp. 234-236. Véase Émile Durkheim, *The Division of Labor in Society* (1902), ed. de Steven Lukes, trad. al inglés de W. D. Halls, Nueva York, Free Press, 2014 [hay trad. cast.: *La división del trabajo social*, Madrid, Akal, 1982].

49. Robert F. Kennedy, comunicado de prensa, Los Ángeles, 19 de mayo de 1968, en Guthman y Allen, eds., *RFK. Collected Speeches*, pp. 385-386.

50. Cass, *The Once and Future Worker*.

51. *Ibidem*, pp. 161-174. Sobre la idea de un subsidio salarial, véase también Daniel Markovits, *The Meritocracy Trap*, pp. 282-283.

52. Peter S. Goodman, «The Nordic Way to Economic Rescue», *The New York Times*, 28 de marzo de 2020, <nytimes.com/2020/03/28/business/nordic-way-economic-rescue-virus.html>; Richard Partington, «UK Government to Pay 80% of Wages for Those Not Working in Coronavirus Crisis», *The Guardian*, 20 de marzo de 2020, <theguardian.com/uk-news/2020/mar/20/government-pay-wages-jobs-coronavirus-rishi-sunak>; Emmanuel Saez y Gabriel Zucman, «Jobs Aren't Being Destroyed This Fast Elsewhere. Why Is That?», *The New York Times*, 30 de marzo de 2020, <nytimes.com/2020/03/30/opinion/coronavirus-economy-saez-zucman.html>.

53. Oren Cass, *The Once and Future Worker*, pp. 79-99.

54. *Ibidem*, pp. 115-139.

55. *Ibidem*, pp. 25-28 y 210-212.

56. *Ibidem*, pp. 26 y 211-212.

57. Robin Greenwood y David Scharfstein, «The Growth of Finance», *Journal of Economic Perspectives*, vol. 27, n.º 2 (primavera de 2013), pp. 3-5, <pubs.aeaweb.org/doi/pdfplus/10.1257/jep.27.2.3>, donde se cita lo que explican Thomas Philippon y Ariell Reshef («Wages and Human Capital in the U.S. Financial Industry: 1909-2006», NBER Working Paper n.º 14.644, 2009) sobre los ingresos de los servicios financieros; Adair Turner, *Between Debt and the Devil. Money, Credit, and Fixing Global Finance*, Princeton, Princeton University Press, 2016, pp. 1, 7 y 19-21; véase también Greta R. Krippner, *Capitalizing on Crisis. The Political Origins of the Rise of Finance*, Cambridge (Massachusetts), Harvard University Press, 2011, p. 28.

58. Rana Foroohar, *Makers and Takers. The Rise of Finance and the Fall of American Business*, Nueva York, Crown Business, 2016; Adair Turner, *Economics after the Crisis. Objectives and Means*, Cambridge (Massachusetts), MIT Press, 2012, pp. 35-55; J. Bradford Delong, «Starving the Squid», Project Syndicate, 28 de junio de 2013, <project-syndicate.org/commentary/time-to-bypass-modern-finance-by-j--bradford-delong>.

59. Adair Turner, «What Do Banks Do? Why Do Credit Booms and Busts Occur and What Can Public Policy Do about It?», en *The Future of Finance. The LSE Report*, London School of Economics, 2010, <harr123et.wordpress.com/download-version>.

60. Michael Lewis, *Flash Boys. A Wall Street Report*, Nueva York, W. W. Norton & Company, 2014, pp. 7-22 [hay trad. cast.: *Flash Boys. La revolución de Wall Street contra quienes manipulan el mercado*, Barcelona, Deusto, 2014].

61. James Tobin, «On the Efficiency of the Financial System», *Lloyds Bank Review*, julio de 1984, p. 14, citado en Foroohar, *Makers and Takers*, pp. 53-54.

62. Foroohar, *Makers and Takers*, p. 7.

63. Warren E. Buffett, «Stop Coddling the Super-Rich», *The New York Times*, 14 de agosto de 2011, <nytimes.com/2011/08/15/opinion/stop-coddling-the-super-rich.html>.

64. Ryan matizó posteriormente esas declaraciones. Véase Paul Ryan, «A Better Way Up from Poverty», *The Wall Street Journal*, 15 de agosto de 2014, <wsj.com/articles/paul-ryan-a-better-way-up-from-poverty-1408141154?mod=article_inline>; Greg Sargent, «Paul Ryan Regrets That "Makers and Takers" Stuff. Sort of, Anyway», *The Washington Post*, 23 de marzo de 2016, <washingtonpost.com/blogs/plum-line/wp/2016/03/23/paul-ryan-regrets-that-makers-and-takers-stuff-sort-of-anyway>.

65. Foroohar, *Makers and Takers*, p. 13.

66. *Ibidem*, p. 277.

Conclusión. El mérito y el bien común

1. Howard Bryant, *The Last Hero. A Life of Henry Aaron*, Nueva York, Pantheon, 2010, pp. 23-27.

2. *Ibidem*, p. 25.

3. R. H. Tawney, *Equality*, 1931, reimpreso por HarperCollins, 5.ª ed., 1964 [hay trad. cast.: *La igualdad*, Ciudad de México, Fondo de Cultura Económica, 1945].

4. *Ibidem*.

5. James Truslow Adams, *The Epic of America*, Garden City (Nueva York), Blue Ribbon, 1931, p. 404 [hay trad. cast.: *La epopeya de América*, Buenos Aires, Claridad, 1943].

6. *Ibidem*.

7. *Ibidem*, pp. 414-415.

8. *Ibidem*, p. 415.

9. En este párrafo me baso en lo ya expuesto en Michael J. Sandel, *What Money Can't Buy. The Moral Limits of Markets*, Nueva York, Farrar, Straus and Giroux, 2009, p. 203 [hay trad. cast.: *Lo que el dinero no puede comprar. Los límites morales del mercado*, Barcelona, Debate, 2013].

Agradecimientos

Me siento agradecido por haber tenido la oportunidad en diversas ocasiones de someter la forma en que he abordado los temas de este libro a la opinión de algunos colegas de mi departamento y mi universidad: en el coloquio de teoría política del Departamento de Ciencia Política de la Universidad de Harvard, donde pude beneficiarme de unos minuciosos comentarios críticos de Jonathan Gould; en el taller de verano para profesorado de la Facultad de Derecho de Harvard, lo que dio pie a estimulantes respuestas de (y a posteriores intercambios de argumentos con) Richard Fallon, Terry Fisher, Yochai Benkler y Ben Sachs, y en el seminario para profesorado sobre «Arte, cultura popular y vida cívica» que dirijo junto con mi esposa, Kiku Adatto, en el Centro Mahindra para las Humanidades de la propia Universidad de Harvard.

Durante el semestre del otoño de 2019, impartí un seminario sobre «La meritocracia y sus críticos» a uno de los grupos de estudiantes de grado más animados e intelectualmente estimulantes que me he encontrado en mi carrera. Estoy en deuda con todos ellos porque contribuyeron a que mi comprensión de los temas de este libro fuese mucho más profunda. Daniel Markovits, de la Facultad de Derecho de Yale, cuyo reciente libro sobre la meritocracia leímos en el citado seminario, nos acompañó en una ocasión en la que mantuvimos un memorable debate del que tanto los estudiantes como yo aprendimos muchísimo.

Tuve asimismo la suerte de exponer partes del libro en conferencias (seguidas de debates fructíferos) impartidas en diversos y estimulantes escenarios académicos y públicos: las Conferencias Niemeyer de Filosofía Política de la Universidad de Notre Dame; las Conferencias Garmendia de la Universidad de Deusto (en Bilbao, España); la Conferencia Airbus de la Academia Estadounidense de Berlín (Alemania); la Real Sociedad para el Fomento de las Artes, las Manufacturas y el Comercio (RSA) de Londres; el Instituto para las Ciencias Humanas (en Viena, Austria); los Reset Dialogues on Civilization de la Fundación Giorgio Cini (en Venecia, Italia); el Instituto Marshall de la London School of Economics and Political Science (LSE) en Londres; la conferencia Agendas Democráticas de la Universidad Northwestern, y el primer día de Francia celebrado en la Universidad de Harvard. A todas las personas que asistieron o debatieron en esos eventos les agradezco su amable participación.

Quiero dar las gracias a Elizabeth Anderson, Moshe Halbertal, Peter Hall, Daniel Markovits, Cullen Murphy y Samuel Scheffler por las provechosas conversaciones o los intercambios de ideas por correo electrónico que mantuvimos a propósito de aspectos diversos del libro; a Charles Petersen por compartir conmigo capítulos de su tesis doctoral sobre la meritocracia y las admisiones de alumnado en las universidades; a Aravind (Vinny) Byju por su excelente ayuda en materia de investigación, y a Deborah Ghim, de Farrar, Straus and Giroux, por su amable y bien razonado apoyo editorial. Doy las gracias también a mi agente, la formidable Esther Newberg, de ICM Partners de Nueva York, y a Karolina Sutton, Helen Manders y Sarah Harvey, de Curtis Brown de Londres.

Este es el tercer libro mío que publicará Farrar, Straus and Giroux. Trabajar con ellos es un placer, y lo es, entre otras cosas, gracias a la profunda sensibilidad intelectual y literaria de Jonathan Galassi, Mitzi Angel, Jeff Seroy y Sheila O'Shea. Debo un agradecimiento especial a Eric Chinski, un brillante editor que entendió adónde esperaba yo llegar con este libro antes de que empezara a escribirlo y que ofreció sabios consejos en todas las etapas del proceso. También estoy profundamente agradecido a Stuart Proffitt, el merecidamente reputado editor de Allen Lane/Penguin, la editorial encargada de publicar el libro en Reino Unido, quien, como Eric, hizo una minuciosa lectura crítica de todos los capítulos. Que esta obra haya sido objeto de tanta atención editorial a ambos lados del Atlántico me deja muy poco margen para las excusas ante cualesquiera defectos que en ella subsistan.

Por último, y también por encima de todo, estoy agradecido a los miembros de la «casa de los autores». Este es el nombre que mi esposa, Kiku Adatto, nuestros hijos, Adam Adatto Sandel y Aaron Adatto Sandel, y yo dimos a la costumbre que tenemos de leer en voz alta borradores de pasajes y capítulos en nuestras reuniones familiares, en las que nos invitamos a formular y compartir comentarios críticos sobre nuestros respectivos proyectos. Su atención, asesoramiento y cariño mejoraron este libro y me mejoraron a mí.

Índice alfabético

«Para viajar lejos no hay mejor nave que un libro».

Emily Dickinson

Gracias por tu lectura de este libro.

En **penguinlibros.club** encontrarás las mejores
recomendaciones de lectura.

Únete a nuestra comunidad y viaja con nosotros.

penguinlibros.club